欽州古代鄉賢

◎谢凤芹 主编

中国出版集团
现代出版社

图书在版编目（CIP）数据

钦州古代乡贤/谢凤芹主编. --北京：现代出版社，2017.3
ISBN 978-7-5143-5462-1

Ⅰ. ①钦… Ⅱ. ①谢… Ⅲ. ①历史人物－生平事迹－钦州－古代
Ⅳ. ①K820.867.3

中国版本图书馆CIP数据核字（2017）第044278号

钦州古代乡贤

主　　编　谢凤芹
责任编辑　李　鹏
出版发行　现代出版社
地　　址　北京市安定门外安华里504号
邮政编码　100011
电　　话　010-64267325　010-64245264（兼传真）
网　　址　www.1980xd.com
电子邮箱　xiandai@vip.sina.com
印　　刷　北京一鑫印务有限责任公司
开　　本　787×1092　1/16
印　　张　14
版　　次　2018年1月第3版　2022年7月第2次印刷
书　　号　ISBN 978-7-5143-5462-1
定　　价　45.00元

《钦州古代乡贤》编委会

序

◎韩　流

乡贤文化是中国传统文化的重要组成部分。据查，我国古代自东汉起建立乡贤制度，从唐至清一千多年间，钦州被国家认定的乡贤共有17位。

17位乡贤的德行事迹载于史册、传于民间，曾经深刻影响和塑造了钦州的乡土文明。可惜的是，由于时代久远、沧桑巨变，当代钦州人对他们知之不多，这笔宝贵的精神文化遗产亟待我们去重新发掘、传承和光大。

钦州市作家协会，以高度的文化自觉，承担起了这一功在当代、利在千秋的光荣使命。

经过近一年的筹划和创作，20余万字的《钦州古代乡贤》行将付梓。在作家们的生动笔触下，钦州古代乡贤立德、立功、立言的不朽事业再次鲜活起来。“敦孝悌以重人伦，笃宗族以昭雍穆，和乡党以息争讼，重农桑以足衣食，尚节俭以惜财用，隆学校以端士习，黜异端以崇正学，讲法律以儆愚顽，明礼让以厚风俗，务本业以定民志，训子弟以禁非为，息诬告以全善良，诫匿逃以免株连，完钱粮以省催科，联保甲以弭盗贼，解雠忿以重身命”……古代乡贤们崇德向善、知行合一的优秀品质，即使放在今天，也依然焕发出不可磨灭的光彩，对于每一个后来人都有着深刻的启发和教育意义。

刘奇葆同志指出：“要继承和弘扬有益于当代的乡贤文化，发挥‘新乡贤’的示范引领作用，用他们的嘉言懿行垂范乡里，涵育文明乡风，让社会主义核心价值观在乡村深深扎根。”这正是我们编写出版《钦州古代乡贤》的目的所在。

我们期待着，追慕古代乡贤们的高风亮节，会有越来越多的“新乡贤”脱颖而出，成为我们时代的榜样、钦州的骄傲。我们也期待着，钦州市作家协会继续为我们发现和书写“新乡贤”们的感人故事，让乡贤文化在钦州的社会主义新农村建设中延绵不息、诲人不倦。

（作者为中共钦州市委常委、宣传部部长，副市长）

再版的话

2017年4月，《钦州古代乡贤》由国家级出版社“中国出版集团·现代出版社”公开出版发行，在全国实体店同时上架销售，同时，在亚马逊、京东等网站销售。

该书的出版，在社会上引起了较大的反响，钦州市政协、钦北区党委、政府、区委统战部高度重视《钦州古代乡贤》中冯敏昌的事迹，计划举办冯敏昌诞辰270周年系列纪念活动，现在各项活动正在有条不紊地推进；北京《今日头条》多位精英慕名来到钦州，专门到冯敏昌生活过的大寺镇马岗村调研采风，发表了系列宣传冯敏昌的文章，点击率非常高；钦州日报社以高度的文化自觉专门开辟了“书香钦州·乡贤”专栏，目前正在陆续发表乡贤内容的文章。

钦州二中第一时间加印1000册《钦州古代乡贤》发给师生。近日，广东东莞升华教育投资有限公司董事长黄家柳主动与编者联系，提出要加印一批免费送给钦州各家学校；市接待办主任黄中慧也加印了一批，准备送给喜欢该书之人。

这么多有识之士关心《钦州古代乡贤》一书，并不是该书编写出类拔萃，而是他们被乡贤的精神、品格和气度所感召。

他们对钦州文化事业的关注和支持，让我们感动。每一个国家、每一个民族无论经济多么繁荣昌盛，最后回归的都是精神的图腾，在丰衣足食之后，文化自然成为人类共同需要和守望的精神家园。

当每一个钦州人、每一个中国人都尊重文化、重视文化时，钦州就真正富有了，国家就真正强大了。

编　者

目　录

谏议大夫宁原悌 ……………………………… / 陈弢弘　1

嶷嶷姜公　嵘嵘东峰 ……………………………… / 谢勇云　31

廉吏章献中 ……………………………… / 吕　岳　48

杨冠——声声若为吾民忧 ……………………………… / 卢　炼　54

唐鲤：温厚书生，刚正士子 ……………………………… / 潘华清　72

刑部主事苏筠　声播朝野 ……………………………… / 陈旭霞　77

“雁来池”贤才黄环公 ……………………………… / 梁　沃　陈莲娟　88

忠孝两全陈善住 ……………………………… / 林巧云　99

儒林之宗梁里许 ……………………………… / 许兆满　105

积德胜遗金　惟善以为宝 ……………………………… / 黄立新　109

壮志未酬惜黄涣 ……………………………… / 洪锐华　123

爱民知县梁梦鼎 ……………………………… / 张廉信　131

石维海还乡 ……………………………… / 魁第公　140

文武双全莫如勤 ……………………………… / 叶丽梅　144

冯敏昌——丰碑大树驰千夫 ……………………………… / 谢凤芹　158

后记 ……………………………… 201

谏议大夫宁原悌

◇陈弢弘

宁原悌（664—728），字号不详，唐朝钦江县人。祖宁长真，父宁璩。唐武则天永昌年进士，初授秘书省校书，后授谏议大夫、太子洗马。宁原悌天资聪颖，疾恶如仇。任职期间，能洞穿时弊，有知人之明；善直陈己见，敢秉笔直书。奉命兼修大唐国史，因直书“玄武门之变”真相，拂逆天心而去官。逝后入祀钦州乡贤祠。

权豪后裔

钦州从隋开皇十八年（598）得名后，地方政权曾一度由宁氏家族所控制。

其中宁长真执掌地方权柄达二十八年之久。

到了唐朝，彻底废除世袭，从根本上削弱了岭南豪族的政治基础。唐王朝为了强化中央权力，采取了一系列措施，限制地方豪族的势力。地方豪族原先拥有的许多特殊权力和既得利益随之丧失，自然引发地方豪族的不满。

宁长真受家族利益的驱使，铤而走险阴谋反唐，企图通过武力迫使朝廷让步恢复既得利益。结果自取败亡。

据史载，唐武德九年（626）六月（7月2日），秦王李世民发动“玄武门之变”，唐高祖李渊被迫让位，李世民即皇帝位，当时朝廷收到益州的报告，说益州的俚獠土豪纷纷起兵反叛朝廷，要求朝廷派兵平叛。刚即位的唐太宗对缺少教化、大义未明的地方土豪的一时冲动却持宽宏大度，他说：“獠人居深山，有时出来掠夺，相沿成习惯，不算反叛。地方官如果公平对待，自然相安无事，哪可轻动干戈，杀害他们，难道他们不是我的子民么！”

这位开明的皇帝，一时之言折服了许多反叛之臣。许多反叛部落放下武器，首领甘心俯首称臣。

宁长真去世后，他的长子宁璩任刺史。当时宁璩还很小，唐王朝让一个尚未成年的人袭任刺史，颇出人意料。其实，这正是李世民的高明之处。因为宁璩还小，搞不了什么名堂，才让他袭任钦州刺史。这叫“欲将弃之，必先予之”。

果然未几，朝廷派来新刺史。新刺史叫陈本材，泷州人。泷州离钦州不远，即今广东罗定。

从此，钦州刺史不复世袭。

原来居住在刺史府的宁璩和弟弟宁据搬出刺史府，回到宁屋村。

冷落多时的宁屋村，又升起缕缕炊烟。

宁长真去世六十三年后，他的孙子宁原悌参加全国科举考试，成为钦州第一位进士。

“永昌老九”

宁原悌于唐高宗麟德元年（664）出生于钦江县狼济山之阳的宁屋村（今钦州市钦北区青塘镇高峰村），祖宁长真，父宁璩。

宁原悌心性明敏，自幼好学诗书。在求学时代，他继承家学，曾在家乡附近的狼济山的一个山洞里苦学多年，精通儒家学说。长成后，以修身、齐家律己，以治国、平天下为己志，为抒展抱负，他不辞劳苦到广州甚至中原修学，探访科举之路。

中国的科举始于隋朝，行于唐朝，真正完善则于北宋。

隋文帝时期，正式废魏晋时期的“九品中正制”。隋炀帝大业元年

（605）设置进士科，标志着科举制正式创立。隋时科举主要考时务策，就是有关国家政治生活方面的政治论文，叫试策，按照成绩的高低来录取。最初，分科取士刚刚草创，国家并没有统一的法度，进士考试还没有形成固定的制度，但是读书、应考和做官的基本框架已经确立。

隋时的科考，开始只在宗室进行，然后向全国扩展。至唐朝贞观三年（629）以后，全国实行统一的科举考试。

唐朝积极推进科举制度改革，科举制度进一步完善，科举考试科目分常科和制科两类。定期举行的考试称常科，由皇帝下诏临时举行的考试称制科，又叫贤良征试。考试的内容已经很复杂，常科有秀才、明经、进士、俊士、明法等 50 多种科目，最为重要的是明经和进士。由于考试时间都在春天，因此科考被称为“春闱”。唐代科举取士规模很小，进士科得第很难，当时流传有“三十老明经，五十少进士”的说法。新科官员中通过科举考试录用的只占 5% 左右。唐代设置秀才、明经、进士、明法、时书、时算等科，中唐以后进士科日益重要，庶族士大夫竞相趋于此科。由于科举制助长了庶族地主势力的发展，一度受到士族阶级的反对。而且科举考试往往被门阀贵族操纵，取士很少。每次录取 20 ～ 30 人，最多不过 70 人。如在唐太宗执政的 23 年中，7 次开科，共取进士 205 人，平均每次不到 30 人。据《通典通考参辑》载：隋炀帝始建进士科，大唐取士之法多循隋制，岭南邕容等道，所取进士不过七人。尽管科举之路艰难，而人们不畏艰难趋之若鹜。有一次考试之后，新科进士鱼贯而入朝见皇帝，唐太宗高兴地说：“天下英雄，尽入吾彀中矣。”

唐朝永昌元年（689），武则天听政第十二年。那一年，全国统一的科举考试已经进行了六十年，那一年的长安春闱，宁原悌与张说等 56 名新科进士榜上有名。春闱之后接着举行制科，1000 多人参加贤良征试，历科进士已任清源县丞的张柬之六十四岁排第一，擢为监察御史，后拜相；新科进士张说二十二岁排第二，授太子校书，后拜相；新科进士宁原悌二十五岁排第九，初授秘书省校书，后授谏议大夫。

一个来自南蛮之地的青年学子，居然名列“永昌老九”，宁原悌的名字一时传遍天下。

这则破天荒的大喜事，对于当时的钦州人来说，他们可能知道“钦州第一”来之不易，却未必知道“永昌老九”更加难得。

因为，唐朝的进士及第只是取得了做官的资格，还要通过吏部的考试

才能做官。像韩愈这样的名人，曾三次应试于吏部，未能过关，10 年的进士之身仍为“布衣”。而宁原悌中进士后一试就顺利通过了制科考试，入朝为官。

宁原悌是幸运的。他入仕以后的三十一年中，经历了五代皇帝，即武则天、唐中宗、唐少帝、唐睿宗、唐玄宗。

唐景云元年（710）六月二十四日，唐睿宗于承天门楼再次践祚，改元景云，大赦天下。这次重践帝位后的第二个月，唐睿宗就把三子李隆基立为皇太子，命谏议大夫宁原悌兼太子洗马。

唐时的谏议大夫原称谏大夫，西汉武帝元狩五年（前 118）置，掌议论，属光禄勋，东汉世祖时改称谏议大夫，《后汉书·百官志二》：“谏议大夫，六百石。”唐置左、右谏议大夫，分属门下省与中书省，各 4 人，掌侍从规谏。谏议大夫的职责是专门向皇帝提意见，并直接向皇帝报告。

唐时的太子洗马非常人所能企及，可见这“永昌老九”确非等闲之辈。

三谏唐睿宗

作为谏官，宁原悌有一双慧眼，对当时的社会和官场保持敏锐和冷峻的目光，因而，他能于未然之中见人之所不能见，于已然之中能言人之所不能言。

唐王朝在经历了唐太宗贞观时期、武则天时期后，其政治军事上的强大、经济上的繁荣，已非前朝所能相比。

唐朝实行的是宰相制度，具体说就是尚书、中书、门下的“三权”官制。唐初时，皇帝的权力有时并不比郡望大姓更大，以至于皇帝希望与贵族郡望联姻，也常被拒绝。因为唐初所实行的是皇权与贵族郡望的联合执政。表现在政治体制上，就是皇帝要依靠“三省”施政。所谓“三省”，理论上说是以 4 个宰相（左右仆射、中书令和门下侍中）为首组成的“贵族院”构成。李世民随父在晋祠起兵问鼎天下后，在祠前赋了一联：“文章千古事，社稷一戎衣。”意思是说，马上固然能够取得天下，而治理天下却要依靠掌握着文章大权的贵族集团。

对于掌管大权的贵族集团，武则天图谋称帝，曾经煞费苦心极力打击，虽然如愿以偿登上帝位，同时又生出了新的贵族集团。任何贵族集团都需要依附于一定的权力机制，当他们意识到所依附的权力会有损他们的既得利益时，就会另找靠山。严格来说，武则天就是新兴的贵族集团代表。应该说，她能称帝并有杰出作为，得力于依附她的利益集团。而她称帝终究是冒了天下之大不韪，依附于她的利益集团也不能无视天下的议论，不让须眉的武氏被逼还权于李氏。武氏在位十五年，临朝专制二十一年，前后改元18次，有一年曾3次更换年号。自天授以来的二十余年间，依附于武氏的那班新兴的贵族集团“谮害忠良，壅蔽正直，先皇旧臣，夷灭殆尽”。

如此情状，宁原悌耳熟能详。他忧心如焚，但他无处诉说。

直到唐睿宗重践帝位，才有机会一泄积愤。

唐睿宗李旦（662—716），曾改姓武名轮，是武则天亲生的4个儿子中最小的儿子。前后两次居帝位，跨时二十六年，实际在位不足六年。唐睿宗重登帝位后，从景云到延和年（710—712），不到三年时间里，宁原悌以谏议大夫之名经常给睿宗皇帝上书评说政事，称“论时政疏”。

宁原悌的奏疏《钦县县志·艺文志》有记载，原文分为三部分：论人事、论佛事、论边事。

论人事

臣闻：俗正时康，则因循而易守；人讹道替，则驰骛而难安。或垂衣而有馀，或日昊而不足，虽唐、虞之盛烈，文、武之鸿徽，未有不委任股肱，留情陟用。故善人者，天地之纲纪，帝王之羽翼，靡革于仇雠，莫限于刍隶，不可失也。

自天授以来，二十余载，周兴、来俊臣等，谮害忠良，壅蔽正直，先皇旧臣，夷灭殆尽，唯有狄仁杰、魏元忠尚存。仁杰等处先帝之朝，犹为小吏，及周室之际，实谓忠臣，或树绩当时，徇身王室。近者变故频及，衣冠扫地，忠臣名士，才余数人，为陛下之栋梁，作圣朝之耳目。

今者元恶已诛，佞臣咸黜，而人讹俗坏，为日已久。理宜开张圣德，杜绝猜嫌，用是求人，宣力王室。使丑正恶直之士，不有容其间隙；诡邪佞媚之徒，无所施其巧辩。然后可以议黎元、安邦国，则侥幸源塞，圣王道兴。

若使浸润旁通，危人路启，颜俊忠而获罪，茂先直以招怨，虽有渭滨之贤，傅岩之秀，途遘卒遇，难以为用也。则危亡之期，或未可保，拯救之道，将安所施？

求才之难，每留连于大圣；知人不易，亦惆怅于先哲。

今天下诸州，良牧苠寡，何者？古难其选，今侮其职也。然而古代所重于京都，时见轻于州县者，何也？古者牧守政成，擢登三事；郎官特秀，先宰一同。颍川则黄霸为公，会稽则五伦入辅，事不师古，何能垂济？

诚愿尚书旷职，则于方伯求材；郎位阙官，必以循良擢用。事悬象魏，道著彝章，兹令克行，仁风大阐，考绩三载，诚为故实。

论佛事

隆周之君，垂仁义以勖后；亡秦之主，训刑罚以流嗣。或八百延庆，或二代亡家，余烈可知，前史明鉴。

伏以太子初运，养德春宫；诸王在藩，饬躬朱邸；并请远去邪佞，亲近正人。知好佞之危身，识尊儒之广德，动遵师传之训，察纳风雅之言。诚使宫府官僚，宾客侍读，日资其道德，月奏其艺能，冀仁义于邦家，树雍穆于天下。

臣又以悖逆庶人，先朝之爱女也，肆谗慝于朝政，崇甲馆之华丽，极宇内之骄奢；新都、宜城，先朝之庶孽也（新都、宜城二公主邑名），赐不逾于己分，言不预于外谋，抑以全身，疏以远害。故宠者则骄矜而遇害，疏者则抑损而获全。诚使悖逆新都，易地而处，则存亡去就，可立而待也。故长安非贤，燕后为爱，古今明验，断可知矣。

臣观老尚虚无，释尚寂灭，义极幽玄之旨，思游通方之外。

故入道流者，则虚室生白，净虑玄门；谈释教者，则春池得宝，澄心净域。然后法贯群有，道垂兼济。过此以往，莫非邪惑。

其有鬻贩先觉，诡饰浮言，以复殿为经坊，用层台为道法，皆无功于玄虑，诚有害于生人。梁武靡报于前，先朝般鉴于后，咸耳目所接，黎元愤怨。

伏以公主入道，京城置观。虽昭报之诚，有切于天旨，而社稷之计，莫逾于安人。若使广事修营，假饰图像，尽宇内之功巧，倾万国之资储，为福则靡效于先朝，树怨则取谤于天下。

自隋室以降，寺观尤多，禅定东明之域，足受缁黄之众，更为建立罕见其宜。后失请收，前弊未远。又先朝所狎僧众，或有犹居圣侧，无益于政理，有紊于朝章，并请屏退，无令亲近。

论边事

夷狄有衅，庙堂之忧也；近垒多虞，大夫之耻也。

今闻黠虏擅命，坚昆娑葛养精蓄锐，以南侵为多事，而人户全虚，府库半减。倘或后岁之始，来秋之末，良弓渐劲，塞草将衰，朔代交锋，灵夏受敌，中国将何卒应哉?

伏愿共天下以御匈奴，率王公以忧边事，轻租薄敛，和下士之心；简贤任能，结众人之爱；去奢崇俭，实府库之积；推仁重信，纳将士之谋。去私恩，布公道，故知两夷有隙，上国之资也。高壁藏威，待兵观变，因二虏之相持，擅渔夫之厚利。

计有可举，时不可失，斯五者，并政之要也。

伏愿陛下举宏纲，省众务。高拱岩廊，责成贤哲，徘徊于大道之域，从容于无为之场。故立纲垂制，后嗣流范，至仁也；安上全下，先业不坠，至孝也；感而必通，奸不暇伏，至明也；神化风行，万方草靡，至德也。

必使休徵累及，圣政日隆，遐迩宅心，戎夷慕义，神功光乎区宇，鸿业格乎天地。三代之兴，皆由此也!

这些奏疏切中时弊。当时“斜封官”(用钱买官）现象非常严重。唐睿宗时，曾经罢黜斜封官数千人。唐玄宗继位后，悉罢员外、试官、检校官，并规定此后非有战功及别敕，吏部和兵部不得注拟这三项官。这样，在一定程度上矫正了长期以来官员冗滥的现象。佛教之弊亦然，武周中宗以来，佛教呈恶性发展，全国各州都设置大云寺。寺院僧侣不仅兼并土地，而且逃避税收。时人形容说：“十分天下之财而佛有七八。”造寺不止，枉费财者数百亿；度人不休，免租庸者数十万。使国家所出加数倍，所入减数倍。唐玄宗即位以后，认识到这个问题的严重性，于开元二年（713）下诏裁汰天下僧尼，当时全国还俗者 12000 多人；同时又下令，严禁新造佛寺，禁铸佛像，禁抄佛经。且又禁止贵族官员和僧尼交往，使佛教势力受到了极大的打击。虽然宁原悌的奏疏可能没有完全被唐睿宗采纳，但是，这些奏章由于行文流畅，说理肯綮，而被留存了下来。

宁原悌身为谏议大夫，应该有很多奏疏之类的文字，历五代皇帝而仅

存三疏，是何原因？已经无从考究。

应该说，唐睿宗和唐玄宗对宁原悌是很满意的，朝廷给他父亲宁璩赠予“谏议大夫”的称号是最好的佐证。

上太子启

宁原悌有知人之明，对于同朝为官的人，尤其是对那些执掌铨衡的宰臣的是非功过和荣辱得失倍加关注。他对当朝深孚众望的宰相姚崇和宋璟被罢斥降职的遭遇深表愤慨，出于公心也出于对大唐江山的考虑，在给唐睿宗的奏疏中已经表白了无穷的忧虑，当他觉察皇上准备让位而对此事无动于衷时，把希望寄托于未来的皇帝李隆基。于是他以太子洗马的身份语重心长地给皇太子李隆基写了一封信。

这种形式当时叫“上启”，后人收入《全唐文》时称之为“上太子启”。启曰：

臣闻：事有可言者，直臣所以抗议；忠而见弃者，志士所以太息。

至于竭诚事君，信而获罪；怀禄辅国，谄于取容；二者难明，取舍或异，臣窃为朝廷忧之。

伏惟殿下孝敬纯深，仁明善断，有大功于天下，继元良于社稷，万姓所以拭目，百僚所以清耳，皆欲王化之兴隆，风俗之革易也。

顷年以来，天纲少紊，小人趋竞，内难屡起。方当振纲张弦之秋，委才任士之日，若推心得人，则万目直举，如托寄非所，则百度斯废。故王者先择良臣，复能任使，均明同日月，无私并天地，功高化洽，地平天成。

又以为官择人者理，为人择官者乱，理乱之繇，官人之职也。

自二月以来，敕令授官，吏部注拟，填塞府寺，满盈台省，其优劳当作别敕放选。或虚名邀功，或作才侥幸，日以增益，布列州县，殚竭府库，侵削黎元，臣诚以为渐不可长也。

昔晋政多门，官以贿进，刘毅忧其危，傅咸恐其乱，武帝终而不悟，卒有败官之尤。十数年间，亿兆涂炭。是知古者省吏以崇化，不闻多官以致理。臣以为惩其弊者，归乎任人者也。故忠臣难进而易退，无党而孤立，守死善道，执心不移，乃奸人之所嫉，为国家之所利。

近者姚元之、宋璟居献替之职，处铨衡之地，用节员位，颇立绳纪，不为权门黩货所拘，而以平心汲引为务。于时草泽之贤，翘足待用，天下凛然，复有升平之望也。

臣观二相为人，励己忠肃，直身鲠亮，虽有微疵，又受黜责。且守正之士，志节之人，弃瑕录用，今其时也。

昔叔向下狱，祁奚讼之，犹将宥其十代，以劝能者，况其身不免乎？往者易之、三思，倾动朝政，所赖柬之、元忠，勠力王室。社稷殆危，忠臣处朝而获安；神器将移，贤者竭诚而必复。岂非忠臣良士力哉？

璟等行事，无忝今古。夫安必思危，理则忧乱，明王之诫也；忠臣处朝，奸邪屏退，兴邦之道也。

《易》曰："雷雨作解，君子以赦过宥罪。"

殿下诚能舍其无咎，收彼众望，因主上之余间，议朝政之臧否，使并悔过，令复旧职，则举善之美，垂于无穷；滥官之弊，澄清匪日矣。

宁原悌无愧"王者师"，他在"启"中说："惟殿下孝敬纯深，仁明善断，有大功于天下，继元良于社稷，万姓所以拭目，百僚所以清耳，皆欲王化之兴隆，风俗之革易也。"为师者情辞殷切，受启者铭记于心！玄宗即位初期，在生活上以节俭自励。开元二年，他果断宣布："乘舆服御，金银器玩，宜令有司销毁，以供军国之用；将珠玉锦绣，焚于前殿。后妃以下服装不得佩珠玉、刺锦绣。禁止天下采珠玉织锦绣等物。违者杖一百。"他还裁汰宫女，将他们载送回家。又毁武后所造"天枢"、韦后所立"石台"，以示与弊政决裂。开元初君臣的文治武功，造成了比较清明的政治局面，因而也促进了社会经济的发展。对此，唐人著作里多有反映。如唐代文学家元结说："开元天宝之中，耕者益力，四海之内，高山绝壑，耒耜亦满。"又如唐代政治家、史学家杜佑说，当时天下一斗谷物之价值，多则一二十文，少则数文；绸一匹二百余文。全国各地驿道四通八达，夹道皆列店肆，准备好酒食以待往来的商旅；出门千里不用置防身的武器。诗人杜甫曾满怀热情讴歌道："忆昔开元全盛日，小邑犹藏万家室。稻米流脂粟米白，公私仓廪俱充实。九州道路无豺狼，远行不劳吉日出。齐纨鲁缟车班班，男耕女桑不相失。"（《忆昔二首》之二）这些对"开元之治"的描述，虽然有溢美的成分，但所反映的基本内容，却是符合当时的历史实际的。

唐玄宗以唐太宗为榜样，效仿"贞观之治"，勤于政事，励精图治，实施了一系列促进社会经济、文化教育、民族关系发展的政策，均收到明显的效果，故有"开元盛世"的美誉。在一片欣欣向荣的背后，也隐藏着巨大的危机。

危机源于宦官。宦官，在西汉时期并非全是阉人。自东开始，则全为被阉割后失去性能力而成为不男不女的人。又称寺人、奄（阉）人、俺人、奄官、宦者、中官、内官、内臣、内侍、内监等。唐甄在《潜书》中这样描绘太监："望之不似人身，相之不似人面，听之不似人声，察之不近人情。"

宁原悌在李隆基尚未做皇帝之前就敏锐地觉察到宦官的危害性，上太子启中提醒李隆基说："顷年以来，天纲少紊，小人趋竞，内难屡起。"其中的"小人"，除奸臣之外，也包括宦官。唐朝前期，宦官数量不多，地位也很低，无权过问军政大事。到唐玄宗时期，情况发生了变化，开元、天宝年间，宦官激增到 3000 人，仅五品以上的宦官就有 1000 人。宦官高力士尤其被重用，玄宗还委派宦官任监军，到藩国出使。这一点，李隆基似乎是当作耳边风。

唐朝之由盛转衰，正是在唐玄宗的后期。此时的唐玄宗丧失了向上求治的精神，改元天宝后政治愈发腐败。唐玄宗贪图享乐，宠幸杨贵妃，由提倡节俭变为挥金如土。他又把国政先后交由李林甫、杨国忠把持。李林甫是个口蜜腹剑的宰相，任内凭着唐玄宗的信任专权用事达十六年，杜绝言路，排斥忠良，只知搜刮民财，以致群小当道，国事日非，朝政腐败，导致"安史之乱"。

在"启"中，宁原悌又议论斜封官之弊，为姚崇、宋璟两相爷遭陷外放抱不平，见解精辟，太子李隆基深有同感。

姚崇，本名元崇，字元之，陕州硖石（今河南陕县）人，比宁原悌年长十三岁。

崇父姚懿，原籍江南吴兴，后移家陕州，曾任嶲州（今四川越西）都督。他自幼受父影响，怀"王佐"之志，折节读书，精通吏道。长大后，应“下笔成章”制举，授濮州司仓参军，“剖析决断，答对如流”。武则天当政时，迁为夏官（兵部）郎中。时契丹侵扰河北，军务繁剧，崇奏决如流，深受赏识。

圣历三年（700）春，名相狄仁杰向武则天荐姚崇任夏官侍郎（四品）。不久进同凤阁鸾台平章事，又迁凤阁侍郎兼知政事。

唐睿宗重践君位后，姚崇被任命为宰相。这时，太平公主干预朝政，想和太子李隆基争夺皇位。太平公主是睿宗之妹，武则天最疼爱的小女儿，长相、性格都像有其母之风，也想像母亲那样当女皇帝。姚崇和宋璟一直支持太子，主张把太平公主和几个掌握兵权的诸王迁到外地。太平公主得知后大怒，反攻倒算，姚崇被贬为同州刺史。

宋璟，宋璟又名广平，南和县阎里乡宋台人，比宁原悌年长一岁。

宋璟其祖于北魏、北齐皆为名宦。璟少年博学多才，擅长文学，唐高宗调露年（679）进士及第，年仅十七岁。

宋璟一举及第，但并没有一举得官。二十五岁时，他的一首《梅花赋》为朝野传诵，一时长安为之纸贵，被武则天赏识，得以入仕，官历上党尉、凤阁舍人、御史台中丞、吏部侍郎、吏部尚书、刑部尚书等职。武三思用事时，宋璟不受三思请托，而保护告发三思罪行者，因此被排挤，出为贝州刺史。睿宗景云元年（710），宋璟自洛州长史入为吏部尚书、同中书门下三品。掌铨选，取舍平允，为时所称。当时，太平公主擅权，将谋害太子，宋璟与姚崇奏请令她出居东都洛阳，被贬为楚州刺史。

慧眼识人

延和元年（712）七月，天象出现了异常。太平公主一党借术士之口向睿宗报告：“根据天象，彗星出现预示除旧布新。帝座及前星有灾，这显示皇太子合做天子，不合再居东宫。”他们的本意是借天象唆使睿宗对皇太子的政治前途做出决定。也就是说，根据天象，睿宗要么传位，要么就应当另立太子，不然天灾就会降临。八月初三日，睿宗举行了正式传位大典，新君李隆基即位，他就是历史上的唐玄宗。

登基第五天，唐玄宗改元先天，大赦天下。

治国思贤相。李隆基想起姚崇和宋璟，自然又想起宁原悌和给他写的那封信。

而此时的李隆基和宁原悌已经是君臣关系了。

先天元年（712）十月，唐玄宗利用在渭滨出猎的机会，特召睿宗朝被贬在同州（治今陕西大荔）担任刺史的姚崇，欲拜为宰相。姚崇佯不谢恩，玄宗大感意外。经询，姚崇才不失时机地向玄宗提出：精简刑法，行仁恕之政；疏远佞臣，不听诬陷之词；禁止宦官、贵戚干预朝政；减轻苛税，以利民生；待臣以礼，不任意屠戮无辜；奖励群臣进谏，做到虚怀纳诲；禁绝营造佛寺道观，防止挥霍浪费国家财帛；严防边将轻动干戈，勿穷兵黩武；在外臣子，不谙礼制或诤谏而触讳犯逆者，不予追究；外戚专权危及社稷，应书之史册，永为殷鉴。这十条为政措施，切中时弊。玄宗听后，两眼含泪，良久，沉痛地说："这事确实让人感到刻骨痛恨。朕答应就是！"姚崇连拜两下，说："这实在是陛下实行仁政的开始，也是臣千载难逢的良机。现在我敢承担为陛下辅佐的宰相了。"

姚崇精于吏道，处事果敢。他为相后以"十事"作为施政的纲领，辅佐玄宗，进行了一系列的政革：引荐贤者，裁汰冗员；抑权贵，黜罢不肖，使官吏各尽其职，改变了过去"宰相十几人，台省要职不可数"的情况，出现了"天子责成于下，而权归于上"的局面。

姚崇为相，军国要务，皆了若指掌。他兼职兵部，凡军队的戍兵驻屯营地和侦察瞭望哨所，以及士卒仓储器械的数量"无不精熟"(李贽《藏书·智谋名臣姚崇》)。玄宗对于国家大事，多询问姚崇，同朝宰相卢怀慎、源乾曜等，只不过从命罢了。姚崇因病寓居罔极寺时，"凡大事，帝必派源乾曜咨（姚崇）。乾曜所奏善，帝必曰：'是必崇划之'，有不合，则曰：'胡不问崇？'"姚崇和宋璟进见时，唐玄宗常起来迎接，他们离开时，玄宗便在前殿相送，这在玄宗朝后来的宰相中，从未有此情况。姚崇晚年，玄宗仍命他五日上朝一次，仍然立于内廷供奉的首位，每有重大政事，便专门征询姚崇的意见，被称为"救时宰相"。

开元四年（716），宋璟被唐玄宗召入为刑部尚书，不久代姚崇为相。宋璟居相位，以择人为务，随才授任，使百官各称其职。他刑赏无私，敢犯颜直谏，为玄宗所敬惮，有时虽不合意，也认真采纳。宋璟与姚崇并称贤相，号"姚、宋"。史称"崇善应变以成天下之务，璟善守文以持天下之正。二人道不同，同归于治"。八年，以压制犯法官僚的申诉，又严禁恶钱流通，颇招人怨，遂被授开府仪同三司，罢相。十年，京兆人梁山聚众暴动，被镇压后，其众多遭逮捕，玄宗以宋璟兼京兆留守复审，他只治罪为首数人，余皆释放。十七年，拜尚书右丞相。

宋璟在中唐年间，曾两次任相，特别在开元年间任相时，与姚崇同心协力，先后对唐中叶的文武吏治进行了大量的整顿、改革，并采取了一系列有利于治国的措施。革奸佞，任贤臣，整纲纪，为“开元之治”创造了有利条件。

宋璟为相，敢于犯颜直谏。他先后向当时的最高统治者唐睿宗、唐玄宗提出了许多利国利民的措施和建议。在睿宗时，他针对后庭擅权、任用亲信、大搞裙带关系的恶习，提出了任人“虽资高考深，非才者不取”的主张，并不顾太平公主等人的反对、阻挠，果断地罢去无德无才的官员数千人，因此得罪了太平公主，罢相被贬。唐玄宗登位后，看清了姚、宋是真正的新人吏治之才，便再次封他为相。此后，璟仍提出“量才任人”的原则。他针对过去奸佞之徒面奏皇帝必屏退左右的坏现象，提出“百官奏事，必有谏官、史官在侧”的主张。玄宗对宋璟异常重用，并以师礼待之；进则迎，出则送。对宋璟提出的许多建设性意见，通常都能采纳，照章办理。因而在朝政方面逐渐改变了过去唯亲信为官、唯戚为吏的恶习，一些内侍、酷吏、贪官之徒，也不易单独御前奏事，密谄好人，使朝廷内出现了比较清明的政治局面。

宋璟前后为相 4 年，他不畏权贵，力革前弊，奉公守法，不徇私情。相传，他叔父宋元超当了“选人”(候选官）后，要求吏部予以优先照顾，宋璟得知后，不但不予优先录用，并手示吏部“不能以私害公”。又据史书记载，唐代规定，每年地方各道派人定期向皇帝、宰相汇报工作。使者进京，往往多带珍贵宝货，四出送礼，拜结权贵，许多官吏收礼受贿，使者也多因此得以晋升。宋璟对此则异常不满，并面奏玄宗同意，勒令所有礼品一概退回，以绝侥求之路，削杀收礼受贿之风。

姚崇、宋璟作相公，劝谏上皇言语切。玄宗在姚、宋辅佐下，吏治不紊，纲纪有条，不到六七年使唐王朝再次出现“天下大理”的中兴局面。但好景不长，唐玄宗后期，由于政治上安于现状，在吏治方面也慢慢受到后庭和宗族、姻戚的影响，加之李林甫、杨国忠等奸相为辅，由姚、宋苦心建立起来的政治纲纪，很快被他们破坏殆尽。相传，安史之乱发生后，唐玄宗狼狈逃到咸阳，一位长者向玄宗说：“臣犹记宋璟为相，数进直言，天下赖以平安。自倾以来，在廷之臣以言为讳，唯阿谀取容，是以阙门之外，陛下皆不得知，草野之臣，必知有今日久矣。”这是对玄宗的批评，也是对宋璟的赞扬和怀念。

宋人司马光在《资治通鉴》中是这样评价姚崇、宋璟的：“姚、宋相继为相，崇善应变成务，璟善守法持正；二人志操不同，然协心辅佐，使赋役宽平，刑罚清省，百姓富庶。唐世贤相，前称房、杜，后称姚、宋，他人莫得比焉。”

而据传说，就在当时的开元年间，宁原悌忤旨去官前，一次散朝，唐玄宗送宋璟出宫时，望着宁原悌的背影感慨地说，此君不但有学识，还有一副识人的慧眼！

史称，姚、宋相明皇，为“开元之治”做了大量的基础工作，被称为唐朝名相。而二相居位皆不过 3 年。姚为二子及亲吏受赂被罢相，宋因以严禁恶钱及疾负罪而妄诉不已者而去职。出现这种情况，别说宁原悌，就是唐明皇亦始料未及。知人确实不易，后之继者如张嘉贞、张说、源乾曜、王晙、宇文融、裴光庭、萧嵩、牛仙客、杜暹、李元纮等，论才皆尚可。只有杜暹、李元纮比较贤明，然清介中也藏龌龊。

宋人洪迈对此感慨地说：“释骐骥而不乘，焉皇皇而更索，可不惜哉！”

奉密谕协押宋之问

先天元年（712）八月，唐睿宗以太上皇的名义下了一份《遣宣劳使诰》，任命“谏议大夫宁原悌为岭南道宣劳使”。

所谓“宣劳”就是代表皇帝到下面去慰劳的临时差事，当然也有考察民意、宣扬朝典的任务。

唐睿宗为什么派宁原悌为岭南道宣劳使呢？因为唐睿宗需要宁原悌兼顾执行一项特殊而重大的任务。

这项特殊任务就是协助黜陟使押解宋之问流放钦州。

唐朝贬官是怎样上路的？据《太平广记》记载：凡遭贬谪，“自朝受责，驰驿出城，不得归宅”。遭贬官员从朝堂下来，连家都不能回，就被押解出城向贬地奔行，遭贬官员的家眷也得随行。贬官是罪臣，戴罪之身形同囚徒。唐朝对贬官的处置是极其严酷的。《唐会要·左降官及流》载：“左降官量情状稍重者，日驰十驿以上起任，流人押领，纲典画时，递相分付，如更因循，所由官当别有处分。”这里说，获罪较重的贬官，一天得赶奔十处驿站，有官差押送。每到一站，还得按规定画押。这里还有时间的限制，而且，站站如此。如果做不到或违反了规定，还得受处罚。据《大唐大典》记载：唐代“凡三十里一驿”。按《新唐书》的说法，遭贬官员正常一天的行程，“乘传者日四驿，乘驿者日六驿”。乘传是指驿站用劣马拉的车，乘驿是指驿站用好马拉的车。日四驿（120 里）或者日六驿（180 里），已经成为超过了常人所承受的能力。如果一天要走十驿（300 里），常人就更加难以忍受了，贬谪途中的艰辛和痛不欲生的精神折磨让一些贬官死在路上。

既然有人押解，为什么还要协解呢？因为唐睿宗担心，宋之问第一次被下迁泷州（今广东罗定），竟敢置朝廷规矩于不顾，秘密潜还长安。钦州比泷州更远，如不押解，善后交接，说不定半途就扯计逃亡了。

宁原悌与宋之问，一个以谏闻于朝，一个以诗闻于世，虽专攻不同，而同朝为官，多少有所了解。

宋之问是个才情横溢的诗人。唐高宗上元二年（675），年仅十九岁的宋之问进士及第，跃过“龙门”，踏上了仕进正途，一路春风得意。武后雅好文词乐章，宋之问以巧思文华取幸。一次游洛阳龙门，武后命群臣赋诗，左史东方虬诗先成，武后赐锦袍。及宋之问《龙门应制》诗成奉上，“文理兼美，左右称善”。武后一瞧这青年进士风流倜傥，夺东方虬锦袍转赐给他，时有人觉察此举暗示着“赐抱”。并因此得以任用。宋之问曾被任命为尚方监丞，负责管理各工种的制造、供应、生产等政务，不久又进入奉宸院，担任左奉宸内供奉的官职。

十五年间，宋之问由从九品殿中内教跻身五品学士，也为时人所羡慕。当然也有人担心，祸福相生，弄不好也可能会因福致祸。

长安三年（703），宋之问迁司礼主簿。正在宋之问自感“志事仅得，形骸两忘”时，心猿意马的宋之问不自觉地陷入了宫廷内部争权夺利的政治旋涡中。神龙元年（705）正月，宋之问被下迁泷州（今广东罗定）参军。

在泷州，因诸事艰难，慕念昔荣，置朝廷规矩于不顾，于次年春便秘密潜还洛阳，路过荆州自然不敢下榻公馆。而回到长安，即以不义之行，出卖朋友，夤缘权贵，企图卷土重来，“由是深为义士所讥”。

据《新唐书》记载，宋之问潜回长安，匿居友人张仲之家，“会武三思复用事，仲之与王同皎谋杀三思安王室。之问得其实，令兄子昙与冉祖雍上急变，因丐赎罪，由是擢鸿胪主簿，天下丑其行”。景龙中，谄事太平公主，故见用，迁考功员外郎。及安乐公主权盛，复往谐结，故太平公主甚恨之。当中宗将提拔他为中书舍人时，太平公主揭发他知贡举时受贿，便下迁为汴州长史，未几又改越州（今浙江绍兴）长史。

在越州期间，宋之问“颇自力为政”，诗歌创作也开始转入一个清新的意境，诗作“流布京师，人人传讽”。

按常规，这样的左迁官员理应召回重新安排工作的。

而唐睿宗却视宋之问为眼中钉，必欲除之而后快。

景龙三年六月，中宗崩。景云元年（710）睿宗再践位，这位重坐皇位的皇帝认为宋之问依附张易之，投靠武三思，屡不悔改，这样的唯恐天下不乱之人不能再回朝廷。延和元年（712）七月，唐睿宗在让位给儿子李隆基前，为社稷谋也为儿子计，决定将宋之问流放钦州（今广西钦州）。

唐睿宗在下发流放诏之前，先下发一道召回诏。且命宁原悌在荆州演一出“荆州邂逅宋之问”的活戏。

荆州古称江陵，更古的时候又称鄢郢，战国时的楚国之都。公元前278年，二十二岁的楚国士人宋玉被楚襄王提拔为议政大夫，宋玉在鄢郢城郊用茅草盖了一座住宅。相传，宋玉五十二岁时被免掉一切职务，一直在这里困居，七十六岁死后就葬在附近。《九辩》《招魂》《笛赋》就是在这座茅舍里写出来的。

宋玉死后他的草房历代都有人为之修葺，因而得以保存下来。至魏晋时，颍川庾氏为避战乱，从鄢陵来到鄢郢，又一次诛锄宋玉旧居故址的茅草，增其旧制，盖起了一所“庾家大院”。庾家人在这里拔奇吐异，由儒入道，从这所大院走出了庾遁、庾峻、庾纯、庾亮等名士，蔚为东晋门阀。《晋书》史臣赞之曰：“庾氏世载清德，见称于世。”

到了唐朝，“庾家大院”被辟为“公馆”。那时，荆州是个中转枢纽，路过荆州的，都在这里下榻。

虽然宋玉宅屡易主人，而人们仍习惯称之“宋公宅”。

唐时许多名人，都与荆州结下不解之缘。宁原悌与宋之问也不例外。

八月某日，四十八岁的宁原悌与五十六岁的宋之问在荆州不期而遇。

宋之问曾经多次路过荆州，有据可查的有3次住在荆州“宋公宅”。

神龙元年（705）正月，宋之问被下迁泷州（今广东罗定）参军。这是宋之问第一次拖着下迁之身走进荆州招待所。宋之问第一次下迁泷州参军时，他自悲“明主无由见”，又生怪“群公莫与言”，在荆州转船往泷州前，寄诗希望荆州长史“幸君逢圣日，何惜理虞翻”（《初发荆府赠长史》）。

景龙二年（708）宋之问左迁越州长史，第二次拖着下迁之身走进“宋公宅”。

这次是第三次了。

一个是朝廷下派的使节，一个是奉诏回朝的谪臣，还有一位是朝廷特派的黜陟使。

荆牧免不了要设宴接风洗尘。

夜阑席散，宋之问即席作《宋公宅送宁谏议》，诗云：“宋公爰创宅，庾氏更诛茅。间出人三秀，平临楚四郊。汉臣来绛节，荆牧动金铙。樽溢宜城酒，笙裁曲沃匏。露荷秋变节，风柳夕鸣梢。一散阳台雨，方随越鸟巢。”

诗的意思，宁原悌是懂的，由此他才知道唐睿宗为什么那么讨厌这个宋诗人。他本想叫黜陟使即刻宣读流放诏。但一转念，还是忍住了。

第二天一早，宁原悌若无其事地去吃早餐了。

宋之问还在兴奋的梦中。

黜陟使登门宣诏，并催促他去吃早餐尽快上路。

宋之问又一次绝望了。

但他不愧是诗人，在绝望时还能脱口而出四句：“梦泽三秋日，苍梧一片云。还将鹓鹭羽，重入鹧鸪群。”（《在荆州重赴岭南》）

宁原悌以宣劳使的身份，与宋之问同舟南下。一路无话。

抵达钦州，宁原悌如释重负。

相传，宁原悌曾劝宋之问，好好改造，浴火重生，或许还有重回庙堂之日。而宋之问却说，眉毛浴火，面目狰狞；无毛凤凰，已不如鸡。人生的奋斗结束了！

已经是秋天了，钦州仍是极炎之时，北方来的人感觉特别难受。宋之问要求换个地方，就是死也要死得舒服些。

甫一登基的唐玄宗同意他到桂州去。

桂州比钦州凉快。但宋之问并不知晓。

桂州治始安，就是现在的桂林市区。

果然，“桂林风景异，秋似洛阳春。晚霁江天好，分明愁杀人。卷云山角戢，碎石水磷磷。世业事黄老，妙年孤隐沦。归欤卧沧海，何物贵吾身？”（《始安秋日》）

“何物贵吾身？”到了桂林，宋之问才彻悟生命的珍贵。他多么希望

"归欤卧沧海"!

然而，宋之问醒悟得太迟了。一纸赐诏命令他速到极乐世界去，那里更加舒服。

关于宋之问被唐玄宗赐死之事，《旧唐书》说："先天中，赐死于徙所。"而《新唐书》则说："赐死桂州。"

兼修国史，"直书隐巢事"

唐玄宗开元六年（718），这一年，距李渊开创唐帝国已经一百周年了。

经过一百年的励精图治，唐帝国威服四方，万国来朝。至开元，国泰民安，河清海晏。

盛世修史，唐玄宗诏命谏议大夫宁原悌兼修大唐国史。

官方修史始于隋朝，隋开皇十三年（593），隋文帝下令禁止私人"撰集国史，臧否人物"。至唐朝，唐太宗置史馆，修撰前代和本朝的历史，并令宰相监修。从此，官修国史和宰相监修成为定制。

宁原悌奉命兼修国史，而此前他尚无修过史，应该说尚无经验之谈。但他有幸与当时的著名史学家刘知幾成为同僚，相互之间的交往、领教和切磋，让宁原悌得益匪浅。

刘知幾（661—721），字子玄，彭城（今江苏徐州）人。唐高宗永隆元年（680）举进士。武则天长安二年（702）开始担任史官，撰起居注，历任著作佐郎、左史、著作郎、秘书少监、太子左庶子、左散骑常侍等职，兼修国史。

刘知幾比宁原悌年长三岁，而刘知幾却比宁原悌先九年中了进士，宦海的历练使刘知幾很早就变得老练深沉。这个刘知幾十分了得。长安三年（703）与朱敬则等撰《唐书》八十卷，神龙年间（705—707）时与徐坚等撰《武后实录》。唐玄宗先天元年（713），与柳冲等改修《氏族志》，至开元二年（714）撰成《姓族系录》二百卷，开元四年（716）与吴兢撰成《睿宗实录》二十卷，重修《则天实录》三十卷、《中宗实录》二十卷。这样，刘知幾实际上参与了高宗、武后、中宗、睿宗四朝实录的修订工作。四朝实录保存了大量的唐代前期的史料，为《旧唐书》成书打下了可靠的基础。刘知幾对唐前期的正史史料得以详细地记载，做出了极大贡献。他在修撰实录的同时，撰写出了著名的《史通》，对于过去史书的编纂体例、史料选择、语言运用、人物评价以及史事叙述各个方面，进行了批判和分析，提出了自己的史学主张。认为史家必须兼有“史才”、“史学”、“史识”三长，尤以史识最为重要。所谓才，是指史家应有的才具，即在考核史料、叙述史事编纂技巧方面的能力。所谓学，是指史家自有的学问，即要掌握广博的史学知识及其他有关知识，掌握充分的史料。所谓识，是指史学应有的见识，即辨明是非，有正确的见识、观点，还包括疾恶扬善、秉笔直书的品德和胆识。在分析研究以往史书的基础上，刘知幾提出了编写史书的一些原则。他认为一部良好的史书“以实录直书为贵”，记载史实应该“善恶必书”，“不掩恶，不虚美”，不能“饰非文过”，“曲笔诬书”。内容只应记“事关军国，理涉兴亡”的大事，不应记“州闾细事，委巷琐言”。人物要有选择，不能“愚智毕载，妍媸靡择”；要“区别流品”，给予正确的评价。体例要“详求厥义”，谨严合理，做到名实相符，不能“名实无准”。搜集史料，不仅要“徵求异说，采摭群言”，还要细心鉴别，“明其真伪”。叙述史实，应以“简要为主”，要“文约而事丰”，反对“虚加练饰，轻事雕彩”。记述人物的语言，要用“当世口语”，“从实而书”，不要“怯书今语，勇效昔言”。他认为三才中以“史识”为最难，但也最重要，因为有才无识或有学无识，都不配参与修史。他说：“假有学穷千载，书总五车，见良直不觉其善，逢抵牾而不知其失，虽多亦安用为？”他反对修史者阿世取容，挟私受贿，主张“仗气直书，不避强御”，“肆言奋笔，无所阿容”。因为他明白：“犹须好是正直，善恶必书，使骄主贼臣，所以知惧。”他语重心长地劝勉同行，要无愧于史官的称号，必须博采史料而善加选择，必须兼取各家所长而不拘于一家之见，需要“探赜索隐，致远钩深”，深入到事物的内部去寻求。

宁原悌如醍醐灌顶，他更加深刻地意识到：修史，是一件较真的事。需要修史者有善于辨识真伪的本事、又要有敢于直书史实的勇气。

要写大唐历史，不能不写李渊，更不能不写李世民；写李世民不能不写“玄武门之变”，写“玄武门之变”必须披露事变的真相；要披露“玄武门之变”的真相，必须直书“隐巢事”。

所谓“隐巢事”，是指秦王李世民为争储夺位而杀兄李建成和弟李元吉的事。这件事已经过去了 90 多年，事件的起因、经过、结果和影响，当时的史官褚遂良都做了详细的记录，但这份记录已经无迹可寻了。只在高祖、太宗实录中发现一些有关“隐巢事”的简单记录。

为写“隐巢事”，宁原悌遍阅宫廷档案，发现唐太宗对这件事讳莫如深：

贞观十四年，唐太宗对房玄龄说：“我每看前朝的史书，惩恶扬善，足以规劝警诫后人。但我不知道，自古以来当朝的国史，为什么不让帝王亲自看到呢？”房玄龄回答说：“国史既然善恶必书，可以警诫帝王不做非法的事情。只是担心有与君主意见相抵触的地方，所以不让君主本人看到。”太宗说：“我的想法不同于古人。现在要亲自看国史，如果记有好事，自不必说；如记有不好的事，我可以引为鉴戒，并加以改正。你们把撰写抄录好的国史送过来吧。”于是，房玄龄等人就把国史加以删减整理，成为按照年月顺序记事的编年体，撰写成高祖和太宗的《实录》各二十卷，上表呈献。太宗看到武德九年六月四日所记玄武门之变说得很含蓄，就对房玄龄说：“从前，周公东征诛杀管叔、蔡叔，从而使周室得以安定。季友用毒药杀死叔牙，而使鲁国得以安宁。我的所作所为，和古人的道理相同，都是为了安定社稷，以利万民。史官执笔，何须隐晦？你们应当立即改删虚饰之词，把这件事的原委写清楚。”事后，侍中魏徵上奏说：“我听说，君主身居至尊之位，无所顾忌惧怕，只有国史，足以惩恶劝善，如果写得不真实，那么让后世看什么呢？陛下如今叫史官修正《实录》，很符合公正的道理。”

唐太宗自比周公、季友，那么，“周公诛管蔡，季友鸩叔牙”是怎样一回事呢？

这个冠冕堂皇而又貌似正义的理由，却让宁原悌疑问重重。因为他知道，即令在古代，毒杀兄弟都是残忍的、也为世人不忍见的事，以凌厉手段将之迅速杀死，实在是“君子”在“亲亲”和“尊尊”之间痛苦的选择。在他的记忆中，天下抄传的《春秋》《左传》，对于“周公诛管蔡”、“季友鸩叔牙”之类的事，只是实录其事，并没有作为“义举”来加以褒扬的。

于是宁原悌找出抄传家藏的史籍翻阅。他读了自己私家的抄本又借阅别人私家抄本。抄本难免有错讹，但所说的大抵相同。

继而，宁原悌又到皇家馆藏查阅，发现皇家馆藏的抄本多了一首诗，借史官之口把“周公诛管蔡”、“季友鸩叔牙”的事，赞为“大义灭亲”的义举。

原来，皇家馆藏的抄本是篡改了的。

篡改，是唐太宗的宰相房玄龄干的。

可见，道貌岸然的政治家也是阴谋家。

为什么要造假呢？原来秦王李世民杀了太子李建成、齐王李元吉当上皇帝后，已经十多年了，都想不出一个令人信服的理由向世人解释而苦恼。宰相房玄龄也看在眼里急在心上，一天他翻看皇家馆藏的《左传》，灵机一动，天下的书都是抄的，何不略加几句言词，新抄一本以作皇上效法的依据呢？于是他在记录“季友鸩叔牙”的末尾以史官的笔法写道：“周公诛管安周室，季友鸩牙靖鲁邦。为国灭亲真大义，六朝底事忍相戕。”然后阴令秘书赶抄一本放回皇家馆藏。

贞观十三年（639）的一天，唐太宗又为“隐巢事”烦恼，房玄龄从皇家馆藏中借出那本新抄《左传》，当众在太宗面前翻开说：“为国灭亲真大义，皇上何必又烦恼？”唐太宗见有书为证，可以把自己杀害隐巢的非法行为类同于周公诛管蔡、季友鸩叔牙那种大义灭亲之举，烦恼顿消喜不自胜。

“不义之事”变成“大义之举”。欺世盗名，何患无辞?!

唐太宗的心病似乎解脱了。但宁原悌不受所惑，他从宫廷档案中发现，唐太宗抢班夺权的不义之举十六年后被他的儿子李承乾效法了。

李承乾（619—645），字高明，唐太宗李世民长子，母长孙皇后。唐太宗即位，立李承乾为太子，时年8岁，聪明可爱。但是年长后，由于腿有疾，稍微不良于行。这李承乾对父亲阳奉阴违、对师长劝勉不耐，甚至曾派遣杀手刺杀自己的老师。同母弟弟李泰素有夺长之念，兄弟交恶。贞观十六年（642），二十三岁的李承乾却因为忌惮同样深得父亲宠爱且怀有谋嫡之心的胞弟李泰，在试图暗杀失败后，遂与汉王李元昌、城阳公主的驸马都尉杜正伦之子杜荷、宰相侯君集等人勾结，打算先下手为强起兵逼宫，结果事情败露。太子谋反，自然不可轻饶，而依照礼法，即使杀了李承乾，也应该立李承乾的儿子李象为太子。虎毒不食子。贞观十七年（643）正月，唐太宗为保全他的爱子，以“泰（李泰）立，承乾（李承乾）、晋王（李治，嫡三子，长孙皇后生）皆不存，晋王（李治）立，泰共承乾可无恙也”为理由立李治为皇太子。在唐太宗保全下，李承乾本人被判充军到黔州，参与政变的人皆处死。贞观十九年（645）李承乾郁郁而终，唐太宗为此罢朝，葬以国公礼。

父行子效，恶有恶报。太子李承乾谋反，虽然未能得逞。但是对于唐太宗来说，却是终身的逆鳞，也是心中无法消弭的块垒。

让唐太宗心中无法消弭的块垒绝非仅有。宁原悌在宫廷档案中还发现，聪明绝顶的唐太宗在贞观十七年（643）夏秋之交干了一件抱憾不已的蠢事。

在太子李承乾逼宫谋反的第二年，即贞观十七年（643）春天，魏徵死。

魏徵生于乱世，唐高祖李渊建立唐朝之后，他入侍太子李建成的幕府。“玄武门之变”后，为唐太宗所器识。从贞观二年起，四十九岁的魏徵侍奉唐太宗达十五年之久。期间，他向唐太宗诤谏200多次，留下了许多佳话。魏徵的状貌不逾中人，但有智胆，每犯颜进谏，虽逢帝甚怒，而他却神色不徙，所以天子亦为之霁威。为什么呢？因为魏徵的诤谏，其匡过弼违，能近取譬，博约连类，这是前代乃至当朝的诤臣所做不到的。其诤谏根于道义，发为律度，身正而心劲，上不负时主，下不阿权幸，中不侈亲族，外不为朋党，不以逢时改节，不以图位卖忠。这样的诤臣，可谓空前绝后，实不多见，因而唐太宗与魏徵结下了被人们传颂千古的君臣关系。由于这种关系，唐太宗很自然对魏徵恩礼有加。封魏徵为郑国公，还打算把衡山公主赐给魏徵的长子魏叔玉为妻。及至闻魏徵死，唐太宗即下令让魏徵入祀凌烟阁，陪葬昭陵；宣布罢朝五日，令朝臣为魏徵致衷送葬；亲自为魏徵作碑文并将文写到石碑上。出殡时，唐太宗派太子晋王李治前往墓地致祭，自己则登上内殿西楼的高处望哭尽哀。这个魏徵，不但生前享尽了义荣，而且死后也享尽了哀荣。魏徵这般得宠，一时为朝野所慕。

魏徵入土以后，唐太宗思念不已。登凌烟阁观魏徵画像，赋诗悼痛，寄托哀思。临朝又叹：“以铜为鉴，可正衣冠；以古为鉴，可知兴替；以人为鉴，可明得失。朕保此三鉴，内防己过。今魏徵逝，一鉴亡矣。”唐太宗派人到魏徵家，得书一纸，始半稿，其可识者曰：“天下之事，有善有恶。任善人则国安，用恶人则国乱。公卿之内，情有爱憎。憎者惟见其恶，爱者只见其善。爱憎之间，所宜详慎。憎而知其善，去邪勿疑，任贤勿猜，可以兴矣！”当众宣示魏徵的遗谏，并励勉公卿侍臣：“可书之于笏，知而必谏。”

然而，媢徒闻之，短毁百为。说魏徵推荐杜正伦、侯君集才可任宰相，现在因太子谋反案，杜正伦以罪黜流放驩州，侯君集坐罪伏诛了，孅人诬指魏徵为阿党。于是唐太宗不假思索顿生不悦猜谮遽行，乃停叔玉婚，继而仆所为碑。

魏徵身殁未几，唐太宗猜谮遽行，把“任贤勿猜”抛到九霄云外，干出遗憾千古的“仆碑”蠢事，奸臣弹冠，忠臣痛心，一时朝中无敢正言者，由是诤谏路绝。史称唐太宗“好大喜功，勤兵于远”。登基后，他曾多次扬言扫平辽东，因魏徵等诤臣的极力谏阻才作罢。魏徵死了，碑也仆了，朝中再无人敢拂圣心了，任由皇上为所欲为了。果然，在魏徵死后不到两年，四十八岁的唐太宗亲自挂帅东征，结果，在辽东被困，差点丧命于乌泥池，幸得部将力战破之，才免了灭顶之灾。这虽是坏事，却教训了唐太宗，让他想起了魏徵，感到愧对了魏徵。军还，唐太宗怅然曰："魏徵若在，吾有此行耶！"即召其家属到行在，赏赐魏妻，复立所为碑，以少牢祠其墓。

广泛查阅史料，使宁原悌深刻认识到，作为史官，要修编优质史稿，不能为尊者讳，如为尊者讳，必定失真、失实！有感于斯，宁原悌觉得更有必要直书"隐巢事"，以正天下视听。

本来，宁原悌对唐太宗的"贞观之治"是由衷感佩的。而对武德九年六月四日秦王李世民为争夺储君而置宗法之规于不顾，制造"玄武门之变"，阴谋杀害太子李建成和弟弟齐王李元吉以及他们10个未成年的儿子，且事后又冒天下之大不韪篡改史籍寻找借口，而深表愤慨。由此，他得出一个结论：太宗皇帝是治国安邦的高手，也是玩弄阴谋诡计的行家。

于是他广搜朝野逸闻，推阐精微，去伪存真，让历史还原"隐巢事"的真相。

基于这样的认识，宁原悌用史官的笔法对"玄武门之变"做了综合的修编：

> 武德九年，高祖年届花甲，欲让位太子。秦王自恃功高，心有不甘，欲杀太子，迫父改储，然后迫父让位。暗里与朋党窃议，收买串通宫门守将敬君弘，选在入宫的必经之路玄武门，然后布施阴谋。
>
> 秦王等事先瞒着高祖在宫廷内散布谣言说，太子与齐王淫乱后宫，轮流爬上高祖宠妾婕妤、德妃之床。
>
> 宫内传得沸沸扬扬，高祖却一无所知。
>
> 六月三日下午，秦王把这件事告诉高祖。高祖一听，觉得这种丑事竟发生在自己身上，他无论如何不相信儿子会做出这种猪狗不如之事来。正因为他不相信那两个儿子出丑、也不曾想这个儿子其中有诈，即叫李世民和大哥、四弟，明早早点儿来问话。为了彻底弄清自己小妾究竟是否与儿子上过床，他竟然下令由裴寂、萧瑀、陈叔达、封伦、宇文士及、窦诞、颜师古等七人组成一个审判团，打算当堂质问太子、齐王。

六月四日清晨，天还未亮，秦王李世民率领长孙无忌、尉迟敬德、房玄龄、杜如晦、宇文士及、高士廉、侯君集、程知节、秦叔宝、段志玄、屈突通、张士贵等早已到达玄武门。

毫无防备的太子、齐王进入宫门，情知不妙，即仓促应对奋力抗击，却进退无路，终因寡不敌众，惨死于玄武门之内。时年，建成三十八岁、元吉二十四岁。

事变中，建成之子安陆王承道、河东王承德、武安王承训、汝南王承明、钜鹿王承义，元吉之子梁郡王承业、渔阳王承鸾、普安王承奖、江夏王承裕、义阳王承度等幼儿，都在家里被残忍杀害。且命将诸名从宗室名册删除。

当天下午，高祖在丧 2 子 10 孙的悲愤中，含泪下诏立秦王为太子。

传说当夜，太子、齐王披头散发入秦王府，拽住秦王喊冤索命。秦王寝食不安，命秦琼、尉迟二将守门，稍觉安宁；后二将年老不能久站，太宗遂命画二人像榜于宫门。

八月十八日，高祖下诏传位于太子，称太宗。太宗尊高祖为太上皇，改弘义宫为太安宫，诏太上皇居之。

时朝中议论哗然，连当年与李家父子于太原起兵反隋高祖拜相者裴寂亦颇有微词。太宗悻甚，借故撤其相职，流放静州，卒于斯。

太宗为安抚人心，于贞观二年（628）追封李建成为息王，谥曰“隐”；追封李元吉为海陵郡王，谥曰“刺”；皆以礼改葬。贞观十六年（642）又追赠李建成皇太子称号，称“隐太子”；改封李元吉为“巢王”。

玄武门之事已过十有余年，太宗仍想不出令人信服之理向世人解释而苦恼。宰相房玄龄也看在眼里急在心上，一天玄龄翻看皇家馆藏《左传》，灵机一动，天下之书皆手抄，何不略加几句言词，新抄一本以作皇上效法依据？于是玄龄在记录“季友鸩叔牙”之末以史官笔法写道：“周公诛管安周室，季友鸩牙靖鲁邦。为国灭亲真大义，六朝底事忍相戕。”阴令秘书赶抄一本放回皇家馆藏。

贞观十三年（639）某日，太宗又为“隐巢事”烦恼，玄龄从皇家馆藏中借出新抄《左传》，当众在太宗面前翻开说道：“为国灭亲真大义，皇上何必又烦恼？”唐太宗见有书为证，可以把自己杀害隐巢之非法行为类同于周公诛管蔡、季友鸩叔牙那种大义灭亲之举，烦恼顿消喜不自胜。

“不义之事”变成“大义之举”。此亦所谓，欺世盗名，何患无辞？

之后，太宗以此为据多次对群臣曰：“昔周公诛管、蔡而周室安，季友鸩叔牙而鲁国宁。朕之所为，义同此类，盖所以安社稷，利万民耳。史官执笔，何烦有隐？宜即改削浮词，直书其事。”

为争帝位而乱宗法且殃及无辜，时人谓秦王阴狠，故其不高寿，德凉致也。史官敬太宗而恶秦王，感慨而叹之曰：大唐天子李世民，功首罪魁集一身。贞观治世千载颂，玄武乱法百代恨。

在宁原悌看来，皇帝也是人，也会犯错甚至犯罪，何况那时的李世民还未做皇帝呢。所以他认为，秦王和皇帝虽同一身而地位迥异，客观记录秦王李世民的错误及罪过，不会损害后来皇帝李世民的正确和伟大。

而当朝皇帝李隆基并不这么认为。这位皇帝认为，这样直书“隐巢事”，无异于往他的祖宗脸上抹屎！

开元七年（719），宁原悌为修编“隐巢事”忙得不亦乐乎。而这一年的五月发生了日食，唐玄宗对此很不安，裁乐减膳，降低生活标准；日食之后又连续干旱，唐玄宗被迫亲自核看囚徒的罪状，搞些减刑假释以争取宽免的烦心事。

开元八年（720），一日，三十五岁的唐玄宗取宁原悌所修国史阅读，见直书隐巢事，心又烦起来了，于是即召宁原悌入宫。他本想大声呵斥，但面对五十六岁的老臣，他把想斥责的话咽了回去，改用商量的口气对宁原悌说：“白马求卿，黄金赎罪，卿以为何如？”

宁原悌听了心里不禁窃想，伴君如伴虎，稍有不慎，大祸临头。董狐的直笔，不可不鉴哪。而他一转念，既然受命兼做了史官，就要敢于说实话，不敢说实话就不做史官了。

于是叩首说：“周公诛管蔡、季友鸩叔牙，是迫不得已的事。如果说太宗诛隐巢也是迫不得已的话，那么隐巢的死就是自己找死了。就是自己找死，也要如实记录哇！”

宁原悌说到这里打住了，想听听皇上怎么表态。见皇上不动声色，宁原悌只好直截了当回答皇上商求的事：“我不要骑白马上朝，也不要黄金富家，只要还‘隐巢事’的公道。吾皇若不遂微臣之所求，微臣愿投笔去官。”

在唐朝，求官难，“去官”也不容易。官场不是市场，市场可以来去自由，官场说不干就不干从来没有这个先例。可能宁原悌是个例外，这宁史官说不干了，皇帝居然就答应了。可能在唐玄宗看来，强迫人去做不想做的事也是一件难事，反正官场少一个人，地球照样转动，皇宫也塌不下来。去吧，看你这把老骨头能硬多久？

宁原悌“由是忤旨去官”。

本来，宁原悌因“直书隐巢事”而拂了唐玄宗的意，烦透了天心，这是真的。但唐玄宗未必视之以为“忤旨”，更没有叫他因此而“去官”的意思。而宁原悌说的“投笔去官”想去的只是不干史官的差事罢了，谏议大夫还是要干的，不干何来糊口？

在常人看来，君臣之间私下商量的事，即使有不同意见也不应作为“忤旨”。

而在史官看来，即使是君臣之间私下商量的事，如果不顺从皇帝的意志、不买皇帝的账就是“忤旨”，忤旨不是小事，忤旨就是欺君，欺君之罪是要杀头的。

不杀是开恩了！

于是记为“由是忤旨去官”。

“私事”传开必致公论。

面对公论，为君的不改金口，为臣的也不作申辩。

所以鲜为人知的“直书隐巢事”，慢慢也就销声匿迹了。

而唐玄宗并不忘记，每逢想起“隐巢事”，仍然是心怀百感又复千虑。

一晃，宁原悌去官不觉过了六年。一天，唐玄宗传右丞相张说进宫，想叫这位曾三任宰弼、擅长文学、执掌文衡三十多年、正在集贤院专修国史的一代文宗重写“隐巢事”。

张说与宁原悌是同榜及第的进士。他们的为官之道各显神通，而对于修史却是高度的志同道合。

永昌元年（689），武则天在洛阳南门亲自举行制科考试，命吏部尚书李景谌考核策论，张说的应对排名第一。武则天认为近古以来没有甲科，将张说定为乙等，授任太子校书，后任左补阙。十三年后，被提拔为凤阁舍人。

长安三年（703），张易之与张昌宗诬陷宰相魏元忠谋反，并让张说做证。张说在武则天面前，不但没做伪证，反而揭露张易之逼他诬陷魏元忠的真相。魏元忠因此得以免死，而张说却因忤旨被流放钦州。

未几，张说回朝任职。神龙元年（705），唐中宗复位，张说被征拜为兵部员外郎，后任工部侍郎。

景云元年（710），唐睿宗重践帝位，张说改任中书侍郎，兼雍州长史。同年秋，又命他与国子司业褚无量一同担任皇太子李隆基的侍读。

从景云二年（711），张说进封左丞相起，主理政务的同时，持续十七年监修国史。唐玄宗命宁原悌兼修国史也是他荐举的。他对当年唐太宗制造的“玄武门之变”，所感与宁原悌心照不宣。宁原悌“直书隐巢事”成稿以后，首先呈送他过目，他阅后觉得，老宁的直笔写出了他想说而不敢说的话。

释卷之余他有预感，老宁的直笔，很有可能会拂逆天心。

果然，宁原悌因“直书隐巢事”而逆旨去官。

对于宁原悌的遭遇，当时张说的内心曾经为之深抱不平，也曾经为自己没有勇气从掖门伸出援手为宁原悌主持公道而抱愧良深。

为此事，张说打算在有生之年，利用自己与当今皇上的特殊关系进行斡旋，为宁原悌讨个公道。

开元十四年（726），宁原悌去官也六年了，张说正想找机会了结那桩心事时，一场牢狱之灾窒息了他的良苦用心。他因利用职权压制部下，引发部下的强烈不满，被御史中丞李林甫等以他生性贪财、收受贿赂、勾引术士占星、徇私舞弊为由上书弹劾。唐玄宗便命左丞相源乾曜牵头在御史台组成特别法庭审讯，所劾罪状大多属实。结果张说被投入诏狱。

在狱中，他辗转反侧，对西晋鲁褒写的《钱神论》有了更加深刻的认识——钱有毒！于是写了一篇《钱本草》，作为“罪已悟”告诫世人。其文曰：

“钱，味甘，大热，有毒。偏能驻颜采泽流润，善疗饥寒，解困厄之患，立验。能利邦国、污贤达，畏清廉。贪婪者服之，以均平为良；如不均平，则冷热相激，令人霍乱。其药，采无时，采之非礼则伤神。此既流行，能役神灵，通鬼气。如积而不散，

则有水火盗贼之灾生；如散而不积，则有饥寒困厄之患至。一积一散谓之道，不以为珍谓之德，取与合宜谓之义，使无非分谓之礼，博施济众谓之仁，出不失期谓之信，入不妨己谓之智。以此七术精炼，方可久而服之，令人长寿。若服之非理，则弱志伤神，切须忌之。”

此时的张说，虽犯罪入狱，而其身仍兼数职；儿子张垍娶了唐玄宗之女宁亲公主为妻，又有姻亲之谊。所以唐玄宗遂命高力士探视张说。高力士回来后，对唐玄宗说：“张说头发散乱，满脸污垢，坐在稻草垫子上，用瓦盆吃饭，惊慌恐惧地等候处分。”然后呈上张说在狱中写的《钱本草》，唐玄宗览毕，眉开眼笑暗暗称奇。高力士见状，又对唐玄宗诉说了许多张说对国家有功的话。

于是唐玄宗赦免了张说，仅罢免其中书令之职，让他在集贤院专修国史。他要求免去右丞相之职，唐玄宗不许，并且在遇到大事时，仍旧派人去询问他的意见。

一度窒息了的用良苦用心又剧烈地跳动起来了。

面对唐玄宗的垂询，张说并没有因为得到皇上的赦免而违心屈膝。

他不亢不卑地说：“陛下，宁太史直书‘隐巢事’，微臣六年前已经审阅，宁之所书正是微臣之所想。要么采纳宁说，要么付诸阙如，无须微臣另费心思！”

唐玄宗也推心置腹地说：“强人所难终讨没趣。既然爱卿称许宁说，不妨允之作一家之言。然只可言传而不可抄传！”

宁原悌直书的“隐巢事”，没有被当时的官修史书所采用。而由于得到唐玄宗的违心认可和张说的称许张扬，因此之故，“隐巢事”得以广为流播。

于是，“隐巢事”不胫而走传遍天下，宁原悌的大名也不胫而走传遍天下。而此时，宁原悌告别喧嚣的官场已经 6 年。当他接到张说的来信，孤寂之心顿时充满了无限的慰藉。

正如后世一位伟人所言：好事未必好，坏事未必坏。塞翁失马，安知非福？

宁原悌五十六岁“忤旨去官”，依依不舍地离开洛阳，拖着疲惫的身躯回到了家乡天涯海角，回到生他养他的宁屋村。

他丝毫没有责怪唐玄宗，倒觉得事由自取怨不了谁，须晴日，常面北阙，祈愿吾皇继贞观之后，创造一个开元盛世！

唐玄宗也没有忘记宁原悌，还怪自己干了一件笨事，他常遥望南天，祈愿上苍佑我爱卿宁大夫健康长寿！

无官一身轻，有愧心事重。那时宁原悌的堂弟宁道务做郁林牧，听说干得风生水起很有官声，他很想去趟郁林，聚下兄弟情谊。但一想到自己因“逆旨去官”，怕影响堂弟的前程，又打消了念头。

唐开元十六年（728），宁原悌逝于原籍钦江县宁屋村，终年六十四岁。虽然不算高寿，也算得是善终了。

唐玄宗闻讯，“诏发岭南五府兵以给葬事，立祠于上蒙村”。

当时全国分为10道，以五岭以南为岭南道，岭南45州分属广州、桂州、容州、邕州、安南5个都督府（又称岭南五管），府皆隶属于广州，长官称为五府（管）经略使，由广州刺史兼任。

“诏发岭南五府兵以给葬事”，在当时是一种相当隆重的葬礼。

从君臣的关系说，唐玄宗对死者已经给足了面子，敬重有加了。

谏议墓，位于“由钦往廉三十华里的分界坪上蒙岭”，在今广西钦州市钦南区沙埠镇分界村附近，因其墓筑得很大，史书把上蒙岭叫大墓山，又有听音而叫大雾山或大帽山的。明朝嘉靖《钦州志》载：“唐谏议大夫宁原悌墓在州城东北三十里大墓山下。”清同治二年官方对此墓曾作重修，形作覆釜形，灰沙三合土结构，墓碑上刻“唐谏议大夫宁原悌”，至今保存完好。

民国三十七年（1948）3月30日，钦县县长宁可风暨绅耆陈丙炎等，谨具刚鬣柔毛财帛醴酒之仪，致祭于唐谏议大夫宁公原悌之墓前，祭词有曰：“明德昌后，公也岐嶷。禀资优异，好学深思。纯仁馑厚，踵武前徽。经纶丰蕴，志务匡时。间关跋涉，策试京廷。才冠多士，上第荣膺。青萍出匣，新发于硎。秀钟荒徼，朝野讶惊。服官北阙，累陟谏曹。疏论时政，识见超迢。宅心济世，物与民胞。謇謇谔谔，劲节高标。感人讹兴道替兮，曷胜怀古而慨今！溯公力主广开言路兮，遏谗邪佞媚之居要津！尊儒广德而攘斥佛老兮，举鉴戒乎台城！懔夷狄终为炎夏之祸兮，陈边事以期三代之兴！蒿目而忧世之患兮，生兹代其孰能禁嫉愤之忱？缅公遗泽，醴水长流。历千余年，众庶蒙庥。仁风化沐，感召是由。巍巍盛德，谁与为俦？百越文化，夙著令名。列侪风度，岭表耆英。郡人行傩，争图公貌。共仰威名，春祈秋报。俎豆馨香，虔诚祝祷！”

谏议庙，当时诏立祠于上蒙村。上蒙村在钦江东岸距其墓不远处，时

称“宁谏议庙”。至宋朝，拜谒之人不断，香火仍盛。宋人周去非在《岭外代答》中说：“钦州宁谏议庙，去城数十里。太守到任谒之。雨晹不时，祷之辄应。”至明初庙废，而他的嘉言懿行载于史册、传于民间，深刻影响着人们的言行，引导人们形成向上向善的力量，是一笔宝贵的道德资源。庙废后，宁原悌入祀钦州乡贤祠，享受后人的春秋致祭。

而今钦州乡贤祠亦无迹可寻，有可寻者“读书洞”、“驾马岭”和“谏议井”。

读书洞，传说是谏议大夫宁原悌读书的地方，位于钦州市板城镇众仁村旁的众仁岭上。该岭因紧靠琅济村，因而前人多称琅济山或狼济山。此事史书多有记述。《古今图书集成·职方典》载：“狼济山，宁原悌读书之所，有石室，石门外有石桥，两石人夹峙其上。”今人往探，此山洞是一个处在海拔300多米高的天然小山洞。南向，洞高1.8米，深2.8米，宽4.2米，面积不足8平方米，内有石台、石凳，石质莹润如玉，石面平滑如镜，确似有人住过的痕迹。奇怪的是，这些石台石凳虽经历一千多年，却是一尘不染，似是有人经常抹拭似的。洞口凉风习习，洞下万丈深渊，悬崖如削，进出须从后面绕道而上，经一道天桥，桥高8米，深8米，稍有不慎，即可粉身碎骨。虽然出入困难，但地方幽雅舒适，古人视为理想的读书之处。

驾马岭，传说这是宁原悌读书后练习跑马的地方。位于板城镇东部，以距板城4公里的那棉垅农业中学一直延伸到众仁岭，紧连着宁原悌读书的石洞遗址。虽跨越十余公里，连接数十座山头，但山顶平直如道，远望似天道凌空，实属奇迹。今人欲寻访其处，村民只是遥指，无确切指认之处。

谏议井，位于钦州市青塘镇东北高峰村南的水田边处。井的三面是水田，一面靠公路，井口呈一米的正方形，深1.58米，全用花岗岩石块砌成。水清味美，终年不竭。相传此井为宁屋人所挖，宁原悌就是吃这口井水长大的。又据说，宁谏议忤旨去官后回家居住，一次闲逛观井，不慎将一把画有莲花的纸扇掉落井里，费心捞取而不获。其去世后，不久人们于井中仿佛看见一朵绽放的莲花，于是人们又谓之“莲花井”。此井名为“谏议井”殊因宁谏议而得名。现在村里已经没有一户姓宁的人家了，而村民仍习惯称之为“谏议井”。今村中虽然有了自来水，而部分村民仍力汲以用。近年村民集资将井维修保护，并立碑记其事。

嶷嶷姜公 嶑嶑东峰

——唐朝左相姜公辅

◇谢勇云

往事悠悠何处问

公元730年，即唐开元十八年。作为中国古代最强盛的时代之一，这一年，赫赫大唐并没有什么特别之处。

对于朝廷来说，百官在这一年里比较高兴，比如，因国力鼎盛，唐玄宗重新把职分田发给京官；因公务趋简，皇帝在这一年允许百官每月三天时间过“旬假”，还可以自选名胜之地自行宴乐，唐玄宗有时还在皇宫里邀请百官“归骑留饮，迭使起舞，君臣同乐，尽欢而去”。

内政一派春景丽日，外交也是万朝来仪，歌舞升平。曾经一言不合就开打的吐蕃在这一年派使节到边境上送信，请求与唐和解；还有，东、西突厥同时入贡，当时这东、西突厥一起过来，谁都不服谁，玄宗在丹凤楼宴请西突厥使者，东突厥使者不干了，也跑来赴宴，两人为谁当主宾又闹翻了。东突厥使者说，他们是个小国，不能居我之上；西突厥使者说，今天这宴会本来就是为我设的，我怎能在他下面！玄宗手一挥，叫人挂了个帘子，将宴厅隔为东西两边，西突厥使者在西就座，东突厥使者在东就座，然后把酒分别言欢。

这一年，诗人李白在长江边上的黄鹤楼，刚泪水涟涟地送别朋友孟浩然去广陵，一转身赶紧将脑子里的一首千古绝唱记录下来："故人西辞黄鹤楼，烟花三月下扬州。孤帆远影碧空尽，唯见长江天际流。"

对于百姓来说，这一年过得不算很顺，本应在"天际流"的长江突然暴涨，淹没了东都洛阳1000余户人家。当然，朝廷也没有把老百姓逼得太紧，全国在这一年上报判处死刑的只有24人。唐玄宗还兴致勃勃到骊山温泉泡了10天，才回到皇宫。

而远在宦官流放之地的天涯钦州，这一年与两件事密切关联。曾贬谪钦州的唐朝政治家、文学家张说仙逝；几乎是同时，一个天赋异禀、对后来的大唐产生了相当影响的新生命诞生。他叫作姜公辅，数十年后的大唐宰相。

当世哪知相是真

姜公辅，字德文，又字拜廷，号继规，祖籍甘肃省天水，即今兰州一带，后迁移广东南海县。他的祖父来到钦州，任钦州参军，开始定居遵化县，也就是今天的广西灵山县新圩镇新院村。姜公辅的父亲姜挺曾为盛唐时期的县令，在灵山县娶了黄氏为妻。《大清一统志》及《钦州县志》载："姜公辅，字德文，钦州人；姜公辅墓，在灵山县南，旧遵化乡。"清道光《钦州志》、清道光《广东通志》、清雍正《灵山县志》《闽书》《潜山县志》等均有记述。

关于姜公辅的籍贯，另有一说是爱州。据百度百科载，爱州的位置在汉朝属九真郡，南朝梁普通四年，即公元523年分交州置，治移风，隋代移治九真。隋、唐承袭之，也称九真郡，领九真等七个县。唐高宗调露年后属安南都护府，唐高宗总章二年，置福禄州，亦曰福禄郡，至德二载改为唐村郡，领柔远等三个县。这个说法没有考证姜公辅的祖籍，只是认定姜公辅是在朝廷做官的安南人。关于这一点，有学者认为，姜姓在安南并非原住民的姓氏，是汉姓无疑，且隋唐时期，姜姓是钦州的第二大姓。而在唐代安南有三位学人考中唐朝进士，分别为姜公辅、姜公复和廖有方，过去学界多认为三位都是"安南人"，但根据最新发现的相关碑文和史料证明，三位都是从两广迁至安南境内的。

还有一说，姜公辅和姜公复的祖父祖籍甘肃兰州，宦游爱州，后随其父迁钦州，再迁回爱州。《全唐文》载：姜公复，天水人，徙居九真。

史学家被搞乱了思绪，《旧唐书·姜公辅传》干脆记载：姜公辅，不知何许人也。

“不知何许人”的姜公辅，祖籍是甘肃天水。这是姜氏后裔认定的。民国姜希辙等纂修《姜氏家乘》卷首《姜氏前谱世系总录》载，九真姜氏实际上由姜维之子姜试而来，姜神翊由爱州迁广西钦州，生有两子，姜抗和姜挺，姜挺生姜公辅和姜公复。姜公辅时由钦州徙广州，为二十一世。

姜姓得姓始祖为神农氏，以火德名炎帝，因生于姜水（今陕西省渭河支流的岐水），而以姜为姓。西汉初，刘邦迁六国贵族后裔的关东豪族于关中，姜氏望族迁徙至甘肃天水，又返回西戎故地，故族人便以“天水”为郡号。东汉末、三国时期，平襄侯姜维盛于甘肃天水。后姜氏已有徙居到今四川者，姜诗盛于广汉（今四川射洪南）。姜维降蜀后，其后裔居川。两晋南北朝时期，为避战乱，姜族纷纷从中原徙居江南各地。唐代，四川姜族一支，出蜀北，转汉中，入天水，继续融入姜姓发展繁衍中心地。便是蜀国北出汉中，西迁甘肃天水。

姜氏后人认为，姜公辅入仕朝廷后，在唐德宗皇帝面前因秉直谏言，被惹恼了的德宗贬了。姜公辅干脆上奏告老辞官，呈上的理由是“修家谱”。德宗心里正恨着姜公辅，但看他的辞呈也没有什么不正当理由，便顺水做个人情：凭你一个人的力量，要修天下姜姓宗谱是不太可能的，这样吧，朕发一道圣旨，命天下各省所有姜姓都将族谱上报给你，也省了你许多事！姜公辅一想，族谱是要修的，但看这情形，君王如此不定性，先把活着的族人远迁安顿好不受连累、避开危险更为迫切。于是，姜公辅的部分后裔再远迁安南。安顿好后，姜公辅开始安心修编族谱，成为姜氏历史上第一位统修天下姜氏宗谱之人。

三生漫说终无据，当世哪知相是真。综上所述，目前较为可信的说法是，姜公辅是姜维后裔的一支，原籍甘肃天水，姜维之子姜试任汉交州刺史，留在安南清化，这是九真姜氏的源头。姜公辅祖父姜神翊任钦州参军，姜公辅之父姜挺在广西灵山县娶黄氏为妻，生两子，后携两子迁居广州（当时灵山县隶属广州），再迁爱州九真，然后又将两子送到唐都学习。所以，姜公辅不是汉化的安南人，而是寓居安南的汉族人。

布衣崛起秉洪钧

广西钦州古称安州，开皇十八年（598）改钦州。开皇二十年，设置遵化县，县治在今天的灵山县新圩镇新院村（也有一说是在灵山县陆屋镇坝基村）。公元605年，杨广夺权，将所有州改为郡，钦州因此改为宁越郡，遵化县隶属宁越郡。

姜公辅出生的时候，遵化县已随钦州隶属广州。

钦州古称天涯，从隋大业四年（608）至明嘉靖十五年（1536）的900余年中，钦州就一直是朝廷流放和贬谪官员、文人之地。特别是遵化县一带，远离海滨，交通较为闭塞，政治经济发展迟缓。

但祸福相依，正因为是“天涯”，才使钦州有幸与这些在文坛显赫一时的官员文人有了交集的机会。这些文人包括苏东坡，以及盛唐时期的张说等。张说，不仅是唐玄宗长期信任的辅弼大臣，亦是中国古典诗歌发展全盛时期的文坛翘楚，“前后三秉大政，掌文学之任凡三十年”。入仕不久，年轻的张说在一次宫廷争斗中，刚正不阿，得罪了武则天的宠幸，长安三年（703），张说从长安被押送到钦州，后来被召为兵部员外郎，累迁兵部侍郎，转工部侍郎，成了中宗、睿宗、玄宗三朝的元老重臣，前后三次为相，封燕国公，被唐玄宗誉为“道合忠孝，文成典礼，当朝师表，一代词宗”。张说实际上是盛唐前期文学界的领袖人物，盛唐文学的开路人。

正因为这些文坛泰斗纷纷流放而至，“去京师万里”的钦州，在文化与教育方面并不落后。灵山同乡宁原悌，幼小好学，躲在家乡琅济山的一个石洞里读书，一学就是许多年。唐朝永昌年，是武则天听政第十二年，也是全国统一的科举考试60周年。那一年的长安春闱，宁原悌与张说等56名新科进士榜上有名。春闱之后接着举行制科，1000多名进士经贤良征试，64岁的历科进士已任清源县丞的张柬之排第一，擢为监察御史，后拜相；排第二的就是新科进士张说，时年22岁，授太子校书，后拜相；时年25岁的新科进士宁原悌排第九，初授秘书省校书，后授谏议大夫。一个来自蛮荒之地的青年学子，居然名列“永昌老九”，震惊朝廷内外，宁原悌的名字一时传遍天下。唐玄宗时，宁原悌兼修国史，在修“玄武门之变”时，唐玄宗看他如实将李世民杀掉李建成和李元吉写进书中，脸上有些挂不住，便约谈他：“事情都过了那么久了，这些恩恩怨怨没必要再翻出来，打住吧。”宁原悌不干，便得罪了玄宗，从哪来回哪去，于是又回到了灵山，最终于开元十六年（728）老死灵山老家。

两年后，姜公辅诞生。

姜门家风甚严，后辈皆成器。姜公辅和弟弟姜公复都是天资聪颖，加上学习勤奋，小小年纪已展露出大家风范。

姜公辅的童年，史料几无记载，这应该也是造成“不知何许人也”的主要原因。当年的姜公辅，虽说祖父是钦州参军，父亲是县令，也算是个“官二代”，但尚不足登志入传，南宋的邓祚在他墓前题诗“布衣崛起秉洪钧，料事当年有若神。”仍将他归入“布衣”一类。

姜公辅在钦州生活的经历，已无法从史料上佐证。而《大南一统志》又记载，姜状元祠在安定县锦帐村，神姓姜讳公辅，祠所乃其故宅也，这倒可以证明姜公辅曾生活于爱州境内。同时，钦州十字街亦建有平章坊，这是为纪念姜公辅而建的，可惜在清道光年间荒废。雍正《钦州志》载，平章姜公辅墓，在城东北一百七十里遵化乡那杷村，此墓是衣冠冢，因此《大南一统志》又推测“或者入仕后家于钦，故墓亦在钦欤？”

在没有更进一步的佐证之前，只能先绕开这一段迷雾，姜公辅后来的求学和仕途之路的脉络便基本很清楚了。不管姜公辅和弟弟姜公复在钦州或爱州分别待了多久，而最后，均由父亲姜挺远送至唐朝京都去深造。

曾托股肱登凤阁

在京都当“北漂”，然后留京任职，这是姜公辅和弟弟姜公复的基本轨迹。

弟弟姜公复担任比部郎中，属刑部四郎中之一，主管勾会全国赋敛、经费、俸禄等事。姜公辅本人在唐登进士第，初为校书郎，大约是九品官，做的是图书管理员、编辑部的工作，掌校理书籍，刊正错谬。后来又参加高考，即天子自诏的制举，发挥得不错，成绩优异，便改为左拾遗，大约升为八品，负责供奉讽谏。不久又召入翰林院为学士。本来，学士这个职位，只是个顾问，主要是应对皇帝突然想不起某句诗是从哪里来的，随口这么一问，接下来的回答便是学士的职责所在。但因为能经常跟着皇帝出入侍从，顺便能与皇帝参谋议、纳谏诤，充当起机要秘书，所以备受宠幸。

对于姜公辅的仕途，不同的志书记载都基本相同。

新唐书《姜公辅传》载：第进士，补校书郎，以制策异等授右拾遗，为翰林学士。岁满当迁，上书以母老赖禄而养，求兼京兆户曹参军事。

《旧唐书·姜公辅传》载：登进士第，为校书郎。应制策科高等，授左拾遗，召入翰林为学士。岁满当改官，公辅上书自陈，以母老家贫，以府掾俸给稍优，乃求兼京兆尹户曹参军。

可见学业顺利、入仕也很通畅的姜公辅当时的家境不是很好，需要直接向皇上要官：母亲老了，家里贫寒，希望皇上给个工资高一点的工作。这进一步验证了姜公辅的“布衣”身份。唐德宗早已看上了这个有前途的年轻人，允了他的所求，兼京兆尹户曹参军。自此，全凭个人才学和勤奋，一位天涯布衣崛起朝廷，姜公辅为自己的仕途打开了一片全新的天空。

姜公辅能在朝廷崭露头角并站住了脚跟，是因为他的精通儒典，“有经论之才，高有器识，睿智有谋”，陈述奏章详细透彻，很有良相的“范儿”，而且还“料事如神”，使唐德宗对他刮目相看，对他的建言也经常采纳。

姜公辅还有一个优点，也是当时官场上致命的缺点，就是“忠贞鲠直”，在从布衣到朝廷的初始阶段中，姜公辅还是能很好地把握自己，因为谁都知道，忠言逆耳。唐德宗也不例外。这在后来姜公辅居于高位之后放胆直言的结果便可知。当时的翰林学士，位居低微，参预政治本身就有点儿越权，有着很多外人所难以想象的难处，常常处境孤危，但有时还是不得不对一些事情提出见解。当时同为翰林学士的陆贽和刘从一，也深受德宗器重，特别是陆贽，红极一时，大事小事，德宗都绕过当时的宰相，直接与他商量，所以当时人们把陆贽叫作“内宰相”。在后来的逃难中，德宗往梁州、洋州时因道路险恶难行，与陆贽失散，过了一夜陆贽还没有回来，德宗担惊发愁流泪，赏赐千金寻找陆贽。就是这么一位忠心耿耿的下臣，仍因常常直言谏诤，弄得德宗心里渐渐不高兴，感觉再也不能愉快地一起相处了。姜公辅、刘从一都已从低职位平步青云，陆贽仍然还是当个小官，任了个中书舍人。

但是，陆贽算是个君子，与姜公辅有一种惺惺相惜的友好。后来姜公辅因直言冒犯了德宗的时候，陆贽仍耿直地为他申辩，连上《兴元论解姜公辅状》和《又答论姜公辅状》两奏章，其中的金句“夫小者大之渐，微者著之萌，故君子慎初，圣人存戒”成为后世提倡为官应“慎初”的最初蓝本。虽然气头上的德宗不予采纳，但还是放下身子，很耐心地向陆贽解释了为什么一定要治一治多嘴的姜公辅。

料事当年有若神

公元762年，唐代宗即位，他的长子，一位日后的重要人物李适被任命为天下兵马元帅讨伐叛军，并晋封为鲁王、雍王。公元779年，代宗驾崩，李适即位，成为唐朝第九位皇帝，这便是唐德宗。

李适14岁的时候，安史之乱爆发，李适和其他皇亲国戚一样饱尝了战乱和家国之痛，因此他深知安定的可贵。即位之初，他踌躇满志，实施革新，果敢有为，对文武百官非常信任，严禁宦官干政。姜公辅等人正因如此而获重任。同时，采纳宰相杨炎的建议，宣布废除租庸调制及一切苛杂，改行“两税法”，颇有一番中兴气象。

但从陆贽等人的结局来看，后期的唐德宗已不是原来那个李适了。这也不能完全怪他，因为安史之乱，大唐帝国积重难返，他的一些改革措施收效甚微，屡遭挫折，雄心渐失。李适一生中，无论是性格还是行动，都充满了矛盾和悲剧色彩。

当时姜公辅在朝廷当的这个官确实不易，经常要跟着德宗逃命，还事事处在风口浪尖上。他辅政的一些见解，以及对世事的预料，虽然在日后都得到了印证，但当时的德宗已是心不在焉，满脑子想的是逃难的线路攻略，其他事基本听不进去了。

藩镇割据，使一些地方军阀肥了肚子大了胆子，比如朱滔，职业为唐朝中期军阀，是朱泚的弟弟。朱滔原为幽州将领，先后效力于李怀仙、朱希彩，后拥立兄长朱泚为节度使，又劝其入朝，夺取兵权，被任命为幽州节度留后兼御史大夫，先后讨伐叛乱的魏博田承嗣、成德李惟岳，升任节度使，加检校司徒，封通义郡王。建中三年（782），在平叛中积攒了丰富经验的朱滔按捺不住，自称冀王，摇身一变，与田悦、王武俊、李纳联合组成了乱军。

德宗闻讯，血涌上头，眼睛一黑，心里暗暗叫苦：又得亡命天涯了！正寻思着逃难，禁军将反贼朱滔的哥哥朱泚押回了长安。此时的朱泚也是一头雾水。原来，朱滔用蜂蜜裹信经小路送去邀请朱泚一起反叛，被太原马燧截获了，一举将不明所以的朱泚抓了押到宫中。

说到这朱泚，原本也并非什么逆臣，774年，朱泚统领河朔三镇，此前，河朔三镇虽然归顺朝廷，却从来不曾入朝觐见过，此时朱泚率先上表，要求入朝。唐代宗大喜，迅速修建好豪华馆舍等待朱泚。朱泚在进京途中突然身患急病，手下将领都劝他先返回幽州，等病情好转后再动身朝见，此时的朱泚忠心耿耿，躺在担架上大手往前一挥："就算我死了，也要把我的尸体抬去朝中！"这个形象感动了许多人。到达长安后，百姓争相围观，代宗亲自在延英殿设宴款待，朱泚着实露了一回脸，但很快他就意识到麻烦了，他走后，他弟弟朱滔统摄幽州军务，竟着手开始削除他的影响力。朱泚自知被兄弟卖了，闷了一肚子气，于是自请留在京师。代宗似乎也看到了这一点，便让朱泚统辖汴宋、淄青的边防军队。

看到朱泚此时被押回长安，姜公辅发声了，他说，陛下，虽然朱泚还未陷入这件事中，但在这种情况之下，陛下只有两种选择，一是要坚信朱泚不会起二心，往后都当没事一样真诚地对待他；二是如果没办法说服自己相信朱泚，那朱泚也不是傻子，不可能提着脑袋一直跟在您身后，这种情况就必须杀了他，以免养虎为患。

德宗此时的心已乱做一团，嘴上支支吾吾地说，你说的也有道理，我再研究研究！姜公辅继续说，朱泚此人不一般，他曾经统率泾原，泾军上上下下都是他的人，后来被朱滔抢了他的权，他才变成现在这个懒懒散散的样子，但切不可掉以轻心啊！请陛下派人去将他抓来，让他跟着陛下离开，千万不要留他在这里，让那些乱军得到他！

朱泚弄清了事情原委后，也吓得不轻，一个劲地请罪，德宗心一软，把姜公辅的劝阻丢到了一边，反过来安慰朱泚：你两兄弟相隔千里，通讯又不发达，不可能一起策划这逆天之事，我相信你。好言安抚后，却一转身便解除了朱泚的凤翔陇右节度使职务，将他留在京师，不过，增加了他的伙食费。

做完这一切，德宗跳上宝马，准备带着皇妃、太子、诸王等仓皇出逃，他选的出逃之地是凤翔，那里的地方官叫作张镒。

这时姜公辅顾不上了许多，赶紧上前，虽然还不至于舍得一身剐将皇帝拉下马，但还是拉着马缰绳对德宗说，陛下可千万别去凤翔啊！张镒虽然是值得信赖的老臣，但他是一个文官，他手下的都是朱泚、朱滔的老部下，万一这些老部下和外面的叛军接上头，张镒也就成了一个摆设，岂不成了瓮中之鳖？当然"瓮中之鳖"这么难听的话当时不敢在皇帝面前说，但这回德宗听懂了，思来想去有道理，于是便改道由咸阳去了奉天，护驾的只有宦官霍仙鸣及窦文场。

果然，没几天就传来消息，凤翔当真发生了叛乱，连张镒都被砍了。

德宗惊出一身冷汗，对姜公辅暗暗佩服了半天。

长安这边，泾原兵进入皇宫府库，把金银财宝抢了个精光，乱了一阵子之后就安分了，因为没有组织，散兵们也想不到接下来该干什么了。突然有个叫姚令言的灵光一闪，说，我们现在没有主帅，什么也干不了，咱们以前的头儿朱泚朱太尉不是在京城吗？把他找出来扶上来带着我们混，我们不就有活干了吗？

朱泚此前也万万想不到，蒙德宗的不杀之恩，自己竟然也有了机会坐坐他的位置！思前想后，这德宗虽然不杀他，却又摘了他的官帽，虽然多给了伙食费，但想起来更觉耻辱。这回朱泚也不再客气，他专门选了个傍晚，叫叛军们点起火炬连成长龙，因为这样显得有气氛有效果，便前呼后拥沿着长龙进了含元殿。这时的朱泚已经为自己想了个国号叫“大秦”，又再想了个年号叫“应天”，但暂时没挂出来，因为他要下一盘大棋。第二天，朱泚移居白华殿，出榜道：泾原将士长期身居边疆，不懂得朝廷礼仪，随随便便的进入宫中，也不想想这样会吓着圣上。现在圣上西出巡幸，朱太尉先暂且统辖六军。不过朱太尉觉得，留在长安的这些领圣上工资的，应该全部去陪陪皇帝，不能前往的，可到朱太尉这里来。如果超过三天，查出两边都不报到的，砍！吓得百官又浩浩荡荡赶去投奔德宗。

几天后，朱泚组织了三千精兵，以迎接德宗为名，其实这是要去攻打奉天。德宗一听朱泚要来接驾，高兴坏了，但姜公辅明白朱泚的花花肠子。他又进言，请德宗留个心眼，并主动请缨担任守备。一旁的奸臣卢杞这时跳了出来：“你姜公辅都说了些什么？朱泚这么忠诚老实正直的人，你居然认为他反叛，你知不知道这么一说，伤了多少忠贞下臣的心！陛下，请允许我以全家一百多条人命为朱泚担保，他这次真的是来接陛下的！”德宗一看，这家伙把家里一百多条命都搭上了，总得信一回吧，于是就下令各道军队在距离城池三十里的地方驻扎下来等朱泚。姜公辅一听，心都凉了，赶紧劝阻：“陛下！您的军队不威威武武地留在身边，而是散在外面，一是没办法显示出您的声威来，二是您现在的兵马本来就这么点儿，还送到外面去，这不是把自己放在最危险的境地吗？这么大个赌局，卢杞这才押上一百来条人命，您押上的可是整个大唐江山啊！”

德宗想想也对，而且姜公辅也刚刚言准了凤翔一事，挺神的。于是准了姜公辅的奏，把军队都拉入城中。

朱泚一看，有姜公辅这么个人精在旁，想骗德宗进套是没戏了，也不

再等待观望，早点当上皇帝早点享受，于是便自己跑进了宣政殿自立为帝，定国号为大秦，改元应天，又大封百官，并立侄子朱遂为皇太子，遥封朱滔为冀王、太尉、尚书令、皇太弟，杀死郡王、王子、王孙 77 人，把留在长安的宗室灭了个精光。

德宗彻底震惊了，悲痛、羞愧之余，记起了姜公辅的恩，下令提拔姜公辅为谏议大夫、同中书门下平章事，也就是后来的宰相一职。圣旨如下："奉天承运，皇帝诏曰，国家设言官之职，惟在朝夕纳言，以辅君德尔。谏议大夫同平章事，姜公辅，正气敢言，克尽乃职，特赐诰命，以示褒荣。受此茂恩，必勤、必慎厥，副朕怀尚，有显官需尔后效。"

一时直道犯龙鳞

升了这么大的官，姜公辅还是没有享受的福分，朱泚之乱仍在继续，姜公辅只得一直跟着德宗奔波在逃亡的路上。

一同浩浩荡荡奔逃在路上的，还有唐安公主。

唐安公主，即韩国贞穆公主，是唐德宗的长女，出逃时年方二十三岁。公主自幼聪敏，虽贵为公主，却相当低调谨慎，而且对唐德宗非常孝顺。这样的女儿，谁不喜爱？德宗早早就为她物色了夫家。而且从夫家的选择也可以看出德宗对唐安公主的上心，因为德宗选的不是什么显赫世家，也不拿唐安公主的婚姻来进行政治交易，而是在下臣中相中了一个人品上佳的秘书少监，叫作韦宥，本来已着手准备婚嫁之事了，因为战乱，不得不弃长安而逃，将婚事耽搁下来。

一路颠沛流离，唐安公主的金玉之身，的确未尝受过此等苦难，在迁徙往梁的途中一个叫作城固的地方，大病一场，香消玉殒。这下德宗皇帝彻底崩溃了，哭声震天，哭够了，下令厚葬。此情此景，识时务的就懂得该忙什么就忙什么，搭把手就行，可偏偏姜公辅要出来说话了。他考虑的更长远，考虑的是整个大唐的前途命运。他先是安慰一番德宗，然后说："多可爱懂事的公主，厚葬她，这是必须的！不过，陛下您首先要考虑的是平定叛乱，回到长安后，再好好安葬。现在是在路上，能省点就省点，也让军心安定，不要出乱子。"但悲痛之中的德宗哪里听得进去，大骂姜公辅多余。

一旁的陆贽心里是支持姜公辅的，毕竟日后回到长安，肯定还要再厚葬一次公主，现在在路上，简单点也是对的。他挺身而出，替姜公辅辩解。德宗看着陆贽，安静了一会儿，放缓了语速："唉，我说的厚葬，也不是说什么筑多大的坟墓，不就是叫人堆几块砖，修个塔什么的，经费预算很少的！现在姓姜的拿这点小事来说事，这分明是想趁机指责我的过错罢了！"

陆贽接连上了《兴元论解姜公辅状》和《又答论姜公辅状》两奏章，再替姜公辅分辩。他说："我和姜公辅是翰林同事，一起共事很久了，今天我替他说话，很像是有和他结交私党来犯上的嫌疑，但今天这话不说，不支持一下姜公辅的正义好像也不对。反正是，涉嫌结党营私只不过是给我自己带来麻烦而已，不维护正义的话倒是有违陛下您君恩！为了保住自己而不去回报君恩，这是臣的耻辱；如果陛下能明白忠臣逆耳的良言，则是陛下您明白事理啊！"

陆贽绕了半天，希望将德宗绕糊涂，然后放姜公辅一马。他接着说："谏议官这个职位是陛下封给姜公辅的，他拿了您的薪水，那就得执行宰相职务，这没错啊！对君主进谏、劝善规过本来就是他的职责啊！本来设立宰相一职，就是让他早晚进献善言，有小过错就帮您看出来并指出来，他就该这么干。"

此时德宗既糊涂也不糊涂，站在一个父亲的角度，他是一点都不糊涂的，所做的一切都可以理解；但是，站在一国之主的角度，他的确糊涂，不应该在这事上拒绝姜公辅的一片真心。

德宗苦着脸对他说："不要再说了，我看姜公辅的才华，实在不足以担任宰相。他这是'卖直售名'，想红想疯了，这次是趁机批评我，在天下人面前表现他的正直，来求得名声！太坏了！"

陆贽还想再说什么。德宗手一摆，这事就这么定下来了，姜公辅被降为太子左庶子。

真是屋漏偏逢雨，这时姜公辅的母亲过世。心灰意懒的姜公辅提出因丧事守母孝，解职离任，后来再担任右庶子。

虽已至此，姜公辅仍有辅佐朝廷之心，右庶子当久了，不见有动静，这时陆贽身居高位，姜公辅便找到他，希望能通过他向德宗进言，为大唐江山再多干几年。陆贽摇头，悄声告诉他，郴州窦参，也曾经为他奏拟数次，但每次德宗都生气，说了很多不好听的话，可见当初劝阻厚葬公主之事有多么伤德宗的心。姜公辅听罢，终于死心了，当官的心情也全没了，便提出辞呈，说是要罢官去当道士。过了很久见没有动静，又再提请，德

宗诘问他究竟为什么要放弃好好的右庶子不做去当什么道士，姜公辅不想把陆贽扯进来，就说是从窦参那里听说自己没戏了。这句话又让德宗生了一次气，将姜公辅贬为泉州别驾，还叫人去将窦参骂了一通。

当时泉州为中州，姜公辅这个泉州别驾，级别为正五品下。

可怜满腹藏经纶

姜公辅刚行宰相之职就被贬，时间非常仓促，但他能在危急之时挺身而出犯上直谏，这是后人对他仰仗之处。

姜公辅对唐朝的贡献自然不是仅仅限于在逃亡路上说那么几句犯上的话。德宗于初期效法古圣先王，重整纪纲，扭转风气，使国家达于至治，抱负不小，但“人犹轻犯，吏尚徇私，为盗者未奔，不仁者未远”等现实情况也随之而来，德宗极需一帮谋士参与谋划。在这个过程中，姜公辅从一个九品小官开始为君建言献策，从仕途来说，劳有所获，在学术上来说，也逐渐自成一个体系，可惜长期流亡，姜公辅这位当初的“图书管理员”和“编辑”，没有整理好自己的政论文章，今人只能从《全唐文》中找到遗存至今的一赋一策，即《白云照春海赋》和《对直言极谏策》。

《白云照春海赋》后半篇缺文，仅存前半篇三百余字。这是姜公辅文学造诣的集中展示。这篇赋以鲜碧空镜春海为韵，描写白云春海的景物之美，气势之盛，文笔流畅，词藻华丽，视野开阔，体物写志，各尽其妙。其中赋道：“鸟颉颃以追飞，鱼从容以涵泳。莫不各得其适，咸悦乎性。”“色莫尚乎洁白，岁何芳于首春。惟春色也，嘉夫藻丽；惟白云也，赏以清贞。”完全是盛唐文学中的大手笔。

但世人对姜公辅的《对直言极谏策》评价更高，这是因为《对直言极谏策》不但可以看出姜公辅汉文的功力之深，而且还包含他卓越的政治思想和学术观点，还可以从中了解唐德宗即位初期的某些心态，以及全国形势的部分侧面。作为德宗初即位策问的“贤良”之一，姜公辅这篇《对直言极谏策》便是他对策问的答卷了。

在《对直言极谏策》中，首先姜公辅以尧舜禹汤为例，阐明君主应有的样子。对策开门见山：“臣闻尧舜之驭寓也，以至理理万邦，以美利利天下。百姓犹惧其未化也，万邦犹惧其未安也，乃复设谤木，询谠议，不敢满假，不敢荒宁。……臣闻禹称善人，不善者远矣。……夫中于道者，易以兴化；失其道者，难以从宜。事爽其分，则一毫以乖；事审其分，则殊途同归。计岁者非一时而可用，致理者非一日而成功，但立法于制事之初，望化于经年之外，使损益鉴于兴替，寒暑渐于春秋，何忧不均理于羲轩，同光于尧舜？”相传尧舜时在交通要道竖立木牌，让臣民在其上写谏言，此木牌称为谤木，又称诽谤木或华表木。姜公辅希望德宗效法尧舜禹汤，行正道，纳正言，近善人，远奸佞，如此方可使君民同心，上下一德，从而达到国大治、民大安的目的。

其次，以儒家思想对待西北边疆少数民族。在这点上，姜公辅的政治观点有其片面性，当然这也深受当时的儒家思想影响和限制。他认为，戎狄（西北边疆少数民族）轻而寡信，贪得无厌，对之难以礼义和，恩泽抚；主张充实国力，加强国防，发展经济，广揽人才。只要国家强大，则不必以边患为虑。这是一种从“内诸夏而外夷狄”的儒家大汉族主义的立场，代表了儒家的一贯看法。姜公辅受“内诸夏而外夷狄”思想的影响，所以也宣扬“戎狄轻而寡信，贪而无亲”，不足为怪。但他主张发展生产，加强国防，并提出了类似屯兵、屯田的具体措施，这些倒都是很有见地的。

再次，姜公辅提出“夫奸邪生于豪杰，廉耻生于礼义。礼义立，熟有不耻且格乎？衣食足，孰有背义趋利者乎？臣以为遂其富利之业，申其仁义之利，则外户不扃矣。”提倡礼义，实行富民政策，利用厚生，与民休息，广庶类，勤农桑，崇教化，重贤才。

在提出建策之余，姜公辅也在《对直言极谏策》表扬了德宗厚德载物，恩泽被及草木禽兽，诚为德政。这其实是对早期的德宗一系列革新措施给予支持和鼓励。

德宗执政初期，的确采取了一些令人耳目一新的措施。当时，德宗只允许将山南枇杷、江南柑橘作为贡品，每年一次用来供宗庙，其他的贡品全部叫停，包括剑南每年进贡的春酒，以及珍禽异兽、银器金饰。另外，也不再让邕府每年送奴婢入宫，疏散戏子、伶官之类的吃闲饭的人，明确诏王公卿不得与民争利，将官养的三千头猪发给贫民。当时有个文单国，就是今天的越南柬埔寨一带，专门献来会跳舞的大象 32 头，德宗诏令放于荆山之阳，回归自然。所养鹰犬，也全部放生，不仅避免玩物丧志，而且也是保护生态环境的一种举措。这些措施无疑深受人民爱戴，姜公辅多表扬几句也是应该的。

但是，姜公辅又引《诗经·大雅》所说的“靡不有初，鲜克有终”，希

望德宗保持这种态势，慎终如始，贯彻到底，言辞虽然委婉，意思却很明确，颂扬之中，隐含警告。可惜德宗并没有认真听取姜公辅的规谏，有始无终，竟把国家政局搞得一塌糊涂。《新唐书·德宗本纪》对此有公允的评价：德宗猜忌刻薄，以强明自任，耻见屈于正论，而忘受欺于奸谀。故其疑萧复之轻己，谓姜公辅为卖直，而不能容；用卢杞、赵赞，则至于败乱，而终不悔。及奉天之难，深自惩艾，遂行姑息之政。由是朝廷益弱，而方镇愈强，至于唐亡，其患以此。

在姜公辅担任宰相期间，正是唐王朝与藩镇割据势力矛盾尖锐化的时期。德宗时爆发的"二帝四王"之乱，是唐代历史的重大事件。在这一斗争中，姜公辅坚决站在中央王朝一边，拥护国家政令统一，反对分裂割据。

姜公辅为相仅半年即遭罢黜，时间短促，未能充分施展其才华抱负。但此时恰逢唐王朝迭发重大事变，藩镇叛乱，危及京师。他是在皇帝逃奔途中被任命为宰相的，可以说是奉职于国家多事之秋，受命于危难之际。而且他尽心辅弼德宗，一腔忠悃，嫉恶如仇，料事如神，政绩可述，不愧"名相"称号。

九日逍遥避世人

"渔家深处住，鸥鹭泊柴扉。雨过山迷径，潮来风满衣。岸幽分远景，波冷漾晴晖。却忆曾游赏，严陵有旧矶。"这是一首吟诵九日山的诗。

泉州的九日山，高仅百米，但山势叠叠奔腾，巨石悬崖，岩峣峥嵘，山前晋江溪流湾漾，峰峦映发，奥街明秀，隐为一区。九日山得名来由有两说，一说是因晋代南迁者每年农历九月初九在此登山高瞻远望，故称之；另一说是曾有一道人，从德化戴云山走了九日来到此地，故名。

九日山有东、西、北三峰，其形如钳。在西峰，住着一位唐代名人，越州会稽人秦系。天宝末年，秦系为了逃避战乱，带着妻儿来到剡溪居住。仆射薛兼训非常认可他的才学，奏请朝廷授予秦系"右卫率府仓曹参军"，但秦系一心只系山水，没有入庙堂升迁的欲望，便以病请辞。后因"家事获谤"，秦系与妻子离异，离开剡溪，回到若耶溪旧居。公元 780 年，秦系乘舟南下来到九日山，在西峰巨岩大松下结庐筑室，开始了隐居生涯，"不逐时人后，终年独闭关"，一心专注读老子的《道德经》，经常在石崖水畔垂钓，自号"东海钓客"。

建中初，泉州刺史薛播常上山拜会秦系，逢年过节馈送牲礼酒食，但秦系从不肯跟随他到城里，只送诗一首：“欲强登高无力也，篱边黄菊为谁开？共知不是浔阳客，那得王弘送酒来？”贞元四年（788），秦系已经年过六旬，御史大夫张建封深知秦系不肯出来当官，奏请德宗，就地封他一个挂名的“校书郎”。

12 年后，九日山迎来了另一位贵人，也就是姜公辅。姜公辅被贬为别驾，这是个非常闲散的官职，因此上山避世。秦系离异，姜公辅被贬泉州也没有带妻儿同来，两位孤家寡人志趣相投，一见如故，姜公辅便也在东峰筑室，与秦系两人对峰而居，经常一起饮酒赋诗，评史论文，十分投契。因两位都是当世名人，因此即使不知山外是寒暑，生活起居倒有人加以照顾，如泉州刺史席相，主动负担起两人的生活日常，经常和欧阳詹等名士上九日山，陪秦系和姜公辅游览解闷。可以想见，两人过的是何种神仙般的日子，世事凡尘，早已超然山外。

在九日山期间，姜公辅之所以如此逍遥，也是因为他告老辞官换来的，提出要在有生之年“修家谱”。德宗允奏，还为他下了一首圣旨命天下姜氏给他提供材料。姜公辅也因此成为姜氏历史上第一位统修天下姜氏宗谱之人。

除了编撰族谱，在九日山上的姜公辅也做了一件惠及百世的事，就是撰写《太公家教》。《太公家教》被奉为我国最古老的治家格言，因为重点面对幼童，所以语言非常通俗，如“得人一牛，还人一马，往而不来，非成礼也。知恩报恩，风流儒雅，有恩不报，非成人也”。最初被认为“浅陋鄙俚”，虽然流传甚广，却没有引起公私藏书家的注意珍藏，史、志书籍也少著录。清代光绪二十五年（1899），人们在敦煌石窟内发现了姜公辅的《太公家教》写本一卷，正式收入《鸣沙石室佚书》影印出版，包含《太公家教》共 580 句计 2610 字，以四言为主，自始至终贯穿了“忠孝、仁爱、修身、勤学”的思想，强调“弟子事师，敬同于父”；“一日为师，终身为父”等，都是崇敬老师、重视教师作用的教诲，对当代核心价值观很有学习和借鉴价值。

天下没有不散的宴席。13 年后，天子易位，唐顺宗当帝，没有忘记姜公辅，拜他为江西吉州刺史。然而，来不及成行，公元 805 年，姜公辅溘然离世。

一代名臣，淡然在九日山东峰谢幕。

碑碣峨峨对郡城

九日山岁月，逍遥之余，姜公辅有没有在夜深人静、月怜寒峰时引起一些人生的感怀，也只有他自己知道了。但13年来，这日子是恬静的，生动的，也容易引起别人羡慕嫉妒，当然，没有恨。

姜公辅去世后，因妻儿远在他乡，他的后事由同为年事已高的秦系料理。

姜公辅在九日山隐居13年，于唐顺宗永贞元年客死九日山。秦系为其葬于九日山东峰南麓。姜相坟居中竖立石墓碑，阴刻碗粗楷书“唐相国忠肃姜公封茔”九个大字。墓前分别两尊石将军，其下卧伏石羊、石狮各一对，并立一对圆顶角柱。后经宋、明、清几代修葺，保存至今。

料理完后事，秦系再也无法坐在西峰面对那个东峰，便也离开了九日山，归吴越，过南京、丹阳，云游四方，80多岁的时候离世，人们也在九日山建亭纪念他，称“秦君亭”。

在九日山，姜公辅经常活动的地方被后人称为“姜相台”、“姜相峰”，并建有“思古堂”、“二贤祠”、“三贤祠”、“四贤祠”等。“姜相台”即姜公辅筑室之处，室前有一巨大岩石，岩顶平坦可坐。“姜相峰”在九日山东峰峰脊中部，因有姜墓在此，人们称为“姜相峰”。现墓后的岩壁上尚有北宋时的宰相苏颂之父苏绅写的“姜相峰”三个大字。

布衣出身，寒窗苦读，一朝取功名，仕途稳步升，而最终也因直言获罪，心酸终老，但清名直道标表百代，这样的经历，深为人们所崇敬，也很能引起读书人的共鸣。因此，文人墨客再登九日山，都情不自禁地留诗题字，缅怀一番，自唐至清，不断有人为之树碑、建祠、修墓、写祝文、赋诗、在摩崖上题刻或至在墓前凭吊。九日山竟因此成为姜公辅的一个凭吊之处，留下了很多脍炙人口的诗句。

南宋爱国诗人王十朋《题姜相峰祠前》曰：“姓名端合上麒麟，当世哪知相是真。遗冢尚余封马鬣，孤忠曾记犯龙鳞。三巴流落知音士，九日逍遥避世人。精爽不迷祠宇后，俨然唐室旧冠巾。”

南宋邓祚《题姜相墓》：“布衣崛起秉洪钧，料事当年有若神。三尺孤坟封马鬣，一时直道犯龙鳞。从容未见回天力，流落空闻弃海滨。赖有高人秦处士，不妨筑室作居邻。”

明朝冯澄《题姜相坟》：“相国何年掩夜扃，年年风雨过清明。夕阳送断麒麟影，古木啼残杜宇声。卖直得识原是直，售名遭贬不求名。翻成别驾孤坟起，碑碣峨峨对郡城。”

明朝黄玑《题姜相坟次韵》：“长安万户锁柴扃，车驾蒙尘昼晦冥。曾托股肱登凤阁，肯于风雨断鸡声。建中若用扶危策，相国何由赢得名。莫恨忠魂闽海泊，宣公不起忠州城。”

明朝成化年间，傅凯为作《重修姜相墓碑记》，曰：“……天地交而万物通，时有直臣而不显其功；天地不交而万物不通，时有直臣而无所容。公之在唐，忧社稷之将危而费出之无穷，封章朝上而匹马夕出乎闽山之中。忠言逆耳，王臣匪躬。公盖以之古今，孰不仰姜相之高峰?！满山红叶，孤坟胧朦，不有我侯，孰起其崇？谨镌石以纪实，盖将使后人知异世而同风。”

一位名不见经传、年代不详的诗人郭正留下一首《吊姜相旧隐室》，比较全面地概括了姜公辅最后的那段岁月：“青山为主身为客，主人借客青山宅。白云自在千里飞，长松不换三冬碧。古藤谁与写作龙，龟老何年化为石？落花流水发源深，鸣雁过江悲晚色。家无妻子心无累，顶冒寒霜踵藏息。明月舞影聊尽欢，一点尘寰不留迹。倘来轩冕真可嗟，朝为公卿暮遣谪。屈原、贾谊尔为谁，问君何似青山客！”

三尺孤坟古，秋风草自衰。凄凉埋玉地，想见叛麟时。唐朝名相的一生，说不上凄然收场，但也令人唏嘘。然而，风雨已摧公主塔，海云长照状元祠。这就是内心忠诚、舍己匡义的人生所应得到的最深记忆。

【参考文献】

[1]《旧唐书·姜公辅传》，五代后晋时官修。

[2]《新唐书》，北宋宋祁、欧阳修、范镇、吕夏卿等合撰。

[3]《全唐文》，清朝官修。

[4]《大清一统志》，清朝官修。

[5]《广东通志》，清道光阮元监修。

[6]《灵山县志》，清雍正年间修。

[7]《闽书》，明朝何乔远撰。

[8]《姜公辅籍贯辨析》，《东南亚纵横》1994.1，作者：黄国安。

[9]《灵山史话》，团结出版社，2016年6月第一版，蒙曰添主编。

廉吏章献中

◇吕　岳

章献中（1512—1557），字君用，明朝，钦州白沙乡（今钦南区南珠街道北营居委会）人。章献中的父亲是章禹，其祖上章琼。章琼是明朝成化年间的举人，任潮州府通判，封承德郎，卸任后举家迁到钦州白沙乡定居，开衍了钦州章氏一族。

章献中年少时家贫，但传承耕读家风，自幼勤奋好学。他仰慕先祖唐代太傅公琅琊王章仔钧遗风，谨记《太傅仔钧公家训》，时时以“休存猜忌之心，休听离间之言，休作生愤之事，休专公共之利”警醒自己，形成勤俭节廉的品格。章献中 18 岁那年，参加县学考试，考取了秀才，成为县学生员。在众多生员中，章献中学习最勤奋刻苦，并且操行特别突出，师生评价很高。明嘉靖十一年（1532），遇到朝廷要求各县、州、府、省向朝廷选拔贡生员的机会，即全国各地按惯例每隔十二年一次在生员中选拔特别优秀的人才进入国子监就读。章献中由于学行兼优，经过学政的严格选拔后向朝廷推举，成为国子监的拔贡生。

嘉靖十四年（1535）一代理学家林希元谪知钦州。林希元谪知钦州 3 年期间，劝农功、薄赋敛、设社学、建桥梁，勤政爱民，政绩显著，深得民众爱戴。一日傍晚，章献中手持书卷到钦江边一边散步纳凉一边温习功课，看见江岸淤泥杂草丛生的地方，长有许多既类似稗草又类似稻禾的植物，便放下书卷，解履搴裳，下去拔起几株来仔细端详研究。这时遇到知县林希元正在钦江边考察平安桥建设，林知县看到这个书生少年的认真神态，觉得好奇，便走过去招呼问话。通晓了姓名之后，林希元很高兴，说：“你们章家人才辈出呀，章家的五贡生：章琼、章献中、章瓒、章瑞、章星，在当朝可真是声名显赫！”章献中谦虚地说，自己还没有考取什么功名，还在努力用功之中。林希元问道：“你手中拿着的是什么？”章献中看着手里沾着淤泥脏兮兮的植物，不好意思地说：“这些应该是毛禾，在缸瓦窑村一带生长有很多。虽然是野生的，但到了秋后它们就长出毛谷，将其收割晒干，碓碾脱去谷皮后就可以得到红米。红米可以煮饭煮粥，味道很香，但过于粗糙，入口难嚼，又不好消化，除非是迫不得已的饥荒之年不会有人吃。不过红米可以用来做禽畜的饲料，还可以用作酿酒的原料……”林希元饶有兴趣地听了章献中的一番介绍，心中突然有了一个主意：自己正在谋划编写《钦州志》，书中要详尽描述钦州的风土人情、物产风貌，正愁没有一个好助手来帮助编撰，眼前这个博学严谨的青年书生不正是一个好人选吗？于是林希元当下邀约章献中，翌日到知县府上详谈。

章献中也非常仰慕林希元的才学与品行，欣然应允了林希元的请求。两人经过长谈，在修志的内容等方面的看法达成了一致。在随后的日子里，他们共同详细考察了钦州的山川形胜、风土人情、食货物产等方方面面，注重实地调查，记述翔实可靠，真实记载了钦州老百姓的生活情状。志书特别重视记述经济生活，食货部分所占的篇幅最多，几乎接近全书的三分之一。其中对农作物的描述最为详细，如谷物品种仅糯米一项，就有十四个品种之多。林希元主持、章献中协助编纂的《嘉靖钦州志》包含明代及以前的史料最精博，保存了政治、经济、军事、农业、社会生活等方面的珍贵资料，在选材、谋篇、行文等方面也最为出色，被后来许多地方志纂修者尤其是钦州志纂修者奉为典范，对钦州的地方文化事业有着极为突出的贡献。

嘉靖十九年（1540），章献中初任浙江都司经历。虽然职位不高，但是章献中却非常认真负责，克尽其职，廉洁奉公。特别是在廉洁节俭方面，得到同僚们的称颂。一日，章献中欲修家书，便到商铺购买纸墨。同事好奇地问道：“你掌管文书，官府里面有的是笔墨纸砚，随便拿一些来用不就行了吗？区区一封家书，何必要亲自出去买纸笺呢？”章献中道：“写家书

虽然用纸不多，但毕竟是私事。如果每个人都这样公私不分，那不是乱了规矩吗？相对于灭官烛读家书的古人，我做得还很不够。细微苟不慎，堤溃自蚁穴。慎微，是防止贪欲萌生、斩断邪念必须坚持的操守呀。”同事们听了都很佩服。章献中在浙江都司经历的职位上严以律己，默默奉献，十年如一日，勤恳敬业。任职九年，朝廷考核各种官员政绩，章献中列清廉全国第七。因为章献中在考核中取得的名声，朝廷追赠其父章禹为都司经历。

嘉靖二十八年（1549），章献中擢升云南大理府通判，官至正六品。章献中所任的通判一职，多半设立在边陲的地方，由朝廷直接委派，为知府副职，辅佐知府处理政务，以弥补知府管辖不足之处，有直接向朝廷报告的权力。通判分掌粮运、水利、屯田、牧马、江海防务等事务，其他兵民、钱谷、户口、赋役、狱讼听断之事，知府必须与通判联署方能生效。通判兼有监察官吏之权，是兼行政与监察于一身的中央委派官吏。章献中接到朝廷任命，心想朝廷对自己委以重任，这是对自己一直以来廉洁奉公的肯定，今后一定对自己要愈加严格要求，秉公办事，不辜负朝廷的厚望。因此，到云南大理赴任时，出于避免招摇张扬、劳民伤财的目的，他省去了一切铺张的排场，行装随员一切从简，只带着一个随身书童。多年仕宦在外，章献中很少能够回一趟家乡。在这次赴云南任职途经广西，章献中打算取道归乡省墓。章献中与书童一路风尘仆仆，快到家乡的时候，书童对章献中说：“通常出外做官的人，高升了回家都是衣锦还乡，风风光光的，但你身上还是穿着平时的朴素旧衣服，是不是有点不合适呀？”章献中道：“朝廷提拔我担任通判一职，是看中我节俭廉洁的品行。我此次赴任的目的是为了报效朝廷和服务黎民的，并不是为了自己的享受和在人前的显耀。如果我像别人那样搞那些虚张声势的排场，虽然能满足自己一时的虚荣，却愧对朝廷的信任，有悖于自己的初心。”依然素衣归家，乡人皆不能认，及入家门，始知其为君用。

章献中到任之初，许多达官贵人、社会名流纷纷厚礼登门拜访。章献中一律以淡茶相待，所赠礼物一律退回，因此得了“古板”之名。章献中的一个手下看到章家大小衣服简朴，就拿了一匹布偷偷送给他的妻子，并且谎说，这是公家配送的，可以放心收下。隔天，章献中看见家眷穿着新衣服，就问妻子新衣的布料哪里来的？妻子奇怪地答道：“这是你们官府统一配送的布匹呀，你不知道吗？”章献中这才知道，自己虽然严格拒腐，但还是被人巧妙地通过家人行贿了。他教育妻子道：“以后有人送礼物到家里，千万不能接受。无论是什么物品，也要问清楚我才行，不要糊里糊涂收了别人的好处。一匹布虽小，但如果让别人知道我是乐意接受礼品的，就会有更多人送礼上门，从而败坏了我的名声气节。别人送给好处不是没有目的的，如果我因为接受了礼物给他们办事，就会影响公正廉洁；如果我不给他们办事，他们就会在背后埋怨、散布流言，所以千万要谨慎呀！”章献中找到了那位手下，严厉批评教育了一番，并按布匹的价钱如数退还给他。

章献中性格耿直，办事坚守原则，一丝不苟。一日，知府欲颁发一份有关钱谷赋税的文告。这份文告按照往年的惯例颁发，知府以为随便与通判通一下气，联合签署就可以了。但章献中认真研究了这份文告，认为根据朝廷的新规，对民众的赋税不能过重，并且由于本年辖区多地遭灾歉收，应该酌情核减赋税。章献中据理力争，以不同意联合签署来胁迫，最终促使知府做出让步，同意颁布削减赋税的文告。

章献中理政期间，对自己分掌的屯田、水利尤其注重。他鼓励民众大力开垦土地，发展边疆生产。为解决农田水利灌溉问题，章献中发动五千多名屯军开凿池渠水利工程三十里，做到了“田不病于旱防。”对于素以干旱著称的某些坝子，章献中带领民众创造了“地龙”浇灌网，减少了水的蒸发量，使大片荒田受到浇灌而成为绿野，使得当地一带，风物更加漂亮，出现了“土地挂在悬崖上，庄稼长在石窝里，片片梯田耸云霄，条条清泉绕山岗”的壮丽图景。当时就有“云南熟，大理足”的光荣谚语。章献中大兴水利，浇灌屯田，促进生产发展，军民俱利，其功德得到了人们的传颂。

其后，章献中调任主管银场。明朝以白银作为流通货币，因此全国大规模开采银矿。而当时云南的产银量占全国的一半。章献中所主管的银场，来往出入钱银，数以万计。但由于管理不善，陋弊百出。监管银场的大小胥吏大为奸利，或秤收之初不尽入库，或藏贮之处得以私取，或倾煎之际隐匿多余，或类解之时巧为挪换。章献中立意革除银场一切陋习，多次拒受贿赂，使得银场面貌焕然一新。

章献中主管银场的头一天，银场库官就以汇报工作的借口上门拜访，并暗中呈上藏在袖子中的十两银子。章献中当场拒绝，并严厉训斥了库官。章献中感觉到，银场所产白银的入库出库可能存在问题。经过一段时间的调查了解，章献中详细收集库官在秤兑中偷盗白银的各种罪证。库官在由他们掌控的银秤或天平上做了手脚，巧取暗窃，偷盗手法是每十两多称五钱，即在每次秤兑中将十两五钱的金银算作十两计，余出五钱则被库官私吞，实则就是在秤兑中扣秤。为了增加巧取暗窃的隐秘性，库官蓄意在砝码上做手脚，舞弊操作。通过重放轻置，称量结果完全不同。重放则所称结果在银之偏下，轻放则所称数在银之偏高。章献中上书罢免了原有库官，将年久减轻的砝码和私铸的砝码全部废除，严格统一使用朝廷颁布的符合国家规定标准的银称砝码，并且加强监督管理，使得银库钱银出入分厘不差。

银场中还有一陋弊，就是所出白银成色往往以次充好。章献中发现，有些银匠故意巧作色银，或九成或八成，甚而七成。入库的白银常不足色，多有含铜、铅和锡杂质的低黑白银，从而使国库受损。有些胥吏与工匠互相勾结，故意掺杂，倾煎劣质银锭完纳国库，以填欲壑。章献中下令撤去私炉，限定官炉，令银匠朔望打卯投结，如有发现假银，即追造银匠役，按律治罪，仍令照数赔偿。经过严加监管，以后产出入库的白银都在九五成色以上，乃至十成足色纹银。

主管银场三年，虽然银库钱银千万，但章献中一尘不染，两袖清风。家中日常用度相当节俭，家里人穿的衣服从不讲究什么花样，除了节庆，饭桌上从来没有两样以上的肉菜。他要求妻子带领孩子们垦地种菜，饲养家禽，自给自足。一日，在学堂的小儿子回家，满脸的不高兴。章献中问他为什么？小儿子说，别的同学经常有新衣服穿，他们老嘲笑我总是穿哥哥传下来的旧衣服。章献中引用明初诗文大家宋濂的《送东阳马生序》来进行教育，宋濂的同窗们都是披绮绣，戴珠缨宝饰之帽，腰白玉之环，而宋濂缊袍敝衣处其间，略无慕艳意。以中有足乐者，不知口体之奉不若人也。真正的读书人，不要跟别人比吃好穿美，要比谁学习最刻苦，谁的学问最高。只有这样，才能最终学有所成，获取功名，像宋濂那样幸预君子之列，四海称其氏名。小儿子听了很受感悟，不再提生活上的要求。章献中还经常以祖上的《太傅仔钧公家训》教导子女。家训上曰："传家两字，曰耕与读；兴家两字，曰俭与勤；安家两字，曰让与忍；防家两字，曰盗与奸；败家两字，曰嫖与赌；亡家两字，曰暴与凶。休存猜忌之心，休听离间之言，休作生愤之事，休专公共之利。吃紧在尽本求实，切要在潜消未形。子孙不患少，而患不才；产业不患贫，而患喜张门户；筋力不患衰，而患无志；交游不患寡，而患从邪。不肖子孙，眼底无几句诗书，胸无一段道理。神昏如醉，体解如瘫；意纵如狂，行卑如丐。败祖宗之成业，辱父母之家声；乡党为之羞，妻妾为之泣。岂可入吾祠而祀吾茔乎，岂可立于世而名人类乎哉！戒石具左，朝夕诵思，切记切戒。”章献中要求子女们都要像自己一样，时时将家训默记于心，随口成诵，随时警醒自身。

章献中长年为政务夙兴夜寐、劳心劳力，最终忧劳成疾。最初的一些小疾，章献中并不在意，坚持带病工作。并且因为节俭的习惯，舍不得延医买药，小病小痛都是硬撑过去。最后卧病在床的时候，章献中也是舍不得让家人去抓贵药。同僚好友来探望带来的慰问品，章献中同样吩咐家人一一退回，自始至终保持廉洁节俭的作风。

嘉靖三十六年（1557），章献中病卒于官舍。府中同僚好友听闻其家人哭声，前来帮助料理后事。清理章献中遗物的时候，开箱捡囊，除了一些书籍和旧衣物以外，只有遗俸白银五钱，在场的众人都嘘唏感叹。当地士大夫感叹说：“闻章献中之风者，可使贪夫廉而懦夫立矣！”

知府大人体恤章献中妻儿无力丧葬，聚集当地的士大夫、乡绅富户说：“通判大人自从来到我们云南大理，勤政爱民，匡扶正义，不畏艰险，恪尽职守，为民办事，减免赋税，大兴水利，使黎民免于饥馑，深受百姓爱戴。主管银场三年，出入钱银千万，却能做到不取一钱，身后仅有遗俸五钱，其廉节真是千古可风。现其妻儿无力丧葬，我等作为士大夫，岂可坐而无视，令仁者心寒？”在知府大人的带领下，士大夫、乡绅富户纷纷解囊相助，捐出银两，并派人员送其妻儿扶梓回钦州安葬。

其后，章献中的清廉节操得到了朝廷认可，认为其居官有功，居乡有德，其嘉言懿行，堪当后世楷模。遂下旨将其崇祀乡贤祠，俎豆馨香，令后人知所则效。钦州章氏一族，也把章献中的神主牌位排在始祖章琼公之后，作为钦州章族的第二号人物来供奉，并把他的为政清廉事迹，在钦州媒体广为宣传，作为人们学习的榜样。

【参考文献】

[1]《嘉靖大理府志》，大理州文化局翻印，作者：[明]李元阳。

[2]《仔钧公后裔在广西钦州对社会之贡献》，广西钦州章氏太傅书院理事会。

[3]《明朝白银需求和银矿开采对云南经济发展的影响》，德宏师范高等专科学校学报2011年第1期第20卷，作者：李雨蓉。

[4]《林希元在钦州》，《钦南文史》作者：章慈芳。

[5]《嘉靖钦州志》，明嘉靖刻本，林希元纂修。

杨冠——声声若为吾民忧

◇卢炼

杨冠（生卒年不详），字尚文，钦州人，景泰庚午年（1450）举人，曾任浙江嘉兴府同知、平乐府知府（今桂林市平乐县）。钦定四库全书《粤西文载卷六十四》（桂林府通判汪森编）载：“杨冠……成化年间平乐知府，轻徭薄赋，勤恤民隐，尤加意学校，建明贤书院，以资丽泽；创东西社学，以给豢养；捐俸金造祭器，以秩祀事。既去，士民立祠祀之。”为官时，“以廉能称”，退休后，“既归，绝迹公门，为乡评所重”。杨冠是钦州17名乡贤之一，去世后牌位奉入乡贤祠，受到民众春秋祭奠。[1]

一

景泰庚午年（1450），杨冠考上举人。

举人是有功名的人，跟普通民众有了本质的区别。举人可以做吏（不需要朝廷任命的小官，类似于今天的公务员），即便不能做吏，也享受一定的政治、经济待遇：见了县官可以不下跪，每个月还有一定的补贴，参加会试的路费可以报销，家里的直系亲属还可以免以杂役。

杨冠考上举人后，任浙江嘉兴府同知。他才干突出，一腔热血，准备用自己的能力报效于朝廷。但由于英宗皇帝与景帝之间的“储君之争”，使得明朝政局变得相当诡谲而复杂，群臣争着站队、忙于立储君，边境受到外敌侵略，全国各地到处都闹起义，政治腐败、学术颓废，国家动荡不安。一心为民的杨冠一直无法施展他的才学。

广西的农民起义此起彼伏，成化元年（1465）的大藤峡起义，声势浩大，朝廷花了好几年时间好不容易平息，广西中部的壮人又起义，接着东部以平乐府为主的少数民族聚居区也起义。除了连年打仗外，平乐府还天灾不断，不是大旱就是洪灾，平乐府成为朝廷命官最怕去的地方。[2]

明成化十年（1474），杨冠受命于危难之际，出任平乐府知府。

平乐府，在今桂林市平乐县城。新石器时期便有人类活动痕迹，三国吴甘露元年（265）由富川县分置平乐县至今已有1751年历史，唐武德四年（621）设乐州，次年州治、县治同徙今县城，贞观八年（634）改乐州为昭州，元大德五年（1031）昭州更名平乐府。

这里山川秀丽，桂江、荔江、茶江“三江”交汇，水运相当发达，更是桂林、湖南通往广东的要塞之地。[3]

经过长途跋涉来到这里的杨冠，被这里的秀美山水迷住了，他一下爱上了平乐，把平乐作为他的第二故乡。他对着桂江暗自发誓：一定要把平乐府治理好，当一名老百姓心目中的好官。[4]

杨冠到了府署，便着手了解平乐府存在的问题和困难，征询目前最迫切需要解决的问题。

户书（主管户口、征税和赈灾，相当于公安局户籍科长、税局局长和民政局长于一身）说要想办法赈灾，从上级多要银子，让大家过上好日子。成化八年（1472）平乐大旱，灾民遍地，朝廷虽然下拨了救济款，但杯水车薪，解决不了实际问题。旱灾刚过，还没喘过气来，成化十年（1474）又发生水灾。这次水灾虽然不致造成民不聊生，也损失惨重，很多人因此变成“特困户”，这些人为了过生活，偷抢盗劫，成为社会治安一大隐患。

工书（主管建筑工程，相当于住建委主任）提出要修建防洪工程。他说：“平乐府署大门正对的就是从桂林南流的桂江。洪水一来，桂江水竟可以淹到府署。群众为了生活方便，都是沿江居住，非常不安全。”杨冠点头称是，他是经过调查研究的，且在《平乐县志》所记述的大事中，甚至出现“大水害稼、人相食”的惨状。平乐民众深受其害，水患成了官府最头痛的问题。

兵书（主管征兵、社会治安等，相当于武装部长＋公安局长）汇报：“三江沿岸有苗、瑶、壮等十多个少数民族杂居，经常聚众闹事，上访、打架、杀人放火事件几乎天天有。”[5]

平乐府包括了今天的平乐、昭平、贺州、富川、恭城、蒙山、荔浦、阳朔等地，地广人稀，居民分散，很难办案。兵书还说，有史以来，平乐府的少数民族特别是瑶、壮民族经常闹起义，受到官府的镇压，少数民族与汉族、与官府之间的矛盾到了白热化的程度。[6] 由于平乐“黄金水道”的独特地理位置，成为北方居民南迁的必经之地，流动人口增加，也为社会治安带来许多不稳定因素。

礼书（主管文化、教育、祭祀等，相当于今天的文化局长＋教育局长）提出，这些问题的出现，都跟没有文化有关，应该发展教育。

礼书话音刚落，府署外面一阵喧哗，数百群众到平乐府署“上访”来了，大门的守卫拦不住，群众大有冲进府署决一死战之势。

杨冠走出府署大门。面对数百群众，到任伊始的杨冠不慌不忙，安抚着大家的情绪，他说：“你们派几个说得上话的人到府署里面详谈。”群众不愿意派人，杨冠说：“你们这么吵，我怎么知道你们要解决什么问题？”

上访民众感觉他说得有道理，安静下来，派了几个人到府署跟杨冠谈判。经过一番了解，原来是民众经历了连年的战乱和饥荒，再加上前年的大旱和连续两年的大水，连生存都成了问题，可官府又逼着要交税，听说新知府上任，万般无奈之下，只好来找新知府上访。

杨冠说：“这几年自然灾害相当严重，又是大旱又是大水，我知道大家生活很艰辛，平乐府不仅不会逼大家交税，还要让大家都能过上好生活。”群众将信将疑，不肯离开。杨冠当场准备文房四宝，拟好向朝廷申请免征课税的公文，群众这才散了去。

上头批准免税的公文没下达之前，杨冠与各族人民群众一道抗灾自救，杨冠抑商重农，大力发展农业生产。

成化十年（1474）秋天，收割了稻谷之后，杨冠部署平乐府各级重新丈量田赋，对所有灾区田地实行减租免税。

平乐府是桂林、湖南通往广州的门户，官道所经集镇以往相当繁华，桂林和广东的官员经常来视察。这几年，由于常年水灾和匪患，官道已被破坏，一些路段泥泞不堪，一些路段因山体滑坡、道路塌陷已无法通行，一些路段抢劫、强奸、杀人常有发生。老百姓谈之色变，一度成为当地老百姓的梦魇，官道所经的集镇经济萧条、人烟稀少。杨冠了解情况后，亲自带队到现场勘查。

杨冠回到府署后，写了报告，报请上级拨给银两，重新修筑、清理官道。

杨冠接手平乐府的时候，正是平乐匪患最厉害、治安最混乱的时候。平乐府由于地广民稀，成为官府安置贬谪官吏和罪犯充军的重要地区。明初定制，南人犯罪发遣北方，北人犯罪发遣南方。发遣到平乐府的多是不听话的士兵、“不务正业”的游民、官府逮捕的“顽民蛮寇”(起义群众)，当时的广东明文规定：广东官吏军民，“罪当立功僚哨者，例发广西沿边”。正统年间，把犯了事的官员和罪犯用船只遣到平乐府做苦力[7]。而这些人，正是制造平乐府不安定因素的主力。

成化十一年（1475），杨冠征得布政使司同意，招募了许多年富力强的男丁，编成“治安队伍”，清理了官道上的匪患。不多时，官道又恢复了以往的辉煌，官道所经集镇又恢复了繁华。

杨冠压缩平乐府各级机构，撤销了一些可设可不设的岗位，裁减冗员。仅此一项，便缩减了大笔开支，杨冠利用这笔省下的资金投入水利建设，修建了桂江拦河堤坝。堤成，杨冠欣然作长诗一首以记之。

同时，杨冠根据大明律法制定了平乐府各级官员的管理办法，对各级机构不同岗位的人员进行考核，根据考核结果发放工资、提拔或裁减；对于违反管理办法和大明律法的官员进行严厉惩罚，尤其加重对贪官污吏的惩罚，严禁贪污中饱私囊；加重了对治安问题的处罚，严禁在辖区出现重大治安问题，轻则撤职、重则法办、充军。各级官员为保乌纱，个个努力想办法整顿社会治安。

同年，朝廷批准了杨冠提交的免征平乐灾区课税的请示，豁免全部荒田租赋，并从湖南、湖北和广东给平乐府调了救灾粮。杨冠全心为民的事迹在汉族和少数民族的民众之间流传开来。他的一系列惠民措施的实施，得到平乐各族人民群众的肯定和爱戴。传说，平乐府治附近的瑶族群众，经常送菜蔬瓜果到府署给杨冠。这年腊月，杨冠在路上被一名瑶族群众拦下，一定要他尝尝自己做的糍粑。杨冠尝了，瑶族群众非常高兴。[8]

二

成化十一年（1475），有些官员提出要扩建府署，因为每届知府都要大兴土木。

杨冠问："府署何时所建？规模如何？"

工书答："乐州刺史江齐贤唐武德八年（625）把乐州迁到这里后建城筑墙，是为州府。历史上已经重修或扩建多次，至宋治平元年（1064），平乐府署城高二丈一尺，广轮一百四十六丈；昭州刺史奏准重修昭州城，重修后的昭州城城墙高二丈七尺，广轮五百四十一丈，垛口九百五十六个。元大德五年（1031）更名平乐府，是为府署。明洪武十三年（1380）再重修，城墙高三丈一尺，广轮仍为五百四十一丈，垛高六尺，宽四尺。"[9]

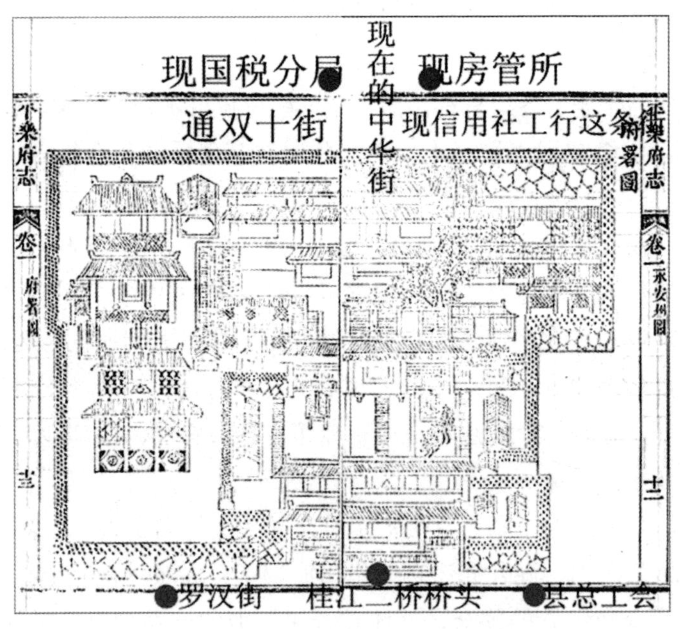

（平乐府署。自中国国家图书馆藏本《平乐府志》第二卷，清光绪三年木刻版）

杨冠说："府署经过无数次的重修、扩建，已经是一个非常宏伟、非常漂亮的城池，不需再扩建。再者，我刚接任知府，民不聊生，不宜大兴土木。"大家听他这样说，也就没有再坚持扩建府署。

杨冠又问："历代平乐为官者有多少？"

同知答：“历代平乐府八属（平乐府管八县：平乐、恭城、富川、贺县、荔浦、修仁、信都以及永安州），虽有不少人参加科举考试，但却很少考中进士，在朝中为官者凤毛麟角。”

明代实行科举取士制，非进士不入翰林，非翰林不入内阁，是否能入朝为官就看科举考试是否榜上有名。据明例，官府书院出入其间者，非“官师缙绅”，即“士夫儒生”，即是当时社会的中上层人士。

杨冠又问：“平乐可供读书人读书的学校有哪些？”

礼书回答：“仅府学。但是也年久失修，破败不堪。”府学，即文庙。

杨冠又问：“平乐没有书院吗？”

礼书说：“平乐没有书院。”

杨冠唏嘘。

其实，平乐是有书院的，就是后来著名的“粤西四大书院”之首的道乡书院。

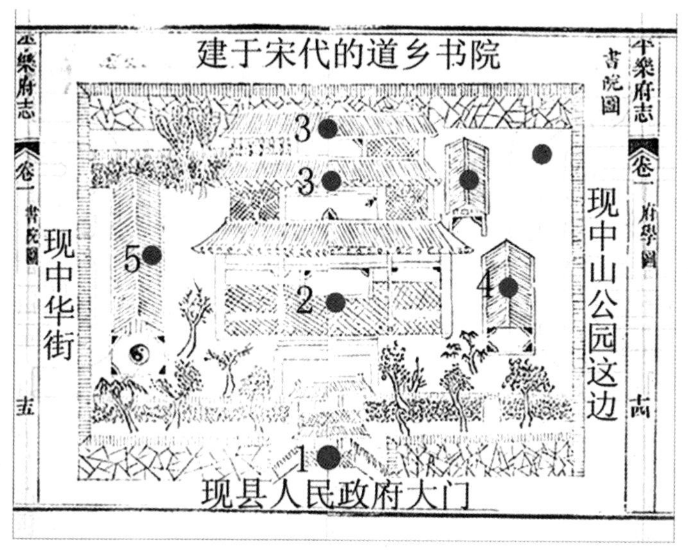

（道乡书院，宋吏部侍郎邹浩所建，嘉靖九年重建，始建之地及兴废年月均不可考。自中国国家图书馆藏本《平乐府志》第二卷，清光绪三年木刻版）

道乡书院乃宋朝吏部侍郎邹浩所建。邹浩因在皇帝立后问题上过于直言，得罪了后来的皇后刘妃，被贬到昭州（即平乐府）。在平乐的五年里，他都住在城北的感应泉边，在城北半里之外办了这所书院，因其字

“道乡”，书院便起名“道乡书院”，为州府一级书院，属上级直管，除了享受朝廷的补贴外，管理还相当严格，仅有免费的学生四十人、自费的学生也是几十人，而且不让“蛮族”（少数民族）进去读书。[10]。由于管理严格，成绩突出，平乐府道乡书院与桂林府南溪书院、柳州府驾鹤书院、梧州府岭表书院一起被称为“粤西四大书院”，并被评为“粤西四大书院”之首。

道乡书院不知道何时已经荒废，至明成化年间，已找不到遗址，也找不到关于道乡书院建设的片段记载。至嘉靖六年（1527），才发现道乡书院断碑，此前，始建之地及兴废年月则不可考。因此，杨冠接任平乐知府时，平乐是没有书院的。[11]

杨冠说：“要治理好一个国家，应该以教化为先。教化，是平乐府的头等大事。要改变这个现状，首先要建好书院，符合规制，并让少数民族子弟都能够到书院读书。”[12]

杨冠关于创办符合国家规范的、高水平的平民书院的提议得到了大家的拥护。经过一番论证，书院的选址定在平乐府府署的右侧。

按明例，官府书院一般建于各级官衙驻地。平乐府署，坐落在府江大码头正后方，建有亭台楼阁二十一座，其中主要建筑十四座，为坐南朝北、四进五间式木结构建筑。府署西面，三江汇合处一小岛方正如印，山上修竹苍翠，顶端一米见方，当地的人皆认为其为平乐府大印，美其名“印山”。明正统七年（1442），在山巅建亭，名“点翠亭”（又名“印山亭”）。因其位置特别，风景优美，历代均被推为桂江首景。在杨冠考察书院选址的过程中，平乐本地人一致推荐把书院建在府署的旁边，说：“书院的正对面是印山，读书人肯定高中状元，为官的肯定为民做主。”事实证明这个选择是对的，明贤书院出去的官员都清正廉洁，一心为民。此为后话。

成化十二年（1476），明贤书院正式动工建设。

据《广西省平乐县志》载明贤书院是县级书院，[13]但据史书上查到的零星记载，明贤书院应为州府一级书院。

杨冠给明贤书院购买土地十余亩。杨冠亲自设计明贤书院，并责令礼房、工房共同监工。明贤书院建成三进，“前有祠堂，后有寝室，两旁翼以廊庑”；第一进前面还有一个门楼，“又前凿泮池”；中间是中厅、左堂、右堂，中厅为像堂，供奉孔孟等圣人像，供人岁时祭祀与瞻仰；左为讲堂，山长、杨冠本人、礼书便在此授课。右堂是习堂和学屋，类似于今天的自习教室，是生员自习的地方。建成后，明贤书院大小建筑二十余幢，大大小小的房间数百间，祭祀、讲学、住宿、活动的地方都有。[14]与府署连成一体，“半在凤山、半临漓水”，规模宏大，建筑严谨，为州府一级书院。[15]

书院开始与府署共用一个码头，四面八方的学子从府江大码头上岸，沿着府署围墙走不远，便到书院了，这条街取名“文星街”，寓学生皆为“文曲星”下凡、希望大家都能高中之意。后来为了学生上学方便，杨冠修书桂林，获准在书院大门前建了个专用码头，专供学生上下学。[16]

成化十三年（1477），明贤书院落成开门纳学。

杨冠通过考试的办法为书院选出教授一人、训导四人。[17]明贤书院的老师知识渊博，对学生要求非常严格，同时也爱生如子，深得学生及平乐人民的爱戴。杨冠对各级学校师资的要求一样的高，也因此培养了大批平乐知识分子和官员，成就了大批老师，名载史册。据民国黄旭初监修、张智林纂《广西省平乐县志》记载明朝成化年间的平乐县学教谕璩纶：“与士接近，好谈道，坐语竟日，辄秉烛明伦堂督诸生，夜谈通鉴经史，至三鼓乃止。后累岁科名日盛，士谕，翕然思之，立祠以祀。”教谕璩纶与知府杨冠同时记载在明朝的名人榜，与杨冠“平起平坐”。由此，可见一斑。

杨冠还是通过考试的办法录取廪膳生员四十人、增广生员四十人，附学生员若干（每年不同，多的达数百人）。[18]廪膳生员是成绩最好的，简称“廪生”(相当于公费本科生)，由官府按月发给粮食；增多者为“增广生员”，简称“增生”(相当于半公费本科生)，伙食费自理；“廪生”和“增生”有一定名额，京府六十人、外府四十人，粮食由本地士绅捐纳。再额外增加的，称为“附学生员”，简称“附生”(相当于自费预科生)，不限人数，伙食费自理，还要缴纳学杂费。附生经过科试，合格后可参加乡试，称“科举生员”。这些获得书院入学资格的学生俗称“秀才”，算是有了功名，进入士大夫阶层，享受免除差徭、见知县不跪、不能随便用刑等特权。

而以上这些生员的待遇并不是终身的。杨冠对于书院生员的学习成绩有明确要求，三年中进行两次考试，按照成绩高低分别定等级，决定享受的待遇，最末一等则被“黜革”。这可能是最早的“末位淘汰制”。对于改名换姓、冒充学籍的，重则施刑并追回廪米甚至发配苦役，轻则追回廪米。

直至现在，平乐府署遗址还留存禁冒试碑。

杨冠本人则在书院兼做老师。杨冠规定了书院的课程：熟读、精通经、史、律、诰、礼、仪等，还有习射、练书法等。杨冠还为书院制定了规章制度，对书院的办学宗旨，以及老师、学生的为学之序、修身、处事、接物之要等做了系统而详细的规定。

书院开支很大，杨冠带头为书院捐资，再发动地方各界人士向书院捐赠院田、银两等。当时廪生每人可以领到六斗廪米，发放廪米的时间一般在农历十月，而捐赠的院田根本不足以支撑书院的廪米。为不致使书院坐吃山空，有经济支撑，为书院置办田亩，从经济上保障了书院的正常运行。两广书院纷纷效仿。[19]

杨冠令府属各县均按明制设县学，并把县学建设作为考查、选拔官员的一个硬性条件。明贤书院作为平乐府的最高学府，又为知府牵头建设，承担着政府教育中心与学术中心的作用，却面向平民百姓开放，山林布衣、乡村长者、普通百姓、佛教僧侣等都可以到书院听讲，甚至登堂讲学。一度平乐府明贤书院的生员多达数百人。因明贤书院田亩较多，足以支撑书院生员的伙食，杨冠征得上级同意，后来明贤书院把增广生员的伙食也包了，成为佳话。

成化十三年（1477），即书院开张当年，书院生员三人考上举人。成化十四年（1478），也就是书院开张第二年，三人考上进士。此三人中，一人为阳江教谕，一人为灵川教谕，一人为通州通判，都是在群众中极有口碑的人。明贤书院可谓“一炮打响”，名声远播，虽然进入书院读书的生员都要经过严格而残酷的选拔，还是吸引了“四方之士”争相前来就读。[20]

而杨冠任平乐知府期间，一直在明贤书院讲学，把毕生所学尽数传授给明贤书院的学生。《钦定四库全书》之《粤西文载》卷二十六《学校》中，对平乐府有一个非常高的评价：“平乐……礼义之习，风化所被，前代科目得人，甲于诸郡，故家余俗，犹有存者。”[21]

万历三十四年（1606），明贤书院改为平乐县书院。明万历戊申年（1608），又改为平乐县学。直至今天的平乐中学，秉承这数百年的文化内涵，成为广西赫赫有名的示范性高中，本科上线率竟高达98%以上。

三

杨冠一贯以来对文庙的建设高度重视。成化五年（1469），广东按察司佥事林锦看到钦州儒学只剩下断垣残壁，很是感慨，于是在儒学的左边购买了好几亩当地农民的土地，把钦州孔子庙迁建于此，建明伦堂于右。孔庙建好后，林佥事亲自授课。时任贰守的杨冠用自己的俸禄“造铜祭器三百九十，事以供祭祀”。这件事，记录在《钦州志》中：“成化己丑，公慨钦州儒学荒圮，乃购民余地迁孔子庙于左，又让海北道作明伦堂于右，门庑、斋次、庖湢、库舍焕乎整饬。公既庙谒，遂升其堂，佩衿之士于于而来，济济有容，横经而讲，莫非仁义，环泮池而观听者，皆知群所当尊，亲所当敬，隆师而知所向……吾郡贰守杨君尚文，钦州人也，有古循吏风，由钦学掇科，乐公之兴其学，以俸羡余作俎豆器物凡三百九十有奇，驮献于庙以相助公之成为。……”[22]

据史载，唐在平乐建有州府文庙雏形（于今中山公园内），宋后重建，至明，随着书院、社学的不断壮大，作为科举考场所在地、官员祭祀重地和学子全部精神力量来源的文庙得以不断扩建、重修。可惜，由于历年匪患、战乱，平乐府文庙已破败不堪。文庙所在地凤凰山是一块“风水宝地”。史载，1921 年 11 月 27 日，孙中山先生一行游览了平乐县城的凤凰山，也盛赞其“形极似日本之富士山”，“诚所经桂地以来之第一胜地也”[23]。

杨冠便提出重修平乐府文庙，他说：文庙兴则平乐兴。平乐刚刚渡过灾荒，民众穷困潦倒，不要征税建庙，还是捐资吧。各级官员和当地乡绅纷纷支持。异地为官的杨冠捐出自己一年的“工资”，本地官员和乡绅也纷纷捐资。

成化十二年（1476）冬，平乐府文庙开工重修。

重修的文庙由杨冠亲自设计，地址在城北凤凰山麓（今平乐县城中山公园），改为左庙右学。这是有讲究的，在中国古代，左为尊，庙便建在左边。

文庙占地约十亩，整个建筑按中轴线对称布局。为三进式结构，从正门入内依次为：照壁、东门（礼门）、西门（义路）、棂星门、府学仪门、状元桥、东庑、西庑、大成殿、尊经阁等建筑。如下图：

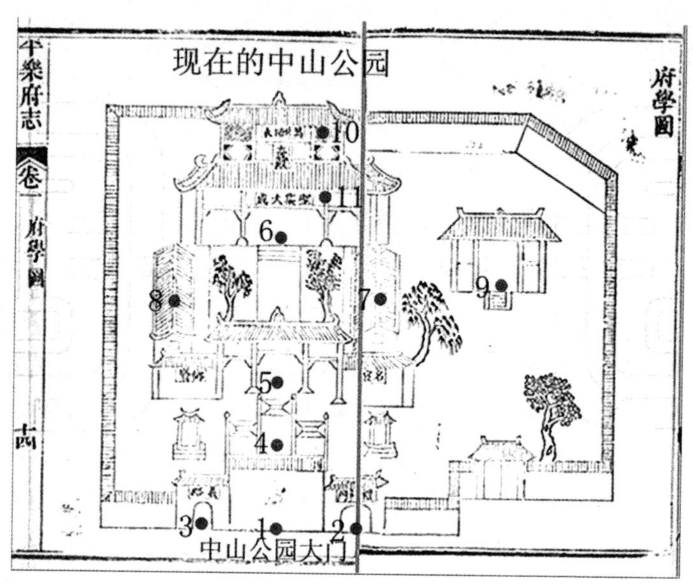

［1. 照壁，2. 东门（礼门），3. 西门（义门），4. 棂星门，5. 仪门，6. 大成殿，7. 东庑（名宦祠），8. 西庑（乡贤祠），9. 尊经阁，10. “万世师表”匾（清康熙题），11. “圣集大成”匾（清嘉庆题）。摘自中国国家图书馆藏本《平乐府志》第二卷，清光绪三年木刻版］

照壁，又称影壁、“万仞宫墙”，是文庙中轴线上的第一座建筑，位于文庙大门前，呈“一”字形，砖砌而成。东门为礼门，西门为义路，出自孟子，意思是礼是门、义是路，只有君子才能通过。

依古制，“天下孔庙有泮池”。杨冠在平乐府文庙建一座“半月池”，半月池上建单孔拱状石桥，桥栏上雕刻精美的麒麟、狮子、福星、梅花鹿等吉祥图案，寓国泰民安、福禄安康之意，杨冠为之命名“儒林桥”，后改为“状元桥”。这里有一个故事。

明成化十二年（1476）冬，杨冠带领平乐府众人修举废务时，在凤凰山下得到一块奇怪的石头，上面镌有穿公服骑马的人和两个撑着大旗的侍役。旗上有“状元”二个字，大家都觉得很奇怪，议论纷纷：历代平乐府八属无一人考上状元，今朝这方异石得自荒烟蔓草丛中，此石虽有部分地方线条斑驳不清，状元两字却历历在目，是否暗示着平乐府将要出状元呢？杨知府顺应百姓对状元石的议论，决定在平乐增设两所社学，并且把这方石头嵌在平乐府文庙里，以激励学子上进。杨冠专门写了一篇《状元石跋》，以记其事：

> 余守平乐之明年，通政人和。修举废务得异石一方于凤凰山下，制作精巧，其间公服乘马者、扑头执旗者，上有“状元”字二。考郡志，前代掇科虽不乏人，而状元则未之见。今得斯石于荒烟蔓草中不亦异乎？虽然石之显晦，固有时而出实开。乎氛运方今，文运昌明，平乐又届梧桂间，藩臬重臣孜孜劝学，而余亦当建二社学于城乡，皆所以养治内之俊秀也。柳衣簪镜皆兆机，先斯石有征殆，亦山川灵气所钟孕乎！因跋数语，以为诸士劝。
>
> 成化十二年丙申腊月跋

状元石奇事不胫而走。人们为了讨个吉利，连府文庙里的儒林桥也叫它“状元桥”。此事被郑重其事地记载在民国黄旭初监修、张智林纂《广西省平乐县志》中。

儒林桥前立一对文字相同，高约两米的石碑，上刻“文武官员至此下马”字样。当年，所有到文庙祭祀、求学、监考的家长、生员、官员等，到这里都必须下马，走过儒林桥后进入棂星门，然后才进入大成殿。据考，状元桥是平乐县唯一一座建在人造水池上的古桥，没有实际渡河通行的功能，只是一种象征意义。

过了状元桥便走进棂星门。棂星门的东侧为东庑，也称“名宦祠”，供奉自唐代汪齐贤（府署从南州迁至平乐的第一任知府）以来，各朝的好官；西侧为西庑，也称“乡贤祠”，供奉自汉代以来，平乐本地的贤士。每年春秋两季都在这里举行盛大的祭典活动。

再往里便是主建筑大成殿，为二层柱梁框架建筑，糅合了北方楼阁和南派大翘角建筑风格，由柱梁、枋、斗拱、屋面形成整体，特别是采用五踩斗拱既丰富檐口，增添装饰效果，又能增强抗震能力，提高建筑安稳牢固度。底层四周月台有金刚须弥座衬托古建筑雄伟姿态；歇山式屋顶以为尊贵，丰富、灵活、轻巧的飞檐翘角，斗拱融合一体。大成殿面阔五开间、进深三跨间，殿内供奉的是至圣先师孔子，先师的东侧立着复圣、述圣，西侧立宗圣、亚圣，靠东墙立五位先哲，靠西墙也立五位先哲。大成殿前是戟门，又称大成门、仪门，凡进入此门者应衣冠整洁、仪表端正，以示对孔子的尊敬。大成殿的左边是尊经阁，用以贮藏儒家重要经典及百家子

史诸书，以供学宫生员博览经籍，阅读研求。明代哲学家王守仁曾创作散文《尊经阁记》，阐述儒家经典的作用和意义，抨击不能正确对待儒家经典的现象，从理论上说明了“尊经”的重要性。

文庙落成后，就要按规制进行祭祀。

关于祭祀，明代有严格要求。“每岁仲春秋上丁前二日，各衙门设斋戒牌，不饮酒，不食蒜薤，不吊丧问疾，不听乐，不理刑，不断署刑杀文字，不预秽恶事。”对祭祀仪式所用的祭器、乐器、舞器、乐生、舞生等有具体而严格的要求：规定了香炉、花瓶、烛台、汤碗的材质、颜色、数量，汤碗以三十六的倍数增减；对乐生、舞生的数量要求较高，其中乐生至少四十二名，舞生至少三十六名。朝廷对祭品也有严格规定，明太祖朱元璋时代甚至下令各地农民和商人务必全力准备祭品，“不得有缺”，也不能代替。[24] 这种规定死了的机制，在州、府一级很难实施。

明成化十三年（1477），杨冠主持平乐府文庙春祭仪式。由于采办不到朝廷规定的物品，杨冠便下决心要改变文庙祭祀的规定。他说：“很多祭物并非当地所产，从商人手上买到时已经变质发臭，如用来祭礼先贤，那是大不敬。”

明成化十三年（1477）秋，杨冠主持平乐府文庙秋祭仪式，使用了他最新制定的祭祀制度：祭祀用的香炉、花瓶、烛台可以为铜，烛台、汤碗数量不限，以三的倍数递增或递减；乐器、舞器、乐生、舞生数量不限，也是以三的倍数增减。此制被两广文庙广为传用。

文庙修建好后，他深居简出，只有春秋两祭时才出来主持祭祀，后来干脆连主持也不干了，培养了一批接班人。

四

杨冠到平乐府后，叫礼房对平乐府籍的官员、名人进行了统计。他说：“平乐府的少数民族官员、名人极少啊。”

礼书说：“广西的土司制度，不准土民读书和参加科举考试。少数民族群众的子弟从小便务农，他们祖辈都不识字，靠口口相传的歌谣、传说和神话故事来传承民族的历史。”

杨冠说：“少数民族也应该有参加科举入朝为官的同等机会。有些少数民族家庭为了改变自己和后裔的命运，不惜隐名改姓，甚至篡改、伪造宗谱。但是也有即使入朝为官，被查出后仍惨被灭门的事情。很是悲惨啊！”

礼书说：“平乐的治安问题归根结底是教化的问题。”

杨冠说：“正是。敦本端习、民风淳朴、天下承平，是府县儒学之大任。”[25] 杨冠还考虑到另一个更重要的问题：“书院为国家输送人才，谁为书院输送人才？”他要办一所各族人民子弟都上得起的社学，从小开始培养读书人，从小开始培养读书的氛围，让平乐府成为文化之乡。

成化十三年（1477），在明贤书院动工建设后，杨冠又开始筹办社学。

社学，始于元代，是属于“官办的正规实行教育体制”之内的“官立的初等学校”。[26] 在元朝的时候，每五十户为一社，每社设一所学习机构，这就是“社学”。明洪武八年（1375）诏令天下立社学。

杨冠筹办的社学主要是“按甲置学”，通过学田租、官民捐助、官府资助等形式，专为书院招收十二岁以下的贫寒子弟、少数民族子弟免费入学，农闲时上课。[27] 后来因一些边远少数民族地区的少年没法按时入学，便又扩展到十五岁。

杨冠在平乐亲手创办的社学有两所，在文庙的东、西两侧各设一所，每所有房间二十多间，形制与书院差不多，也是三进，只是规模比书院稍小。据史载，成化年间广西新建了两所社学，应该是杨冠所筹建的这两所。还有一所是修葺，史不可考，在此不提。[28]

杨冠为社学选择了“文义通晓，行谊谨厚”的秀才担任社师。社师设两名，朝廷对社师“免差徭”，此外，杨冠另外从财政资金中拨给社师薪酬，从知府掌握的田地里划一定数量给社师，解决社师的后顾之忧。

两名社师一曰“蒙师”，一曰“讲师”，五六岁初入学的孩童，就让他们跟随“蒙师”学习“句读”；长大一点后，再由“讲师”教给他们文章的意义、做人的道理以及其他学科知识。[29]

杨冠给两所社学开设了朝廷规定的课程：御制大诰、本朝律令、经史历算以及婚、丧、祭等礼节，《三字经》《孝经》《四书》等必修课程。为了承接科举考试，社学的课程要求跟科举考试的要求几乎一致。

杨冠也会到社学上课，他主要给稍大的学童讲授《四书》《文章正宗》等名著。每个月的初一、十五，社学的学童都会到文庙祭拜，杨冠都会参加，他会观察哪个学生的礼仪学得好。接着，他会给学生讲一番勉励的话，他也会观察哪个学生仔细听讲。

杨冠拿出自己的俸禄设置奖学金奖励优秀学生。杨冠要求社师根据学童平时的表现，结合考试成绩选出优秀学生，优秀学生优先进补为童生，进而再进为生员，生员可以不用考试就能直接升入书院学习；而通过考试得以升入书院学习的学生，亦可获得杨冠设置的奖金。

在杨冠的倡导和带领下，在平乐府读书识字成为社会时尚和各族知识青年的价值追求。而社学也在平乐府雨后春笋一般冒了出来。据明苏浚《广西通志·学校志》记载，明代广西的社学设置较为普遍："今社学之建，广西郡邑，处处有之，大县十余所，小县一所。"[30] 按此估算，平乐府应有大小社学几十所，应该说，基本满足了各族人民子弟上学难的问题。

杨冠鼓励少数民族青年不断与汉族接触，接受并学习汉族文化。

一次，杨冠在社学讲学时发现学童不会讲官话，更不会讲普通话，与汉族学生和老师的交流很成问题，生活习惯与汉族学童大不一样，甚至被汉族学童耻笑。杨冠要求在社学开设民俗课程，上课一律用官话，并把"官话"当作一门课程。

为了让学童学到正宗的官话，杨冠出面聘请了两位研究语言的学者担任老师，并编写了官话教程。自此，平乐府的社学、书院、文庙均用官话教学，用官话交流。清光绪时全文炳编《平乐县志·风俗》："瑶獠之居咸弃卉服而袭冠裳，挟诗书而讲礼义"。[31] 他们以能操官话、普通话为荣。就连当地少数民族在举行宗教仪式时也多用汉语，只有在还祖宗愿时才用瑶语。[32] 应该说，杨冠创办社学对于平乐府少数民族地区的文化教育水平的提高，移风易俗，维护边远地区对中央政权的向心力，均起到了极为重大的作用。

洪武十三年（1380），明太祖朱元璋"命文武官员六十以上者，皆听致仕"。这也是中国历史上第一次提出六十岁退休。那个时候，没有犯错的官员退休后，享受相对等甚至更高一等的政治待遇，当地官方的宴会、祭祀活动等必须邀请出席，一些大型活动甚至由德高望重的退休官员来主持；但是经济待遇则很差了，只享受豁免赋役，不领取俸禄，生活特别困难的，才可享受"低保"："有司月给米二石，修（终）其身。"[33]

嘉靖年间，杨冠"退休"了，由于他在任期政绩突出，被提拔为致政，享受"离休干部待遇"，朝廷按月给他发放比"低保"高得多的"养老金"，还有米等粮食，在当地正常参加官府的各项活动，当地最高长官事无巨细都要请示报告，如若不然，杨冠有权向朝廷打"小报告"罢免该官员。

杨冠退休后，便带着简便的行装回到生他养他的故土钦州，以安享晚年。他不需要朝廷给他的“养老金”，不找官府要特殊照顾，也不想当官府的“顾问”，而是在乡下过上了隐居生活，自给自足。

杨冠潜心学问，除了钦州文庙的春秋两祭外，所有的官方宴会、祭祀活动、开竣工仪式等一概不参加，甚至不与官府的人来往。

当时，河北进士刘英因政见不和，自通政司参议降至钦州知州，郁郁不得志，想找杨冠“吐吐槽”，但是他以身体不适为由而推辞。因佩服杨冠的才华和为人，后刘英又多次宴请杨冠或邀请杨冠参加官方的活动，均被杨冠拒绝了。

又过了两年，弘治五年（1492），洛容县的徐友恒到钦州任职，他认为自己是广西人，又是同门师兄弟，杨冠这么重乡情的人应该认老乡情、认同窗情，便自告奋勇递了帖子给杨冠。多次递帖，杨冠虽拒不接见，倒是很真诚地告诉这个同乡不见官府之人的理由。还有后来的知州袁莒、林俭，判官陈福、吕聪、周贯等等州府的一应官员，杨冠均拒见。《广西通志》载：杨冠“既归，绝迹公门”。[34]

杨冠拒不见官员，但却主动到文庙、书院和社学上课。学正、教谕、训导这些人以及学生们，要见杨冠是不用递帖子的，他会主动露面。传说，杨冠在钦州住的那些年，钦州文庙春秋两祭均由杨冠主持。钦州文庙的祭祀沿用了杨冠在平乐府所创的规制，直至清朝。杨冠创立这个祭祀规制时，可能没有想过，竟然会沿用几百年！

每年，杨冠趁文庙春秋两祭时在文庙、书院上课，其他时间则辗转于乡下各社学之间，他努力地把自己毕生所学悉数传授给钦州的学生。他的这种精神，“为乡评所重”。[35]而他的父母也因为他这种付出，先后被朝廷昭诰天下给予封赏。

人们敬重杨冠的为人，在钦州评选乡贤之时，他被推崇为乡贤之一。而他的牌位也在钦州文庙的乡贤祠中供奉着，接受钦州人民每年春秋两度对他的祭奠。

现在的《钦州志》对杨冠的记录仅留下寥寥数语：“杨冠，字尚文。由景泰庚午乡试任浙江嘉兴府同知，升广西平乐府知府。在任廉能，自蠲己俸铸造本州文庙祭器数百，值百余金。双亲两膺诰命。致政而归，公门不入，乡人重之。”

【参考文献】

[1] 陈德周，钦县志[M]. 中华民国三十五年石印本．钦州市地方志办公室藏，1946.

[2] 民国黄旭初监修张智林纂. 广西省平乐县志［M］. 民国二十六年排印本，成文出版社印行影印。

[3] 清柱　王人作. 光绪五年刻本. 嘉庆平乐府志［M］. 桂林市图书馆藏影印本。

[4] 清柱　王人作. 光绪五年刻本. 嘉庆平乐府志［M］. 桂林市图书馆藏影印本。

[5] 清柱　王人作. 光绪五年刻本. 嘉庆平乐府志［M］. 桂林市图书馆藏影印本。

[6] 广西瑶族社会历史调查．第七册 [M]. 广西民族出版社 .1986.

广西瑶族社会历史调查．第四册．广西民族出版社 .1986.

[7] 张廷玉．明史 [M]. 北京：中华书局，1974.

[8] 清柱 王人作. 光绪五年刻本. 嘉庆平乐府志［M］. 桂林市图书馆藏影印本。

[9] 中国国家图书馆藏本《平乐府志》第二卷，清光绪三年木刻版。

[10] 民国黄旭初监修张智林纂. 广西省平乐县志［M］. 民国二十六年排印本，成文出版社印行影印。

[11] 中国国家图书馆藏本《平乐府志》第二卷，清光绪三年木刻版。

[12] 民国黄旭初监修张智林纂. 广西省平乐县志［M］. 民国二十六年排印本，成文出版社印行影印。

[13] 民国黄旭初监修张智林纂. 广西省平乐县志［M］. 民国二十六年排印本，成文出版社印行影印。

[14] 民国黄旭初监修张智林纂. 广西省平乐县志［M］. 民国二十六年排印本，成文出版社印行影印。

[15] 胡适.《书院制史略》[J].《东方杂志》第 21 卷第 3 期，1924（2）.

[16] 民国黄旭初监修张智林纂. 广西省平乐县志［M］. 民国二十六年排印本，成文出版社印行影印。

[17] 民国黄旭初监修张智林纂. 广西省平乐县志［M］. 民国二十六年排印本，成文出版社印行影印。

[18] 民国黄旭初监修张智林纂. 广西省平乐县志［M］. 民国二十六年排印本，成文出版社印行影印。

[19] 民国黄旭初监修张智林纂. 广西省平乐县志［M］. 民国二十六年排印本，成文出版社印行影印。

[20]《钦定四库全书》之《粤西文载》卷二十六《学校》[M]，广西人民出版社，1990 年。

[21] 陈秀南点校. 天一阁藏明代方志选刊. 钦州志 [M]. 灵山县政协文史委编印，灵山县印刷厂印刷，1990.

[22] 民国黄旭初监修张智林纂. 广西省平乐县志 [M]. 民国二十六年排印本，成文出版社印行影印。

[23] 明·朱元璋,《明太祖文集》卷 7,《命礼部谕有司谨祭祀》[M]，黄山书社，1991 年。

[24] 李绪柏. 明清广东的社学 [J]. 学术研究. 2001 (3).

[25] [26] 陈胜勇. 清代的社学与中国古代官办初等教育体制 [J]. 历史研究，1995 (6).

[27] 民国黄旭初监修张智林纂. 广西省平乐县志 [M]. 民国二十六年排印本，成文出版社印行影印。

[28] [清] 曺仁虎纂.《钦定续文献通考·学校考》[M]. 浙江书局，1887 年。

[29] [明] 郭子章著；覃娜娜编著、杨庭硕审订. 郭子章. 黔记·学校志. 卷 16[M]。贵州人民出版社，2014 年。

[30] [清] 曺仁虎纂.《钦定续文献通考·学校考》[M]. 浙江书局，1887 年。

[31]《广西瑶族社会历史调查》第七册，广西民族出版社 1986 年版。《广西瑶族社会历史调查》第四册，广西民族出版社，1986 年。

[32] 谢启昆《广西通志》卷 278《诸蛮一》[M]，文海出版社，1966 年。

[33] 明朝官员的退休待遇[EB/OL]，台海网，http://www.taihainet.com/news/finance/hot/2015-07-30/1489804.html

[34][35] 清朝金铁等监修.《广西通志》卷四十六 [M]. 1672 年。

唐鲤：温厚书生，刚正士子

◇潘华清

唐鲤，字禹门，明朝万历年间钦州迎恩坊（城内街）人。清（雍正）《钦州志》、清（康熙）《钦州志》中，先生均名列“乡贤志”，民国《钦县县志》则列入“人物志”。

迎恩坊即钦州古城东门所在地，东门前就是钦江船舶码头。明代的钦江，江阔水深，常年通航，远近商旅乘船溯江而来，就在东门码头泊舟登岸，经过迎恩坊，进入钦州城。络绎往来的羁旅客商带来了迥异的风土民俗，交流、传递着山南海北的见闻，少年唐鲤耳濡目染，逐渐开阔眼界，增长见识，加上自幼天资聪颖，勤奋好学，自是成长为知书识礼、敏捷练达的一方才俊。

唐鲤是迎恩坊邻里众口称誉的孝子，对待父母从来恭敬顺从，聆听长辈教训总是和颜悦色。父母教导他专心读书，他便极少与坊间子弟嬉玩游乐，潜心揣摩经史文章。二十岁，唐鲤获得廪生资格。所谓廪生，是廪膳生员之省称，是明代地方学校生员的最高层次。明代对教育的重视程度超迈前代，根据诏令每一府、州、县都设立一所学校，但地方学校廪生的名额并不多，大体上是府学 40 人、州学 30 人、县学 20 人。由于廪生享有很多优待，政府提供廪粮、廪银、住宿，补给生活、读书所需日常用品，还可以免予徭役，除本身外，更“优免户内二丁差役”，甚至可以享受官员礼遇，见知县不跪，不可以用刑等，所以廪生的选录和管理也规范而严格。清初叶梦珠有言：“前朝学校最盛，而廪、贡最难。凡岁、科两试，不列一等一、二名，无望补廪，甚或有一、二名而无缺可补。廪生非二十年之外，无望岁贡，甚或有三四十年，头童齿豁而始得贡者。”唐鲤二十岁食廪，迎恩坊街坊甚感荣光，轮流宴请，为其庆贺数日。唐鲤恭恭敬敬答谢父老乡亲，他以身作则，热心倡导大家长幼相劝，子弟尽孝，兄友弟恭，内睦宗族，外和乡里。唐鲤还鼓励劝勉街坊子弟精进学业，有空常召集他们切磋学问之道、文章之法；乡邻中有童生应试需要担保，他常常主动登门，访问乡里，详细了解清楚情况后，以其廪生身份开具保结，保证应试童生无身家不清、冒籍顶替、匿丧代考等舞弊行为，以期更多童生能够得到食廪、出仕的机会。

获得廪生资格之后，唐鲤继续潜心向学，饱读经史，不久就在廪生中以渊博学识出类拔萃，由岁贡选拔担任教职。万历十五年，唐鲤任训导，负责考查本地生员的功课成绩。唐鲤资性敦厚，对待生员诚挚和蔼，常常嘘寒问暖，但对他们课业的考核则严格、公正，没有丝毫懈怠、偏倚。同年，广西大旱，粮食歉收，米价贵至一两银子一石，百姓苦不堪言，唐鲤大力倡导乡绅输粮赈灾，并尽己所能，接济饥民，或熬煮热汤、药物，或施予粥饭、钱物，能帮一人是一人。平常年岁，士子中有因家贫不能婚葬的，唐鲤也用自己的薪俸给予周济。他曾说，为人子，娶妻生子、养老送终，皆孝之大事，人有困，焉能不帮？有一年冬天，严寒，有学生衣履单薄，授课时瑟瑟发抖，唐鲤即时脱下身上御寒棉袍，赠与学生。桃李无言，下自成蹊，这种正直仁爱的贤士之风，给予从其求学的生员莫大感化。

因在训导任上倾心教育事务，务实勤奋，品行优良，朝廷很快又下令唐鲤升任江西省峡江县教谕，兼代理知县职务。江西峡江自古文风昌盛，文人学士层出不穷，其中宋代涌现了58名科举进士，明代又有51名县籍人士考中进士。在这样一个崇文重教之地担任教谕，唐鲤对待学生和求教者，谦和热忱，有问必答。他拳拳恳恳，从修身处世、诗书经史、典章制度、学问之方、用字之法、简牍范式到山川风物、农田水利、器具制作等事无大小，无不倾其所学给予耐心的讲解和详细的回答。很多学生初次拜见他，都带了礼物相赠，唐鲤一概不收，只是谆谆教导诸生，勉励他们刻苦读书，修德养性。在峡江教谕任上，唐鲤的温厚德行与渊博学识，得到

了诸生的敬重。

代理峡江知县职务，唐鲤关心民瘼，访贫问苦；简政爱民，不累百姓。有人馈送土特产，也坚决推辞不受。在他理政期间，峡江县平安无事，百姓乐业。峡江县任满，唐鲤又擢升思明府（今广西宁明、凭祥等地）教授，并代理上石西州的政事。

思明府地处西南边陲，土地贫瘠，农耕技术落后，很多乡民撒下种子后，基本就是任其自生自灭，望天吃饭。当地居民以壮族为主，杂居着苗、傣、瑶、布衣等多个少数民族，时有纷争。唐鲤认为，端正民风，教化为重，因此到任后，以治学育人为要务，对出身贫寒而才能出众的学子更加体恤关心，并教化百姓崇尚礼义。当地风俗未开，民众多不懂婚娶礼法，男女常以山歌对答，踏歌为媒，中意即相结合，因此婚后难免有诉讼之争。唐鲤教给他们“父母之命，媒妁之言”的道理和嫁娶之礼，老百姓慢慢懂得礼义廉耻、夫妻之道，婚后诉讼渐渐减少。唐鲤代理政务则清明宽厚，他努力教导百姓要勤于耕种，春种秋收时节，常到田间地头去察看农事，督促百姓珍惜农时，依时劳作；处理民间纷争以劝诫、安抚为主，无论田地边界不清、耕牛走失、交易欺诈、邻里斗殴等，经他调停的事情，当事人都心服口服，以词讼为耻。

思明府毗邻安南，是边关前沿。有明一代，安南侵略者多次在边境挑衅生事，侵扰疆域，杀掠吏民。元朝征伐安南时，曾设永平寨万户府，在其南一百里有铜柱与安南分界。洪武十年，“交人以兵攻永平寨（今宁明），遂越铜柱200余里，侵夺思明属地”，其后“交人侵迫益深”。洪武三十一年，安南海寇袭扰廉州沿海，廉州府衙奉命发布“禁通蕃”，实行“海禁”。永乐二年，黎季犛侵思明府属地禄州、西平州和永平寨等。永乐七年，武装进犯钦州，永乐九年，再犯钦州。宣德间侵钦州，占地四峒九十九村；宣德三年，攻安平、思陵州，据二峒廿一村，正德三年，侵入安平土州。成化年，黎氏占凭祥，侵龙州、右平……。广西与安南沿边州府，历代边患此伏彼起。唐鲤深知守疆卫土是边关州县不容轻忽的职责，故在关心教育、民生，淳化风俗、处理政务的同时，他也自己学习武备之识、兵略之术，并留心观察边陲之地形、山川、要塞，以备关键时刻，不畏刀兵之急，有用于边关之事。

因其谙熟诗书礼仪，处事又敏捷果断，上司对其为人、才干甚为欣赏，凡遇需要谋划之事，皆委任于唐鲤。万历三十五年，安南境内发生大饥荒，民不聊生，倭贼常聚众到我边境劫掠，人数多的时候竟成围城之势。是年十二月，安南翁富等人率700人从龙门港登岸突袭钦州。当时，同知曾遇到永安分发饷银，州城无兵，安南贼寇如入无人之境，钦州城沦陷，百户吕朝炯竟然翻越城墙，弃城逃走；医官裘燃然、学正李嘉谕被俘。刚强不屈的李嘉谕大骂贼虏，不幸被杀害。次日，翁富率安南贼兵继续在城中大肆掳掠，破门入室劫取粮食、禽畜、物财无数，杀害百姓200余人，并焚烧东门城楼及城外房屋。安宁和乐的钦州城竟成一片血光火海。思明州同知受命紧急驰援钦州，唐鲤辅助同知布划防守攻略，又在当地少数民族土兵中挑选干练精卒千余名，星夜奔赴钦州。思明土兵平素训练甚严，骁勇善战，向以"熟知艰险，便于驱驰"闻名，加上唐鲤此行军纪严明，故援军一路紧急行进，迅捷顺利、鸡犬不惊兵临钦州城下。唐鲤一介书生，亲临阵前，大气凛然，指挥土兵与毁我城池，烧杀掳掠我钦城百姓的安南倭贼交战。土兵奋勇强悍，倭贼见援军士气高昂，群情振奋，不敢恋战，悻悻退去。钦州之围遂解。

辗转各地担任教职多年，也多次代理地方政务，唐鲤始终保持士人节气与风骨。思明州任满后，唐鲤归乡。回乡后，他从未拜会地方权贵，也从不接受宴请邀约，不屑于各种周旋应酬。闲来垂钓养花，或闭门读书。但当得知当地豪绅马家侵占田地、欺行霸市、强占民女种种劣迹之后，却拍案而起，上书直陈其罪，使其得到应有处罚。其他恃强倚势、鱼肉乡里的权贵，也都被他一一揭露惩处。众多被欺压多年的平民百姓扬眉吐气，拍手称快。唐鲤以其从政的声望与为人的品行，成为时人与后人景仰的乡贤。

纵观唐鲤生平，身负才华，胸有韬略，仕有作为，但长期辗转州县下层官吏，未能有更大的施展空间与平台，令人为之叹惋，也许这跟万历年间的特殊朝政环境有关系。明朝是个文官议政热情高涨，弹劾皇权之风盛行的朝代，皇帝和文官集团在相互的制衡中推动着朝政的运行，也滋长着彼此的矛盾。到了万历年间，因万历皇帝的老师、首辅张居正父丧却未循例丁忧，以及皇储欲废长立幼等等问题，文官对皇帝的抨击更是激烈如暴风骤雨，强硬程度前所未有。辅佐万历皇帝开创"万历新政"的内阁首辅张居正，死后招致灭族之祸，就是文官集团制衡斗争所致。以至于万历皇帝为此心灰意懒，极度愤恨这种"赢则打击对手争取政治权益，输则以忠仁迫宫获身后留名"的言官行为，并彻底与文官集团闹翻，他以长期不上

朝、怠慢朝政来报复文官集团。对雪片般络绎飞来的奏章，万历一律不加任何批示，很多官员因此觉得无法执行任务，提出辞呈。万历以同样的态度对待这些辞呈，不挽留，不批准。有些官员盛怒之下，径直挂冠而去，吏部建议对他们追究惩治，万历同样置之不理。万历朝后期，一个文官自动离职，即意味着一个名位已被废止，因为不再有人补缺。万历四十二年，六部中仅吏部还有尚书，全国的巡抚、巡按御史、各府州县的知事已缺半数以上。皇帝既不批准吏部对官员的升迁，也不批准处罚官员，朝廷的激励和监督机制几乎全部破坏。明朝文官体制和万历理政心态，为明皇朝倾覆埋下祸根。在这样荒芜的吏治背景之下，南疆边陲翩然走出一介书生唐鲤，所到之处，尽己之能，暖人心，得民意，留政声，终生保持读书人“修齐治平”的情怀和独立品格，实属可贵！

一代乡贤，温厚刚正，先生之风，山高水长！

刑部主事苏筠　声播朝野

◇陈旭霞

明朝洪武初年（1368）的春天，京城早早就有了春天的味道，好像冬天还没过去春天就来了。然而，天气还是异常的寒冷。可在南京应天府里，高大的樟木抽出了嫩嫩的叶芽儿。松竹的叶子较之冬季要翠绿一些，叶边儿更挺更绿了，春风疾疾，松涛阵阵，给不算喧嚣的街市增添了些许动感。

而在国子监前庭的张榜墙前，却热闹非凡，人群挤得水泄不通，人群里老中青年纪的人都有，无一不穿着长衫，挽着高高的发簪，斯斯文文的样子。原来，国子监放榜了，公布的是贡生入选名单，挤着看榜的文雅书生。人群中有一个年约 30 的俊雅书生特别的引人注目，他兴奋的神情溢于言表，左右手互搓着，像是搓手取暖又像是借以缓解因激动而带来的慌乱。难怪他兴奋，他因成绩优异名字赫然入目。

他是何人？如此气度不凡？

原来，他叫苏筠，是从岭南边陲钦州路层层考试选拔而上并通过国子监考试，中了贡生的。此时，只见他拽住身边一个比他小几岁的表弟的衣角，挤出了人群，匆匆向西街走去。原来，他们落脚在南京城西街一个小客栈里。为了应试，苏筠已经在那里住了很长一段时日了。只见他张罗着表弟忙这忙那，自己在一个大大的白萝卜上插上两根红蜡烛，再点燃一炷香，恭恭敬敬地插上，然后，与表弟一前一后向着南方家乡钦州方向双膝跪下，并喃喃有词：皇天后土，列祖列先，爹爹娘娘，邻里乡亲，我，苏簃，今天终于被选上贡生了，谢谢你们的庇佑，我定当勤力勤为，苦读诗书，争取再立功名，为国为家为社稷贡献毕生。念完，又连叩了三个响头。

苏簃心里清楚，做了贡生就要进入国子监读书。国子监可是整个国家的最高学府，学成后就要为朝廷做事。接下来，苏簃就在城西静心住下，等待着朝廷的安排。等安排明朗了以后，就要快马加鞭打道回府报喜。

明朝贡生是科举制度的产物，挑选府、州、县生员（秀才）中成绩优秀或资格老的，或通过国考而被选上的学生，送入国子监继续学习。详细是这样的：

明朝社会公办学堂分好几级，县里面是县学，省里面是府学，国家一级是国子监。其时，读书人还是非常看重能否晋级的，以期能够走上仕途而功成名就。那时的科举制实行的是四级考试制，即院试、乡试、会试和殿试。在院试以前有小考，考生参加县试和府试及格者称“童生”。然后参加省、府所在地方书院考试，院试及格，称“生员”，俗称“秀才”。秀才有参加乡试的资格。乡试三年一次，由皇帝派主考官主持。乡试考中的称“举人”，第一名称作“解元”。乡试第二年，在京城举行会试，举人才有资格参加。会试在春天举行，考中的称“贡生”，贡生就能进入国子监读书了。

现在，苏簃在这层层选拔的科举进度中，能够脱颖而出在而立之年考上贡生，那真是天大的喜事，更是家乡钦州人的荣耀。所以，他做好了准备，择日打道回府报喜。

这一年考上贡生对苏簃来说是喜年，但是，对于整个朝代来说，这一年实在是不平凡的一年。1368 年，即是明朝建立第一年，是风云变幻的一年。经过多年的征战，朱元璋终于打下了江山，于这一年的正月初四日，朱元璋祀天地于南京应天府南郊，即皇帝位。定国号曰明，建元洪武。立妃马氏为皇后，立世子朱标为皇太子。布告天下。朱元璋自旧内迁新宫。置东宫官属，李善长兼太子少师，徐达兼太子少傅，常遇春兼太子少保。中书省翰林院进郊设宗庙祭仪。从此，拉开了一统明朝 276 年漫长历史的序幕。而钦州人苏簃也就是在明朝开国这一年考上了贡生，开始了他不平凡的一生。

苏簃本就是南方人，尽管是一介书生，但是，还是深刻体会到社会的变革。这一年的南方更是动荡不安。这一年的四月，征南将军廖永忠入广州，在教育方面恢复科举考试。六月，海南、海北各郡县皆投降。第二年，才把钦州路改为钦州府，所以说，苏篛考上贡生那一年，家乡还叫钦州路而不叫钦州府。

这一年之前，也就是1368年前，那是元代的统治，除河北、山东、山西由中书省直接管理外，元帝国在地方设置行中书省。行省是由蒙古中央政府委派官员到各地署事，行使中书省职权的派出机构。行省下有道、路、府、州、县、社。钦州那时候就属“路”一级，叫钦州路。

经过长途跋涉，当年夏天苏篛才回到家乡钦州路，回到苏府。苏府虽然不是大户人家，但是，家境比较殷实，宅子是一个小四合院。门楣一块乌黑发亮的木牌子写着“苏府”两个楷体字，左右新贴一对醒目对联：少年高进，府第荣升。苏府早在苏篛回到家前收到家书，知道苏篛回到的确切日子。这天，苏府张灯结彩，备下菜肴酒水宴请亲戚大小、邻里乡亲，好不热闹。

苏篛一到家急急拜见了父母，然后谢过来到府上参加喜宴的亲朋好友。宴席上苏篛频频向父老乡亲们敬酒，打躬作揖，感谢乡亲们的帮衬。待宴席散去，打点好一切后，夜色已晚。苏篛督导两个孩子习文、吟诵《诗经》。待孩子们做完功课后，他开始自己的功课：秉烛夜读。他从书柜里挑了本《三国志》，仔细地研读起来。读着读着，苏篛陷入了沉思。他想：“陈寿作《三国志》，辞多劝诫，朋乎得失，有益风化，虽文艳不若相如，而质直过之，愿垂采录。”他又想：陈寿“善叙事，有良史之才”，但是，又读出陈寿有私心，因为细读，他读出了种种“蛛丝马迹”，说：“丁仪、丁廙有盛名于魏，寿谓其子曰：‘可觅千斛米见与，当为尊公作佳传。’丁不与之，竟不为立传。寿父为马谡参军，谡为诸葛亮所诛，寿父亦坐被髡，诸葛瞻又轻寿。寿为亮立传，谓亮将略非长，无应敌之才；言瞻惟工书，名过其实。议者以此少之。”可见苏篛读书之精细，非常善于思考问题。

苏篛天性好学在幼儿时就表现出来。幼承庭训，聪敏好学，深得长辈赞许，从而得到悉心教导。十五岁时，已经通读四书五经并能出口成诵。父母常常为此感到骄傲。他还记得小时候的一天，苏府来了客人，那些人举止文雅、谈吐不凡，一看就知道是读书人。苏篛父亲在书房招待客人，与他们相谈甚欢。苏父为了助兴，便叫苏篛入书房，并命他当着客人的面，背出诗经里的《国风·黍离》：知我者，谓我心忧。不知我者，谓我何求。悠悠苍天，此何人哉？……来客问他：汝可知《诗经》成形于哪个朝代？

由哪几部分组成？由何人编写而成？苏錡答曰：《诗经》最早的作品大约成于西周初期，其中《豳风·鸱鸮》为周公旦所作；《诗经》分为风、雅、颂等。又问：汝能说出十七史的篇目和作者名乎？答曰：《史记》（汉·司马迁）、《汉书》（汉·班固）、《后汉书》（南朝宋·范晔）、《三国志》（晋·陈寿）、《晋书》（唐·房玄龄等）、《宋书》（南朝梁·沈约）、《南齐书》（南朝梁·萧子显）、《梁书》（唐·姚思廉）……客人见其聪慧可爱，磊磊大方，有意考其底子。又问：汝可知道“四书五经”指的是什么？答曰：四书指《大学》《中庸》《论语》和《孟子》。五经是《诗经》《尚书》《礼记》《周易》和《春秋》，合答谓“四书五经”。那又是谁将它们如此划分的？答曰：是南宋著名理学家朱熹。

就这样来来回回一问一答，苏錡皆能对答如流。客人所要的答案，皆能出口成章。客人喜形于色，对苏錡父亲深深地作了一个揖：“汝家教甚严，此儿博古通今，出口成章，聪慧过人，他日必有过人者。佩服，佩服。”自那以后，苏錡聪敏好学的好名声不胫而走，远近闻名。

其实，苏錡在考取贡生之前，也就是说在30岁之前，是生活在元朝朝代，准确地说是生活在元朝末代。他生活的大背景是：元朝政权像暴风雨中即将倾覆的大厦，飘飘欲坠。而崛起的各路起义军占据各地，其势力有如长江之水，滚滚而来，大有摧枯拉朽之势，极大威胁着元朝政权。

当时元朝的社会状态是推行等级歧视制度。社会上将臣民分为四等，即蒙古人、色目人、汉人、南人。南人指淮河以南的人，特别是岭南一带的臣民，以至汉人更是不受朝廷看重。比如曾规定汉人不许结社、集会、集体拜神，禁止汉人私藏兵器（例如数家才可共用一把菜刀），蒙古人被汉人打死需要偿命，而蒙古人因争斗或乘醉打死汉人只需“断罚出征，并全征烧埋银”。汉人如当兵则不许充宿卫，如当官也往往只能做副职。

可见，苏錡生活的背景是多么的糟糕，汉人兼南人的双重身份，让他看起来难有出人头地之时，但是，命运不可捉摸。苏錡自小爱读书，为了读书可谓是两耳不闻窗外事，因此，也免受外界的侵扰。

现在，终于太平了，自己历尽艰辛，也考上了贡生，虽然眼下还没立下什么功名，但是，也算为家乡学子立下一个榜样，吾何不趁朝廷还没给我任职赋闲在家的时候，为家乡学子做点事？

读书人当然想读书的事。想着想着，他觉得豁然开朗，于是，他决定，在自家家里开办学堂，乡里乡亲的谁家有适龄孩儿的都可送来免费学习。

征得父亲及夫人同意，他就用一间闲置的大厅堂稍加装饰，摆上几列长桌子、凳子，便成了教室。自己构思并亲自书写一副楹联：半亩方塘开一鉴，千年正学集诸儒。横联：苏氏学堂。

苏筠开学堂的消息一传开，近邻远舍适龄儿童及一些秀才、读书人都登门求学。苏筠就把来者分为两拨人：十五岁以下启蒙儿童为一类；其余的已经有些学问而慕名而来跟苏筠做学问的为一类，分开教学。一时，苏府朝朝传出朗朗的读书声，时时闻到浓郁的书香味道。而最多时，来了近百名学生，真可谓门庭若市，热闹非凡。苏府学堂一时成了文人雅士的好去处，苏筠也成了乡里乡亲最受人尊敬的读书人。

1369年，暮夏时节，苏筠接到了到京城国子监就读的通知。他明白，这一去不知道要去多久，或许从此背井离乡了。他把一切打点停当，学堂没有找到合适的人选接管，就由老父来接管，怕辛苦到年迈的父亲，苏筠物色好了一个书童协助父亲，帮助打理学堂的一些琐事。他对乡亲们许诺：他可以不做官，但是，苏府学堂不能停，他苏府只要不败落，就要把学堂办下去。

一切打理停当后，苏筠才安心地上京了。

在京城国子监里，苏筠一待就是十年（1368—1378），此时，他已经40岁了。而在这十年里，因是明朝开启新纪元之初，一切都是百废待举。社会实行了较开明的经济政策，鼓励生产发展，在一定程度上提高了低层民众的地位。社会迅速从元末的战乱中恢复元气，人口迅速增加，经济快速发展，社会呈现蒸蒸向上趋势，对外平定外族侵略，对内安抚百姓，因此，史称“洪武之治”。在教育方面，沿袭了唐宋元的科举制，并做了革新，是我国科举制度的鼎盛时期。

1369年，太祖朱元璋进一步开科取士，宣布以南宋国学大博士、理学家朱熹等“传注为宗”，朱学遂成为朱元璋巩固封建社会统治秩序强有力的精神支柱。慢慢地以理学为宗的科举制度最终被确立下来，科举与理学渐进并紧密的结合。

朱熹，何许人也？宋代大学者，著名思想家、教育家、理学集大成者。在哲学、经学、教育、音韵、文学、地理、考古、自然科学等方面都有伟大贡献，其思想体系在中国思想史上是以“致广大，尽精微，综罗百代”著称。与程颢、程颐等共创的理学史称“程朱理学”，为继孔子之后在中国思想界影响七八百年之久的正统官方哲学，远涉海外，影响世界；此外，

朱熹重视教育，创办书院，所撰《白鹿洞书院揭示》对后代教育事业影响深远；著述巨丰，其中《四书集注》58卷是明代科举考试的“圣典”。

而当时八股文盛行，与朱熹所述《四书集注》文风有关。所谓的八股文，实际上是明朝科举考试用的文体。也称制义、制艺、时文、八比文。文章就四书五经取题。开始先揭示题旨，为“破题”。接着承上文而加以阐发，叫“承题”。然后开始议论，称“起讲”。再后为“入手”，为起讲后的入手之处。以下再分“起股”、“中股”、“后股”和“束股”四个段落，而每个段落中，都有两股排比对偶的文字，合共八股，故称八股文。其所论内容，都要根据宋朱熹《四书集注》等书“代圣人立说”。明代读书人能不能写好八股文，作得好坏是决定能否被录取的决定因素。所以读书人都把毕生的精力花费在八股文上。

八股文说教空洞在当时也受到一些读书人的诟病。但是，大多数读书人受八股文毒害很深，做出的文章空话连篇，半天说不到点子上。有一个故事做佐证，那时，一个与苏锜同期刑部主事就闹出了笑话。那笑话说的是一刑部主事茹太素被尚书派去写建言书上书皇上，他诚惶诚恐，写了万言书上报。朱元璋叫人念了六千字还未听到具体的建议，全是空话套话，朱元璋顿时大怒，叫人把茹太素叫来痛打了一顿。第二天晚上，他再叫人继续读下去，读到近两万字以后才涉及主题，茹老一共提出了五项建议，幸好有四项得到皇上认可并被采用才免更严重的责罚。可见，朱元璋推行了八股文，但是，当八股文应用于平时公文中时，朱元璋又非常痛恨那言之无物的八股文。当时的读书人做官，许多是呆官、痴官，都是中八股文毒害深所致。无形中，当官的都陷入刻板、拖沓的泥潭中，但是，苏锜却是个特例，他博览群书，善于思考，既深谙八股文又不被八股文所毒害，为人绝不迂腐。

苏锜以贡生的身份在国子监整整待了十年，即1368至1378年。在十年里，苏锜虽然整天泡在八股文里，但是，四书五经烂熟于心，也算是精于国学，学富五车，做起文章来，得心应手，虽然脱不了做八股文的关系，但是，却也能跳出八股文的怪圈。那时候，许多读书人都以读书做官为终极目标，苏锜虽然读书的出发点不是为了做官，但是，免不了应验那句：学而优则仕。1378年，他被朝廷任命为刑部主事。

刑部主事官不大不小，属正六品官。明朝官阶等级比较森严，官阶设置按品级，官大小要论其品，自正一品至从九品，每一档品中又细分下去，共分 18 个等级。中书省辖吏、户、礼、兵、刑、工六部。其中，吏部：负责官吏的管理、考核、升迁等；户部：有 13 个司，分别管理各地的收支与报销；礼部：主管国家凶吉大典、教育与考试，招待外宾，宴劳功臣等；兵部：管理天下军政，军令由五军都督府管理；刑部：管理天下刑名；工部：管理建筑、后勤、水利、制造等，直接对皇帝负责。六部尚书实际上成为朝廷的最高的行政长官。各部正官叫尚书，副官叫侍郎、郎中和主事等。

明朝刑部主管天下刑政、审定和执行律例，判案定罪，管理囚犯。因为讼事繁重，也按省分为 13 个清吏司，各管一省刑政。

刑部设有尚书（正三品）、侍郎（正四品），皆为堂上官，下设各司，以理事务，都称某某清吏司，每司的首长官职叫郎中（正五品）、员外郎（从五品）、主事（正六品），皆为司官、属官。

相对来说，刑部在六部中的权力较小，受到很多制约。首先大案要由三法司审理，称为“三司会审”。所谓三法司即刑部、都察院、大理寺。凡有大案发生，由刑部负责审理，都察院纠察，大理寺驳正。刑部尚书等只能在旁列侍。但是，刑部下的官员所做的事非常繁重和琐碎，特别是主事，官不大也不小，但是，得具体做事，从文书起草、协调、初审到准备会审事项，没有一项不要亲自打理。

自从官至刑部主事以来，苏筠就勤于理事，常常是衣不解体，夜不能寐。有记载说：*苏筠官至刑部主事后，勤于坐曹，慎于审判，遇疑难案件，周密勤慎，狱不决，秉烛正襟危坐达旦。其妻曰：“何苦乃尔？”苏筠曰：“非尔所知也，囚犯按法应死，则不冤，囚犯不应死而死，非执法者应有也。”*苏筠这么想也是这么去践行。其实，其妻不是不能理解夫君，只是不忍心夫君太过于劳心劳神，也生怕夫君太过于正直而得罪了一些小人。

苏筠何曾不知道夫人的担忧所在，何曾不想安安静静地做个读书人？但是，他想既然是朝廷的命官，领着一份俸禄，就要对得起这些。所以，他知道怎样为官，怎样做好这个主事。

他非常善于借鉴同行的案例。当时，有个案例对他影响很大。一州县有一姓孙的小县官聘一王姓的女儿为童养媳，后来，王氏官职比孙的大，王氏就反悔了，嫌孙家贫寒，门不当户不对，闹着要退婚。但是，王氏的女儿死活不肯，非要嫁孙家的少爷。王氏就动用手中的权力，罗列孙氏的罪名，硬生生地把孙氏投进了监狱。王氏女儿深感自己连累了父母，一时

想不开，趁一个月黑风高之夜投井自尽了。孙氏遭此变故，感念生不如死，但是，又不能白死，因此大喊冤屈。幸好孙氏遇到了正直的刑部主事陈某。陈某刚直不阿，不事权贵，秉公执法，在当地有一定的威望。陈某查明案情真相后，说："杀人以媚人，吾不为也。"倾力为孙某辩冤，使其得以免牢狱之灾。苏筠非常佩服陈主事，以他为学习和效仿的榜样。

苏筠常想，一个有权力的小人要置别人于死地，太容易了，社会如果没有清官廉官，那平民百姓就要遭殃了。所以，平时断案他都要在内心暗暗叮咛自己要慎之又慎。

当时，发生在洪武年间的四大案例对苏筠影响和震动很大，那就是流传于世的著名的"明初四大案"：即"空印案"、"郭桓案"、"胡惟庸案"和"蓝玉案"。

空印案。明初，每年布政司、各府州县官吏前往户部核对钱粮、军需供给等事，因路途遥远，往往带着事先开好的空印文书（即加盖印章的空白公文），以备急用。此事习以为常。但是洪武十五年，即1382年，有人进言明太祖朱元璋，可能其中有诈，朱元璋也怀疑其中有弊，责令严查空印案。凡是与此案有关的部门及地方官员一律处以死刑，助理官员处以杖一百，戍边。受牵连者达万人以上。苏筠觉得，那些拿着空印票的官员肯定有大大小小的贪官，但是，并不意味着拿着空印票的都是贪官，有些虽贪，却命不至于死。而朝廷一棍打死一船人，虽然起到震慑作用，但是显然不妥，引起动荡不安。他知道在《大明律》中规定：对于受财枉法的"枉法赃"，从严惩处，一贯以下杖七十，八十贯则绞；对于监守自盗，不分首从，并赃论罪，满四十贯即处斩刑；对于执行监察职务的"风宪官"的御史，若犯贪污罪比其他官吏加重两等处刑。像这次空印案的官吏，贪的和没贪的，贪多的和贪少的，也一律被斩了。

郭桓案。是明太祖朱元璋严惩户部侍郎郭桓等吞盗官粮的重大案件。洪武十八年，即1385年3月，有官员告发北平承宣布政使司、提刑按察使司官吏李彧、赵全德等与户部侍郎郭桓、胡益、王道亨等通同舞弊，吞盗官粮。明太祖令审刑司拷讯，牵涉礼部、刑部、兵部、工部等高官，经查发现这些贪官除侵吞宝钞金银外，仅贪污税粮及鱼盐等折米二千四百余万石。于是，朱元璋下死令，自六部左右侍郎以下皆处死，供词牵连各布政使司官吏等数万人。此案令核赃株连之人遍天下，中产以上民家被抄杀者不计其数。明太祖亲手诏公布郭桓、吴庸等人罪状，以平众怨。

胡惟庸案。又称“胡狱”，发生在洪武年间。胡惟庸早年跟随朱元璋起兵，洪武六年至十三年间任丞相。其间权倾朝野，专权结党。洪武十三年，即 1380 年，明太祖朱元璋以擅权枉法罪判处胡惟庸等人死罪，随后又以通倭、通元罪追杀其余党。一时间，朝野上下乌云压顶，人心惶惶，东厂西厂异常活跃，抓人者和被抓人者遍布，被诛者达三万余人。朱元璋还乘机废除中书省制度，罢除丞相官职，直接统领六部。苏筠觉得朝廷用杀戮的手段大肆铲除权臣宿将，虽然暂时解决了皇帝和权臣之间的矛盾，但是，却也诛杀无辜，滋长了宦官专权。

蓝玉案。又称“蓝狱”，发生在洪武二十二年（1389）。蓝玉，早年随朱元璋起兵，勇敢善战，功绩显赫。洪武二十年（1387），任大将军，随后封凉国公。明太祖朱元璋比之为汉代卫青、唐代李靖。但蓝玉却恃功骄横，夺占民田，多行不法行为，树敌无数，被锦衣卫告其谋反，结果被族诛，牵连致死者达一万五千余人。《大明律》规定：“若在朝官员，交结朋党，紊乱朝政者，皆斩，妻子为奴，财产入官。”明律的这些规定，都是为了防止臣下结党以削弱君主集中的专制制度。明王朝统治者为了达此目的，不惜滥杀无辜。

通过这些大大小小的案例，苏筠更坚定做一个清官廉官的决心。他对各种条规法令，了如指掌，运用自如。因此断案神速公正，凡经他办的狱讼案件，无一件冤情枉法。难怪朝廷上上下下一致评价他“为官清廉正直，洁白自矢”。

苏筠生性聪慧，非常善于从同僚的品行和遭遇中吸取经验教训。正直宽厚，他奉为学习的榜样；阳奉阴违，品行不端，他最为鄙视。所以，他在仕途上还算顺风顺水。他的才干得到刑部尚书的赏识，因此，在主事位置上干至退休。

苏筠只身在外做官，但是，却心系家乡故土。做官期间，他分多次捐出平生积蓄，修建了家乡的青石路，办了两所学堂（在自家的学堂算一家）。家乡人把他出资修的路叫贡生路，把他捐资办的另一所学堂叫贡生书院。

晚年的苏筠回到家乡钦州安度晚年，终生享受朝廷俸禄。因为生活无忧，所以整天读读书写写字。善交有学问的才子雅士，经常在自家书房里和各路文人骚客谈笑风生，来往有鸿儒。苏筠心里想，晚年能读喜欢读的书，能做喜欢做的事，就算不枉此生，如此，也是美事一桩了。被好友评

价说：苏筠性嗜书籍，筑竹庄书屋储之。一度，苏筠也认为自己就这样在家乡度过此生了。

然而，苏筠告老还乡不到 3 年，朝廷一封诏书召他回刑部继续任主事。苏筠虽然有些厌倦在官场上打滚，但是，既然朝廷重用自己，也就不再推辞，重新走马上任。上任后的苏筠一如先前的为官作风，公平公正审案，认认真真做事。经他手的案子没有出过漏子，件件有落实，案案有结果。此外，苏筠慈祥宽厚的品性也深得旁人的赞赏。

有一年，北方一带暴发蝗虫灾害和旱灾，庄稼颗粒无收，百姓挨饥挨饿，纷纷走上讨饭的路上。那时候，路有冻死骨，村有饿死鬼，到处是衣衫褴褛的讨饭人，可谓是哀鸿遍野，满地肃杀。难民纷纷涌进南京城。朝廷想了许多办法，设临时收容客栈，摆粥摊迎接饥民。许多官员被临时派去赈灾，苏筠也被派去征收救济粮。那时候，救济粮就像金子般值钱，手里管到粮食就等于手里捏着金子。但是，苏筠丝毫不动邪念，分毫不沾。饥民大赞其德行。有书云：苏筠秉性敦厚，仁爱慈善，常哀鳏寡，悯孤独，恤士济贫。为官清廉正直，洁白自矢，声播朝野。

在这之前，明朝就因旱灾发生过好几次严重的饥荒。明太祖朱元璋在没当上皇帝之前就是外出讨饭的一员。朱元璋，安徽凤阳人，幼名重八，当年的饥荒使得他不得不离开故土，游食于皖西、豫东三年，历经磨难，认识了许多后来跟随他打江山的将领，如将军胡惟庸、蓝玉等。25 岁时参加郭子兴领导的红巾军反抗元朝，1356 年（至正十六年）被部下诸将奉为吴国公。同年，攻占集庆路，将其改为应天府。1368 年（至正二十八年）朱元璋在击破各路农民起义军后，于应天府称帝，国号大明，年号洪武。后结束了元朝在中国的统治，平定四川、广西、甘肃、云南等地，建立了全国统一的封建政权。洪武十三年（1380），朱元璋诛杀丞相胡惟庸，废丞相，设承宣布政使司、提刑按察使司、都指挥使司三司分掌权力，进一步加强了中央统治集权。洪武年间，朝廷大力提倡农民归耕，奖励垦荒；大搞移民屯田和军屯；组织各地农民兴修水利；提倡种植桑、麻、棉等经济作物和果木作物；下令解放奴婢；减免税赋，严惩贪官；重视教育，推行科举制度。经过洪武时期的努力，社会生产逐渐恢复和发展，文化事业得到一定的发展，史称洪武之治。

苏筠一生基本都是生活在洪武年间，伴随着明初大风大浪，社会变革跌宕起伏的大背景中成长，为官为民，完美地完成传统观念对一个文人、官员的角色要求。在他去世后，他被列为钦州乡贤之一，他的读书经历、为官经历一直为钦州人所津津乐道并激励着后辈积极向上。

最终，苏筠不是终老在故乡钦州，而是客死在为官的南京城里。而他的乡贤之美誉永远被载入钦州史册里。“苏筠秉性敦厚，仁爱慈善，常哀鳏寡，悯孤独，恤士济贫。为官清廉正直，洁白自矢，声播朝野。”这就是历史对他的评价。

【参考文献】

[1]《钦州县志》《朱熹与理学》。

[2]文中出现的对苏筠评价（文言文）的言语，皆出自下面此段文史资料：苏筠（生卒年不详），明朝，钦州人。幼承庭训，聪敏好学，终岁手不释卷。年十五，通书史五经。一日，其父会友于客室。苏筠出口成章，客赞曰：“此儿他日必有过人者。”洪武初年（1368—1378）贡生。后积功官至刑部主事。勤于坐曹，慎于审判，遇疑难案件，周密勤慎，狱不决，秉烛正襟危坐达旦。其妻曰：“何苦乃尔?”苏筠曰：“非尔所知也，囚犯按法应死，则不冤，囚犯不应死而死，非执法者应有也。”苏筠秉性敦厚，仁爱慈善，常哀鳏寡，悯孤独，恤士济贫。为官清廉正直，洁白自矢，声播朝野。曾奉旨赈济饥民，丝毫不染，饥民皆感其德。后因病卒于官。

“雁来池”贤才黄环公

◇梁沃　陈莲娟

黄环（生卒年不详），字伯循，号雁来池公。世居钦州中屯乡杨梅园。黄环的祖父黄嘉，是元朝刺史，明朝开国功臣，中国黄族家喻户晓的大显祖黄峭的直系后裔。

黄嘉，至正年间中进士后，出任湖广黄州府刺史。当时，中原人民起义反对元朝统治，黄嘉顺应民意，挂印弃官随朱元璋起义，四方征战，推翻元朝。晚年退休后，明太祖询其所归，黄嘉说：“愿往粤西钦州安置。”明太祖赐赤棍二树为信物，黄嘉遂携亲眷来钦定居于钦州中屯杨梅园。自此钦州便有了黄族人民的加盟。由于黄嘉是奉皇命来钦定居，来头大，所以钦州官极力奉承接待，把钦州城北沙岗村周围的五十多亩地划给黄嘉以建宅居住及开荒使用。

读《三字经》始识孝代表“香九龄”

钦州依水临海。大海，最能培养和滋润至性至情的生命。黄嘉 77 岁那年，黄环就出生在这片风光迷人的土地上。晚年添孙，黄嘉甚是高兴，此时黄环的父亲黄理在福建省平南任知县，看到父亲那么喜欢黄环，就把黄环留在爷爷身边。承欢膝下，浸润书礼。黄环刚咿呀学语，爷爷就教他诵读《三字经》。黄环聪颖，过耳不忘。一次，他趴在爷爷膝盖上，捋着爷爷的胡子，漫不经心地念读："养不教，父之过，教不严，师之惰。子不学，非所宜，幼不学，老何为？玉不琢，不成器，人不学，不知义。"黄嘉被孙子的童声逗乐了，也一起吟诵："香九龄，能温席，孝于亲，所当执"。读到这里，爷爷停了下来，低头凝视小黄环，"你知道'香九龄，能温席'讲的什么故事吗？"小黄环摇摇头，爷爷一脸神秘的样子，然后故作沉思状。"爷爷快告诉我。"爷爷见是时候了，便娓娓道来："这个香是指黄香，是你太爷爷的太爷爷的太爷爷……"小黄环被"太爷爷的太爷爷的太爷爷"逗得咯咯大笑，"那这个太爷爷的胡子是不是很长很长很长啊？"爷爷微笑着说："不是胡子长，而是见识很长很长，"并用手比画"太爷爷长这么高的时候，就非常懂事了。夏天，他帮父亲扇风凉枕席。冬天，他用身体捂暖被窝让父亲暖睡。"小黄环听得似懂非懂，但这个有趣的太爷爷，从此就在他心里扎了根。

往事越千年，抚今甚慨叹。虽然黄香时代已经过去一千多年，但流淌在身上的这根血脉一直汩汩涌动，时常唤醒他的记忆。

黄氏是书香门第，家有聚书数万卷。为了除湿防霉、驱虫防蛀，每年夏暑，家里人拿书出来晒太阳。黄环穿梭书行、闻着墨香，开始接触、翻阅各种古书。原来黄香，是战国四君子之一的"春申君"黄歇的第十五代后裔，而他自己则是黄香的第五十二代直系后裔。太爷爷自幼生活艰苦。母亲多病，小黄香不离左右，一直守护在妈妈的病床前；母亲去世后，他对父亲关心备至。冬天，黄香夜读书，捧着书卷的手冰凉冰凉的。心想，爸爸辛苦了一天，一定要让他好好睡觉。他给父亲铺好被，然后脱了衣服，钻进父亲的被窝，用自己的体温暖和被窝之后，才招呼父亲睡下。夏天到了，黄香家低矮的房子不通风，显得格外闷热，而且蚊蝇很多。到了晚上，大家热得不行，都在房外不停摇蒲扇。看见黄香从父亲房间满头大汗走出来。问他干什么呢？小黄香说："屋里太热，蚊子又多，我用扇子使劲一扇，蚊子就跑了，屋子也显得凉快些，父亲您可以好好睡觉了。"

黄香孝敬父亲的故事传开了。炎热夏日扇风父帏枕席清凉，请父安枕；严冬以身暖衾枕，使父暖睡。乡人称之为至孝。近千年用作中国人启蒙课本的《三字经》"香九龄，能温席，孝于亲，所当执"，即以黄香为中国孝子代表。其"仁孝闻天下"和西汉文帝刘恒的"亲尝汤药"一起被元代收

录《二十四孝》，成为中国孝文化的集中体现。黄香少年博学经史，精通道术。文章闻名京师，后以儒学入仕。初任郎中，汉章帝召黄香入东观（国家图书馆），得以读尽国家藏书，后官拜尚书郎。和帝永元四年，升为左丞相，深受汉帝器重，被委以重职，掌管国家机密，汉章帝以“江夏黄香，忠孝两全，天下无双”的御书赐给黄氏家族。

浸润书海，进军科举“学粹品端”

已故先人的点滴故事给后辈的感触很大。可幸黄氏祖上太爷爷供职于国家图书馆。明代皇室的藏书规模和数量远迈前代，朱元璋非常重视图书的搜集，加上私家藏书、刻书风气盛行。黄氏家族藏书分门别类，上至天文，下至地理。诸子百家、人伦政事、礼乐科举，应有尽有。每每从学校回来，黄环就钻进书房，埋头翻阅古今书籍。在这文明的场所徜徉，“粗中带秀篇篇好，句内含性字字香”，大量的阅读让黄环博古通今，聪智敏睿。在学校，面对先生提问，黄环独到的见解和精辟的阐述，常令先生和同学们目瞪口呆，无可辩驳。

黄环时常琢磨族谱中一句话，“烈烈轰轰追往哲，訚訚侃侃慕前贤，因循萎靡将何用，发面无忘猛著鞭”。随着年龄的增长，更萌发他了解先人事业功勋的念头。

原来，黄氏出自山东，繁衍于河南黄国受封为黄姓。黄峭，生于公元871年，唐朝的进士，因累建军功，被唐王朝封为工部侍郎、奎章阁大学士、千户侯。后在家乡创办“和平书院”造福桑梓。去世后，帝下敕命，诰赠太子少保，谥文烈。黄氏先民受过严格教育，世代儒家，知书识礼，胸怀广阔。后辈们牢记“郢州江夏递移乡”、“千年翰苑擅文章”的传统，携黄稍之祖训“骏马登程往异方，各寻胜地立纲常”、“根深叶茂同庥庆，三七男儿总炽昌”。随着人口增多，他们不墨守成规，不故步自封，“创业兴家离祖地”，向外迁徙、开拓，深知只要勤劳勇敢，以诚待人，就一定可以“到处和邻世业昌”。并完成了中国历史上最大的黄姓大迁徙。黄族的移民文化，让黄姓人抱团打拼，凝聚发力，锐意进取。黄香以后，江夏黄族代代出孝子和大官，江夏黄氏的声威，如日中天，臻于至极。他们中很多成为拓展东南沿海及开发江南大潮的弄潮人。

黄环感恩先祖，恒念物力维艰，书不尽先贤英杰的旷世伟业，当他抚摩着这本发黄的浸透着若干代人体温的族谱时，一种追溯祖先足迹的温情和敬意油然而生。

岭南好风光，山高岭峻，寥廓伟岸。时常激发黄环对家园的炽热情怀，和对先人嘉言懿行的诚挚缅怀。古代钦州地灵人杰，唐代出现了第一名进士宁原悌，又出现一位宰相姜公辅。来自中原的文化名人，诸如张说、宋之问、高骈等流放钦州，留下了许多以本地景物人事为题材的诗歌。宋代著名文学家、书画家苏轼也曾“遨游钦灵，遍访古迹”，推进了钦州文化发展。

人生有涯，史海无涯。黄环越来越觉学识的宽阔无边。深知立身以立学为先，立学以读书为本。黄环读书非常勤奋，从早上晨曦微露，一直读到皓月东升。究心诗赋、用功书艺、兼及诸学。青少年时期的阅读，拓宽了视野，开阔其眼界。从书本里，黄环汲取了大量的知识营养，为其日后进军科举打下了良好的基础。

明太祖朱元璋在建朝过程中认识到，元朝之所以灭亡，除了统治者政策的失误之外，整个社会失于教化也是一个原因。他提出“治国以教化为先，教育以学校为本”的方针，诏令天下府、州、县皆立学。采取一系列强制性措施，兴建学校，选拔学官，并坚持把教育工作作为衡量地方官员政绩的重要指标。洪武三年五月，国家人才紧缺，朱元璋颁发科举诏令，于八月开科取士。此时的黄环，学识优异。贡生学粹品端，为一州之冠。成化十七年（1481），黄环来到设在桂林的广西贡院参加考试，获取了举人资格。弘治年间，取得甲子。

任命教谕，“励学敦行”对学生谆谆教诲

广西贡院因出状元，闻名当世，是桂林科举教育的福地。朝廷委派他到咫尺之远的临桂县当教谕。“教育士子，不惮劳苦，人才蔚起。”黄环的工作，主要管理科举教育考试事宜，又是县学老师。临桂应举人特别多，中举进士的人也多，这与政府的重视有关。临桂县学元代以宋贡院改建，位于桂林城东南，皇庆年间迁城南。洪武二十八年（1395），临桂把县学迁至府学右侧宋宣成书院旧址（亦唐状元赵观文故宅址）。赵观文，唐朝临桂人，唐乾宁二年（895），临桂赵观文中乙卯科进士第八名。由于考官舞弊，乡贡不服。因为科举成为谋取高官厚禄的敲门砖，决定了一个读书人的升

沉荣辱，因此，乡试和会试中常有考生营私舞弊，投机取巧。游手好闲的纨绔子弟，平时根本就不好好学习，整天就知道吃喝玩乐。然而就是这样的公子哥儿在考试中竟然获得好成绩。很多人觉得这里面有猫腻，几年才一考，考生们投入多少精力和时间啊，好不容易等来了考试，指望着鲤鱼跳龙门呢。这下倒好，不学无术的家伙竟然榜上有名，平时真正下功夫苦读的学子却没有机会，于是大家群情激奋，纷纷要求重考，唐昭宗下令在武德殿重试，赵欢文被钦定第一，高中状元。黄环吸取前朝考试的教训，提高了考试检查级别，对试前试后、场内场外，都有新的规定。临桂把县学迁建广西科举史上第一个状元的故宅址，政府的用心是显而易见的。以黄环为首的县学老师，处处扬起廉正清风，改变了多少考生的前途和命运。临桂的县学入学年龄无统一规定，一般在 14—20 岁之间。

生员不一定要在学肄业，只需领取所习课题，回家自学作文（主要为阐明经书辞句的八股文），按期参加月课、季考，获得乡试的资格即可。科举教育制度，实际是一种典型的应试教育，明朝的府学、县学的教材主要是“四书”、“五经”，生员必须熟背《论语》《孟子》《书经》《诗经》《礼记》《左传》等，还须熟读百万字以上的注释和其他典籍、史书和文学书籍。需要熟记如此庞大的知识结构，不是一件容易的事。考试入仕是封建时代读书人唯一的出路，多少读书人年年落榜年年考，为了一个举人、一个进士，多少人穷经皓首！

县学内，黄环对学生谆谆教诲，注重人格上的培育。讲知识，强调趣味，注重启发，照顾对象的理解能力；谈人生，态度平等，坦诚相待，做青年人可以交心的朋友。黄环为了提高教学质量，教学以学生自学为主，教师讲授、指导相结合，多采用“问难论辩式”，注重启发培养自学能力。黄环少时博览群书，精通历史，知识渊博，他常常引经据典做深入浅出的讲解，把枯燥的四书五经讲得妙趣横生，学生听得津津有味。

县学外，古田起义正在进行中。明朝政府对广西少数民族实行民族压迫，古田县人因忍无可忍，被迫揭竿起义，从洪武十年（1377）就开始起事，到弘治元年（1488），当地贫苦农民韦朝威、覃万贤率众起义，少数民族农民纷纷响应，拥戴他们两人为首领。起义军很快攻占了本县县城，当地的地主豪绅纷纷跑到桂林、柳州及邻近各县，逃避农民军的惩罚。弘治五年（1492）十月，明王朝命两广总督闵珪调集湖广、广东、广西等地士兵四万七千多人，对古田发动了第一次大规模的征剿。古田起义军侦悉明军的行动计划后，与大藤峡义军联合起来，粉碎了两广总督闵珪的“征剿”计划，取得了反击战的胜利，完全控制古田县境，使“古田从此失矣”。为了扑灭古田农民起义的烈火，朝廷妄图招抚农民军，特派了一名典史入城抚谕。可是，义军并不买账，把朝廷派去的典史烹死。为了扩大起义根据地，义军还频繁四处出击，先后占据了义宁、洛容、永福、昭平、灵川、临桂、阳朔等部分地区。

兵荒马乱之际，临桂县学也处在风雨飘摇之中。虽说义军要惩罚的是贪官污吏，但兵火相见，受伤害的岂止是双方？最无辜的还是广大民众，战火中死伤不计其数，幸免的也为了躲避，无心生产，工商农各行各业无法正常生产经营，农民歉收，连年战乱使广西省内外长期处于经济萧条状态，人们的日子非常艰难。一些学生已经上不起学了，一些比较殷实的家庭还坚持上学，但心里免不了害怕，对教师黄环说：“先生，义宁、洛容县城都被义军攻克了，临桂一些地方也被占领了，看来很快就要攻击县城了，先生还是回家乡躲躲吧。”

黄环说：“一百多年了，征战已成了常态，我们躲得过初一躲不过十五。这是朝廷与少数民族的矛盾，我们读书人，不是义军攻击的对象，他们的目标主要是政府，他们要的是政权。没有政府的命令，我们不能随便停课。大家要安心读书、考试。要是义军来了，我们也不能贪生怕死，保护家园，人人有责。所谓覆巢之下，没有完卵。政府有危难，我们都不能独善其身。所以，也要随时做好迎击义军的准备。”

黄环身处乱世，依然淡定从容履行他的职责。他信仰坚定、意志坚强，积极把自己融入追真、向善、求美的主流，从而构建独特的精神家园。他重视学生知识的学习，素质的提升，品格的塑造，思维的创新。每一食，便念稼穑之艰难；每一衣，则思纺织之辛苦。从太爷爷身上，知道家境穷困的苦楚，帮助别人一滴水，等同给别人一片海。他体恤学生学业的艰辛。一些家庭比较困难的，黄环时常资助他们，让他们渡过难关。他提倡振兴学校，教育救国。奔走书院之间，对后辈教育孜孜不倦，厚德长技，励学敦行，要求为学者勤于自勉。有了先生的指点，学生安心读书，刻苦磨砺。寒士受惠，往往以行动报答。所以，临桂县考取进士举人的人数很多，据《临桂县志》载：明代临桂县考取进士 52 人，特赐进士 1 人，考取举人 873 人，居全广西之首。这样的成绩，黄环功不可没。

考取进士，荣升韩王府做教授

在临桂期间，黄环一边工作，一边不忘继续提高自我。读书患不多，思义患不明。患足己不学，既学患不行。古训让人清醒、明智，教学之余他自修学业，勤奋磨砺。并以古训自勉，博学之，审问之，慎思之，明辨之，笃行之。弘治辛亥岁（1501），他参加乡试，顺利考取了进士。被韩王府聘为教授，给世子们当老师。

平凉城韩王府在定北门内之右，即今平凉市崆峒区政府所在地。韩王府宫第宏舍，周围十里；殿堂亭榭，周围五里，规模宏伟，外府外有萧墙，内有砖墙。六座大门分别为棂星门、端礼门、承运门、广智门、体仁门、过厢门。主要建筑有承运殿（正殿）、存信殿（寝宫）、东府宫（世子宫），秉忠堂、惠迪堂、慎德堂、玉渊堂、宾馆堂、琴堂，有览香楼、看花楼，有金香亭、体良亭、寿柏亭，永春园、聚春园。韩王府实际是城中城，其规模形制仿照北京的紫金城修建，当然这是缩小了十几倍的北京城。

韩王府机构庞大，府内有承运司、纪善司、典宝所、典膳所、良医所、工正所、典仪所、广受仓、驾库；府外有左右长史司、典簿厅、审理所、奉祀所、仪卫司、群牧所。这些机构都是为王府生活、治安和对地方管理的服务机构，人数众多，仅王府子弟拥有的服务人员就超过了三万人。有一支负责治安护卫的武装力量，“护卫甲士少者三千人，多者万九千人”。

如此规模和气势的王府，对教育的要求当然很高，世子们由王府的纪善、伴读、教授等官来教学，教授是从各地聘请有名的宿儒来担当。教学内容与府学、县学大致相同，除四书五经之外，还有《资治通鉴》《贞观政要》《大学衍义》《性理大全》等。此外还有具明代特色的学习内容《明太祖宝训》《昭鉴录》《皇明祖训》《孝顺事实》之类的以德育为主要内容的书籍。在这里，黄环又可以实现另一个人生理想。他给世子们讲正学、敦品行、讲义理、习礼文，背诵五经、疏通书理、约观史事、通习训诂。

明太祖朱元璋于1368年推翻了元朝的统治，建立了明王朝，为了加强对各地人民的统治，有力地监督地方官吏效忠于朝廷，同时防止发生争权夺位的争斗，维系并巩固朱家王朝的统治，朱元璋推行分封制，把皇子皇孙分封到各地做藩王，共同辅助皇室。为了保证中央集权的绝对权威，皇帝严控各地藩王，限制他们从事政治活动。所以藩王们终日碌碌无为，和王室子弟随意抢占民财，劫掠百姓，也经常凌辱地方官员，骄横异常。诸贫宗往往凌劫有司，平凉知府吴世良、邝衍、任守德、王松先后被窘辱。韩王居藩时期，韩府土瘠禄薄。“弟王朱旭榆（建宁恭安王）至，以所受金册质于宗室朱偕泆，事闻，废为庶人。”有的将大量时间精力转移到声色犬马、神仙虚幻之中，借以避开朝廷对藩王的严密监视，排遣内心的恐惧与忧愤。

黄环当韩府教授时，是朱元璋六世孙朱偕灊在位。朱偕灊去世，其子朱旭櫏袭封，“其性忠孝，工诗，居藩有惠政”，谥韩昭王，是韩国第八位韩王。平凉府志载“韩王府有教授，名黄环，字伯循”。黄环既是韩昭王的老师，也是世子们的老师。在韩府，黄环严格按照王府的规定来教学，课堂之外，讲究言传身教，以他良好的行为习惯和品性去濡染世子，深受韩昭王的景仰。韩王府是平凉地区一股强大的政治势力。消费浩大，一年消耗的钱粮相当于十九个平凉县一年的田赋收入。韩昭王看不惯此等行为，独善其身，受到王室子弟侧目异议。他时常郁郁寡欢，仰天喟叹。黄环用诗词抚情慰藉，用先人哲言劝解宽怀。韩昭王受老师影响，兴趣高雅，喜欢读书做学问。当了韩王的朱旭櫏，不像别的王爷，声色犬乐，生活奢华。韩昭王却用钱财放在筹建崇文书院（即今平凉市第一中学所在地），并成为日后王室子弟读书养文的好去处。他在周围湖内种植林木花卉，百鸟栖息其间，雀噪莺鸣。修建亭台阁榭，响鹤山房，养正轩，书堂，文澜桥，荷花塘，讲堂。风景雅致，怡情逸志。韩昭王“工于诗词”，文辞秀美，气度豁达。每当诗兴大发，黄环随声唱和。没事的时候，喜欢往书院钻，与黄环研讨历史。或交流读书的感受，写评书稿等。他喜欢召集府里的大臣和世子们讲书评书。崇文书院就是韩昭王的讲读处，黄环是他讲书评书的指导老师，也是他最忠实的听众。他还喜欢写毛笔字，《平凉府志》载：韩昭王雅嗜读书，善真草，有《冰壶遗稿》《千丈法帖》《东海草书》《忠孝大字》诸草诗行于世，正德七年（1512）奉赐崇文书院。韩昭王把一生的聪明才智都用在读书做学问、书法上。在诸藩王中赢得名气，这是与教授的引导和影响分不开的。韩昭王体恤民意，考察民情。和王妃援济灾情，建延恩寺，祭拜庙宇之间祈福众生。

年老的黄环，渐感精力不足，怕怠慢弟子误及社稷，请求告老还乡。韩王甚为不舍，几欲挽留，黄环还是坚持己见，于是得以致仕，告老还乡。

告老还乡“雁来池上家声远”

黄环退休后，回到钦州中屯乡杨梅园居住。从此，宠辱不惊，闲看庭前花开花落。黄环淡泊处世，温和谦恭，尊老爱幼，深得世人称颂。每逢清明，他缅怀祖先，举行祭祀仪式，以同姓血亲关系的延续为纽带，把全体家族成员联系起来，形成宗族内部的凝聚力和亲和力。只是一直苦于没有一个祠堂，供奉祖宗的灵牌。叶落归根，赋闲在家，黄环对已故先人的哀思与追忆愈加浓烈。他把平时省吃俭用省下来的俸禄，开始筹建黄氏祠堂。从一世祖开始，黄氏家族就深受中国儒家文化的影响，推崇仁孝之道。而孝近者为父母，远者即为祖先。拜祭先祖，就是对生命源泉的珍视和感恩；缅怀故人，是对传统美德的延续和传承。

明朝正德八年（1513），一座规模宏大的“黄氏祠”在沙岗村建成了。祠堂前中后三进，前座、后座是正厅、左昭右穆厅共九间，两旁有多间廊屋连接，中间双开天井及两个花池。

祠堂西边有一口水井，井台长 2 丈 8 尺，宽 2 丈，石刻“思源”二字，寄寓了“树高千丈不忘本，水流万里总思源”之意，希望子孙后代“子行万里要思亲”。井水清甜甘醇，沐浴和滋润附近百姓，村民都视之为圣水。每年七月七日，“思源”旁人头攒动，大家远远近近的取水保存，钦州俗称“七水”。传说“七水”可以辟邪，饮后百病不侵，永葆健康。得圣水护佑，这里方圆百里，牛勤猪厚狗护主，鸭欢鹅憨鸡叫天。人畜兴旺，泰和吉祥。宗亲血缘制度的延续，成就了浓厚的宗主意识，也成就了这绵亘千载的祖先崇拜。黄环深谙，作为一个人，一个民族，无论何时都不应该忘本。把列祖列宗的灵牌供奉堂前，终于了却了这桩多年的心事。每遇宗祠祭祀，黄环怀着虔诚之心供奉着列祖列宗的牌位，上面铭刻爷爷的太爷爷的太爷爷的名字。神龛上摆放着宗谱和家法，记录着本宗族的家族法规和逝去的人和事。

祠堂门前有口鱼塘，占地约 8 亩。黄环的妻子很勤劳，年年在鱼塘里养着一大群鹅。每年冬天，总有一双云雁飞入池塘里，与家鹅游息度冬，直到来年开春才北飞。每天，天刚露鱼肚白，霞色泛起，池边雁鹅簇拥，嬉戏。暮色西去，雁鹅喁喁私语，时而随着暮色起舞，拍水飞花，掀起碎金一片。成为钦州城北沙岗村独特一景。每年春秋两季，黄族大举祭祀土神，通过社日表达获得丰收的良好祝愿。村民们集体欢宴，尽情畅饮，一派喜庆和睦的美好景象。

黄环退休返乡，韩王甚是思念。几次派使臣到钦州邀请他回韩府一聚，每次黄环都推辞不去。

使臣回去告诉韩王，说黄环家的池塘有云雁与家鹅游息之事，韩王认为是祥瑞，即赐“雁来池”匾和一副对联，后来又赐在平南古渡口建石牌坊纪念。黄环把“雁来池”匾悬挂于祠堂门楣上方，大门两侧则悬挂对联：“雁来池上家声远”、“刺史堂前世泽长”。从此，黄环的声望越来越高，人人都亲切地称呼“雁来池公”。黄环也乐得把“雁来池公”作为别号。

韩王念黄环教育世子有功，又恩赐他开垦万斗种田，开耕赡养，颐养天年。黄环奉旨，携带家人四姓——陈、李、苏、文四家往城北大风门小风门，麻头石核、苏埠头（苏村）、洞屯（今大洞）开垦出一万二千斗租种田，创下了黄氏万斗种田基业。其田租所得，均用作黄氏族人祭祀聚餐等费用。

黄环生活很富足，但那年月，常年兵荒马乱，而且，不是洪涝就是大旱，不然就是蝗虫危害，甚或瘟疫，故乡民粮田失收，饥寒所迫，不得已啸聚为盗者屡见不鲜。黄环疏财仗义，村里哪家有困难，认识的不认识的，只要有求于他，他必定慷慨解囊，以解燃眉之急；鳏寡孤独者，也多赖其赈济。父辈的善举，儿孙们都目睹在眼，铭记于心。十里八乡，人人称颂，从善如流，都以“雁来池公”为荣。方圆千里，乡邻和睦。生活祥和，百姓安定。

儿子黄仪，明朝嘉靖癸巳岁举人。任贵州儒学训导（相当于省教育厅副厅长）。他回家看到家乡钦州教育凋零，文化不振，慨然长叹，“兹国家困难，乡里乏学”，对两个儿子说：“今我愿将先祖遗下粮租，成立义学一所，请师教习乡中子弟，继续国家好文之心，以免遗失乡里诸子慕学之基业，吾心悦矣，尔等兄弟务宜择地建造为要。”

琼槐、秋槐兄弟二人遵照父命，遂于明万历元年，在城南鳌鱼州建“迴澜义学院”一所（地址即今钦州文昌阁），学生的伙食、老师的工资以及院中各项开支费用等项均在黄环蒸尝租谷中支给。秋槐出仕前协助父亲办义学院，致仕归家后继续办好义学院，出资扩大学院规模，增加学院师生人数，近者悦而远者来。后来，黄秋槐毅然把办了41年的“迴澜义学院”交给钦州知府管理，并把黄环祖留下的一万二千斗种蒸尝田全部捐给了钦州知府作为教育基金。国家称颂仪公父子慷慨好施，州人钦仰兄弟仗

义疏财。

故有诗词赞伯循父子曰：

一

中屯胜地祖从居，代有簪缨世不虚。
虎榜名标夸父子，雁来坊建耀门闾。
蜚声翰苑当时羡，接踵明经奕世储。
据想朝前光百世，还期此后继贤书。

二

雁来池畔雁鸿游，雁息鸿栖惠泽周。
方幸归田无一事，更承赐匾足千秋。
恩酬世子名偏重，旨祀乡贤典最优。
产置胶庠遗荫远，芳留百世胜贻谋。

明朝廷为纪念黄环和秋槐祖孙两代对国家和人民的贡献，批准其祖孙二人为乡贤，秋槐过世后，明朝廷派国师来钦州点吉穴于城北“猫岭”葬两位乡贤，刻碑记“乡贤墓”。

钦州市政府于1999年公布此墓为钦州市重点保护文物单位。直到如今，每年清明节，钦州市的师生都与黄氏家族一起到乡贤墓祭拜两位乡贤，纪念他们对钦州人民的贡献。

【参考文献】

[1] 甘肃省作家张凤林的《明代平凉韩王及平凉城韩王府》，泾渭文化论坛。
[2] 临桂地情网《临桂教育志》。
[3]《黄氏族谱》。
[4] 嘉靖版《钦州志》[明] 林希元著。

忠孝两全陈善住

◇林巧云

陈善住，生卒年已无从考查，明朝，钦州人。志史记载“陈善住品行端正，清正廉明，天生具有孝顺仁爱慈善的秉性，侍奉父母以孝敬闻名。”

明朝洪武年间（1368—1398），开国皇帝朱元璋十分重视教育，洪武初年就诰令天下，立学校，兴教育。

于是家有塾，党有庠，县有县学（名其堂曰“明伦”），州有州学，府有府学，在京师则有太学（名其堂曰“彝伦”）。

朱元璋之所以“崇文”无非是为了更好地维护自己的统治地位，正所谓是“武以治国，文以安邦”，“创业之初非武无以弥乱，守成之后非文无以致治”。正因如此才急需大量人才以充实官僚队伍，于是就大力办学培养人才，而培养人才的地方就是太学。

太学本称国子学后来改为国子监，是国家的最高学府与教育行政管理机构，负责培养文职人才供国家选用。内设绳、博士、典簿、典籍等厅，以分理各项具体事务；设率性、修道、诚心、正义、崇志、广业六堂，以供生徒听课、自修及习所。设有祭酒（大学校长）、司业、博士、助教、学正、监丞等教职员，这些官员都是朝廷任命的，权力非常大。

太学生主要来自三方面，一是荐举。由府、州、县学定期选送的岁贡

生员称为岁贡监生简称贡监。二是科举取士。科举会试下第举人入监称为举人监生简称举监。三是由太学生选官。品官子弟荫叙人监读书称为官生亦称荫监。太学生取得贡生的途径有很多种，按年度从各府、州选送进国子监的称岁贡；因恩宠获得的称恩贡；因功劳获得的称功贡；因备取名额获得的称副贡；参加选拔考试的称拔贡；因纳捐获得的称例贡等。陈善住就是以州庠生身份充当贡生资格入太学深造的。

当时能当上贡生和考中举人是光宗耀祖的事，况且贡生的地位、待遇和举人大致相同，有此资格，可以再参加乡试，取得正式的举人资格，特定条件下也可以出去做官。特别是明初，以监生而出任中央和地方大员的多不胜举。所以很多人挤破头都想得到贡生的资格，陈善住能以贡生的资格入太学深造实属不易，也许正是因为他的人品和学识造就了他。

陈善住在太学深造时非常努力，读书孜孜不倦，他始终认为："读书穷理于日用事物之间，自然见得道理，分明所行不至差谬，书之所以有益于人也如此。"由于读书有好处的观念根深蒂固地影响着他，他嗜书如命，博览群书，除了喜欢读《公子书》《务农技艺商贾书》《明太学经籍志》外，四书五经、子史诸书、御制之书、敕修之书等都喜欢阅读，阅读的各种书籍不少于六十多种。

品学兼优的他很得太学生们的欢迎，虽然他的家境不是很好，但没人嫌弃他，那些有钱的公子哥甚至要接济他，只是他不接受而已。他是个助人为乐的学生，经常帮助那些成绩差的太学生提高成绩，常指导他们完成各种各样的作业，因此太学生们都非常感谢他。因为那时的国子监是很严的，学校的办公处（绳愆厅）备有红凳、刑具（竹篦），还配有两名皂隶，皂隶就是行刑人，是专门负责对学生动刑的。凡有学生违反了校规校纪，便会被按在凳子上，用竹篦抽打。也就是说，教职员对学生不但有处罚权，还有刑讯权。说重些，国子监不仅是学校，还是法庭。学校对学生的要求极为严格，从学习内容到生活细节，面面俱到、无所不包，无论违反了哪一项，都要受到相应的责罚。在学习内容方面，学校规定学生每天写一幅字；每三天要背诵《大诰》、四书五经；每月要写六篇作文，如果完不成任务，就要被痛打……搞得大家都"战战栗栗"。

陈善住学业结束后，被派到山西平阳县任卫经历（锦衣卫中的基层干部），负责管理地方日常治安和维持社会秩序。

陈善住走马上任后第一件事是张贴《教民榜文》和《大诰》，他谨记朱元璋在洪武三十一年（1398）三月十九日对户部尚书郁新等谈到他颁布《教民榜文》的目的："奈何所任之官多出民间，一时贤否难知，儒非真儒，吏皆滑吏，往往贪赃枉法，倒持仁义，殃害民善，致令民间词讼皆赴京来，如是连年不已，今出令昭示天下，民间户婚、田土、斗殴相争一切小事，须经由本里老人里甲断决，若系奸盗、诈伪、人命重事，方许赴官陈告。是令出后，官吏敢有紊乱者处以极刑，民人敢有紊乱者家迁化外，前已条例申明，尔户部再行申明。"另外，法律条文上还规定官府直接在申明亭与百姓见面，从而阻止了富民与官吏们枉法办事，不让官府任意下乡扰民。

可以说《教民榜文》是一部既约束百姓又约束官吏的法律，是明代稳定农村基层的措施，是各级地方和基层的司法组织的执法制度，是维护地方治安和社会稳定不可缺少的因素。

第二件事是针对治安管理采取以下措施：一是巡警街市、缉捕盗贼、惩治不法。让士兵巡逻，对街市和城门等区域保持一定的控制，为消除各种隐患和不安定因素，维护正常的社会秩序提供了保证。二是及时处置流民和外来僧道等流动人口。流动人口的增加，尤其是流民的大量涌入，使社会治安的不安定因素增加。为了消除外来人口对治安带来的消极影响，一方面加强户籍管理，不准街坊邻里收留外来人口，并互相监督，"家给由牌，悬之门，具书籍贯、人口、名数，有异言异服者，即自纠发，不告奸同罪"。还时时派人"分投街巷，望门审验"，并明确限制僧道进城，但如果有游方、挂塔、寄住的僧道就限制其停留时间。另一方面，及时遣返不利于城区稳定的流动人口。对流民，首先是解决其饥寒，如光景好就"人给布衣一身，粟米一斛，或者日给两餐"；其次要求流民离城，限制离城期限；三是加强治安宣传，张贴治安榜文，以达到规范社会的行为。

陈善住通过以上措施，把平阳县的治安管理得秩序井然！

由于政绩突出，陈善住被派到蒲县任知县。

蒲县气温差异较大，自然灾害极为频繁，连续不断的水旱灾害威胁着蒲县人民的基本生存，尤其是对依赖于土地吃饭"率多力耕，不事商贾，勤于耕收，妇女事谷而不能纺织"的蒲县百姓来说，是一个致命的威胁。自然灾害的破坏性和不可抗拒性使人们自然而然地对自然灾害产生了一种畏惧心理。正如《蒲县志》里所记载的"水旱频仍，灾异之来，莫此为甚，故余纂祥异，独祥水旱"。面对自然灾害百姓无计可施，只好幻想超凡的神力来祈福祥瑞，有不少百姓到东岳庙里求子求财，祈求平安，消除灾害。

陈善住到任期间正是暴雨季节，黄河的河床高出两岸平原，浩浩荡荡的黄河水好似悬在空中，仿佛就是地上“悬河”，随后怒吼着凶猛翻滚奔腾地向下游泄去。悬河的出现往往导致严重的洪水泛滥，威胁两岸居民的性命及财产。加上黄河决口的次数举不胜举，所以山西一带洪水肆虐，庄稼被淹，房子被毁，人民深受其害，特别是狂风暴雨的时候，发源于蒲县摩天岭的昕水河就像脱缰的野马奔腾而下，冲毁田园，冲垮房屋。当地百姓流离失所、无家可归。

陈善住深刻认识到，要稳定社会安抚民心发展经济必定要先治河防洪，因此防洪工作是重中之重，所以到任后马上组织人马筑坝防洪。

他们在昕水河两岸修建堤坝，用船满装土石，运到需要筑堤坝的河段，然后凿破船体，让船沉下河底或江底，夯实基础，再在上面加筑土石或埽工。或者用竹、树条等编成的圆形大筐，内装石块，做成石囤堆积叠加而修筑堤坝。然后修建围堰。修建围堰前，先筑坝拦水，将坝内的水掏干，当时没有抽水机，只能用戽斗等农具一点一点地往外舀，甚至采用接替传递的方法，一个传一个，场面壮观。然后将河、湖的杂物和淤泥清理干净，那时候没有挖掘机，只能人工挖掘，工程之庞大可以想象，挖掘入河岸内至少几米深，以保证围堰能嵌入河岸。然后把黏性强的泥土装入袋子并绑紧袋口，一袋一袋往上叠加，待围堰出水后再人工叠实袋装土。围堰的作用主要是防止洪水泛滥，保护民居、田舍，其作用与堤坝相近，如果说堤坝主要是蓄水，那么围堰的作用就主要是护田了。堤坝和围堰修好后百姓欢欣鼓舞，他们再也不怕洪水的威胁了。

水利是农业的命脉，要促进农业生产，粮食的增收必须修建水利。陈善住马不停蹄地带领官民兴建水利。拦蓄引工程就是一个引以为傲的水利工程，由“L”形的拦河坝及引水口门组成。

这个石坝既能拦水灌溉，又能溢流泄洪。石坝采用当地的石灰岩作为建筑材料，用坚固结实的黄泥黏结，同时采用“鱼嘴分水”的方式，在下游方向开了一条近新河，然后将上游河道一分为二，形成“两河绕田坝”的格局。顺河而下，又建了引水坝和引水渠，致使位于不同高度的田地大多数能得到自流灌溉；发洪水的时候，这些渠坝还能肩负起排洪排涝的功能。工程建成后，“春夏一片葱绿，秋来十里稻香”。这个水利工程给蒲县人民带来的不只是物质的丰收，更带来了精神的丰收，人定胜天，神灵靠不住，靠得住的是智慧和勤劳。

筑坝防洪的问题解决后，陈善住根据朱元璋“天下初定，百姓财力困乏，好比小鸟不可拔羽，新树不可摇根。要减免赋税，兴修水利，鼓励生产，与民休息”的指导思想，实施了一系列的奖励垦荒、轻徭薄赋、鼓励种植经济作物、提高手工工匠身份等经济政策，这些奖励政策使这一时期的农业生产和社会经济得到全面恢复发展，也大大地提高了农民和手工业者的生产积极性。到了明太祖后期，土地大量开垦，农业生产得到恢复和发展，政府的收入也增加了。

接下来，酷爱读书的陈善住对原有的学宫进行了拓建，学宫作为儒学的教育场所，陈善住非常重视，除保留一些不必更改的房外重新建造拓宽。学宫的整个格局建成类似四合院的格局，石柱用花岗岩打造，砖用红砂岩砖。前部的房子都留有一个门洞，中部设有圣城、泮池、大成门、大成殿、崇圣殿和尊经阁；两侧设有文昌宫、教谕署、训导署，还有两间大堂、两间二堂，设有厨房，还有忠义孝悌祠，四周宫墙围绕，规模宏大。

学宫建好后很多读书人都慕名而来，他们都知道，要进入学宫深造只有顺利通过县试、府试、院试三道考试，成为秀才。取得生员资格之后，通过考试才有机会入读学宫，并且名额有限，所以个个都认真对待。那时候，入府学的叫府学生员，入县学的叫县学生员，蒲县的就是后者了。刚入学的新生称附学生员，经过学习和考课，成绩优等的可选为增广生员（增生）、廪膳生员（廪生）。对生员而言，最重要的是岁考（或岁试）和科考。岁考和科考都由皇帝钦派的学政主持。科考是选送生员参加乡试进行的资格考试。成绩大致分三等，列一、二等及三等前茅者便可以参加乡试。生员除通过科考上升参加乡试中举人，再参加会试中贡士、殿试中进士外，还可以凭自己优秀的成绩被选送到国子监读书。实行科举的年代，在学宫就读的生员，主要出路就是参加科举考试之后走上仕途。一种是参加乡、会试中举人、进士；另一种是通过贡举成贡生入读国子监，肄业再酌情授官。在学宫读书的学员为能进国子监深造，个个都勤奋无比。

随后，陈善住在文庙开设社学，培育人才。社学是当时农村启蒙教育的一种形式，明清两代，社学成为乡村公众办学的形式，带有义学性质教师，施引教化。社师选择“文义通晓，行宜谨厚”者执教。农闲时令子弟入学，读《孝经》《小学》《大学》《论语》《孟子》，并以教劝农桑为主要任务。各府、州、县皆立社学，以教化为主要任务，教育 15 岁以下之幼童；教育内容更包括御制大诰、本朝律令及冠、婚、丧、祭等礼节，以及经史

历算之类。

社学为老百姓带来的实惠有目共睹，在那里，他们学到了不少知识，无论是理论还是实践，都给他们今后的生活和为人处世带来了好处。陈知县这种造福乡里的举动赢得了蒲县人民对他的无限爱戴和敬慕。

蒲县境内地形复杂，大体分为土石山区和黄土高原沟壑区，地势东高西低，北、东、南三面环山，道路不畅，交通不便。于是陈善住就带领民众挖山凿石，铺路修桥，开辟村道，为蒲县的交通畅通创造了便利。

除了这些，每当遇到洪水干旱、天灾人祸百姓颗粒无收生活困难时，陈善住便开仓放粮赈济灾民，或者通过各种形式对灾民进行救助。他做的好事数不胜数……他所做的一切，百姓都看在眼里，记在心上。

陈善住任知县三十多年，如平民百姓，两袖清风。他从不携带家眷仆人随任，孑身独居。为此，他自己给自己的住所取了一个叫“鳏巢”的外号。他妻子在老家钦州操持家务，养育孩子，侍奉老人。从没有对他有过半句怨言，也没有要求过跟随他身边，这点，陈善住很是欣慰。对于他来说，他这辈子，无愧于工作，无愧于良心，如果愧疚的话就是愧对他妻子。他曾写过一首诗给他的妻子：“行人万里传音信，报道荆妻鬓尚乌。自愧生疏三十载，我为释友尔为姑。”

在民众的眼里，陈知县就是这么一个廉洁自持、勤政爱民、刻苦节约的好官。

（注明：有些资料从“蒋氏的博客”“深圳日晟的博客”和天津社会科学院“专家谈明朝洪武年间反贪风暴”文章中摘取。）

儒林之宗梁里许

◇许兆满

钦州湾畔有一条大江叫钦江，千百年来，滔滔奔流的江水养育了无数英雄名哲。647 年前（1369）夏天，知了声声，牛渡江尖山汎猪头岭村里一农户出生了一个小孩，他就是明朝前期的大学问家、曾掌管太学的主官梁里许。他由于学识渊博，为官清廉，勤政爱民，有功于国，恩惠于民，身后不但被史家称为“儒林之宗”，还被乡人推举为乡贤，作为乡邦表率，道德楷模。是目前钦州有文字记载可查的 17 位乡贤之一。

乡贤，是乡邦的典范人物，历来为人民群众所称颂和敬仰，在历史上享有很高的荣誉。洪武年间（1368—1398），开国皇帝朱元璋实行了开明政策，经济文化得以发展，国力日渐强大，开科取士，史上称为“洪武之治”。

但是明朝前期的钦州，社会并不安定，钦州的行政区域是刚从广西划归广东管辖，地域、民心归向混乱；尤其是邻近蕃属国越南经常在海陆两方面骚扰钦州。钦州，作为“去京师万里”的边远地区，经济文化落后，出个京官实在不容易。

一举成名天下扬

梁里许父亲早亡，家境贫寒。母亲含辛茹苦把他拉扯成人，实在不容易。穷人的孩子最懂事，他最喜欢读书，也最珍惜读书机会。

不屈服命运安排且才气过人的梁里许，经过几年寒窗苦读，已经饱览经书，满腹经纶，几次赶考，都是榜上有名，闻名乡里。

1384 年，这一年，他 15 岁，正是秋闱大比之年。廉州、高州、雷州等地几个秀才邀请钦州的梁里许要结伴到广州赶考。古语话：有米养得猪，有钱读得书。梁里许因没有盘缠，参加院试真有点心灰意懒了。上广州考试，前后得花几个月时间，一是舍不得相依为命的老母亲，二来没有经费上省城。他本意再苦读两年应考，不想又被他们说动了心。他也想早日中举，展示胸中理想。在邻居亲友的帮助下，勉强上路。

功夫不负有心人，梁里许果然中了洪武甲子科举人第三名。

科举考试相当复杂，历朝历代都不一样，为什么这么说呢？因为在古代，考上秀才就算有了功名，可以设帐授徒了，就像如今的考上大学一样。秀才资格的取得，要经过县试、府试和院试三个阶段，院试由各省学政主持，学政又名提督学院，所以这级考试称为院试。院试合格才能成为秀才，进入“庠”、“序”即官府办的学校学习，由国家供给膳食。

那么中了举人呢？那自然就更不用说了。首先那考试的规格就了不得，每隔三年才考一次，地点是在每个省的省城，由皇上直接派人主考，通过此次考试的人俗称“中举”，马上身价百倍，可以直接授予知县的官职。因为这次考试十分重要，所以民间称为“大比”，正式的名称叫“秋闱”，因为是在秋天举行的。“秋闱”那一年，就叫“大比之年”。即举人的第一名，就“声名鹊起，名震岭南”了。获得了举人资格，就获得了地位，有了升官发财的资本，旧时代举人的牌位是要供奉在家族祠堂的显赫位置的。

有一点要注意的是，在古代，能考上秀才、举人的很少，考上贡士、进士的，就更是凤毛麟角了，但古代并不是获得了功名就一定能做官，还要有各种机缘，各种门路，有时候要经过礼部的专门考查，梁里许是经受得起礼部的考查的。他很快就被任为江西吉安府教授。

一代宗师出钦州

吉安自古人杰地灵，人才辈出。朝廷选中的教授要求学识和品行都要杠杠的才行哦。出生于边陲钦州的梁里许能出任吉安的教授，在当时引起轰动。

吉安位于江西省中部，古称庐陵、吉州，元初取吉泰民安之意改称吉安，沿用至今。吉安有深厚的文化积淀，素有“江南望郡”、“金庐陵”的美称。自古以来，这里人才辈出，名士荟萃，文化发达，民风淳朴。从有科举以来至明清，吉安科举进士近3000名，状元、榜眼、探花52位（状元17位）。“唐宋八大家”之一欧阳修、民族英雄文天祥、《永乐大典》主纂解缙、宋代大文豪杨万里等一批历史文化名人先后诞生在这里，形成了中国文学史上底蕴浓厚的庐陵文化。当今世界保存最大最完整的古窑遗址吉州窑，以及白鹭洲书院、新干商墓遗址、永丰西阳宫等一大批人文古迹。这里真是非常之地呀！

来自钦州的教授梁里许，在吉安任教多年，教学方法独特，立教以德行为首，经义为要，诗赋文词，皆要涉及；兢兢业业，勤于训练，不惮劳苦，克尽厥职，立志造就人才。学生品学兼优。几年内，出了一批状元、榜眼和探花。尤其是出了三个状元：建文二年（1400）吉水人氏胡广；永乐二年（1404）永丰人氏曾棨；永乐九年（1411）吉安人氏肖时中。梁教授名震一时，被世人称为一代宗师。

品端学高任祭酒

祭酒，古代祭祀礼仪有一种叫浇奠祭祀，就是举起酒杯、向天祝祷、洒酒于地。执行这个礼仪的人叫祭酒。品端学高的人才能出任这个角色，后发展成官名，是主管国子监或太学的教育行政长官。战国时荀子曾三任稷下学宫的祭酒，相当于现在的教育部长。唐代的韩愈、明代的崔铣（《记王忠肃公翱事》的作者）都曾任过国子监祭酒。国子监是当时国立最高学府，传授儒家思想，其中最重要的礼仪就是祭祀，所以国子监的主管被命名为祭酒。

明初设中都国子学，后改为国子监，掌国学诸生训导的政令。明成祖永乐元年（1403），在北京设国子监。

永乐十年（1412）梁里许以学识渊博、品学端正被国家挑选为主管国学的官员——祭酒。

明朝祭酒官职责主要有负责全国教学、考试选拔人才。考试后，奉朝复命，梁里许所上奏请，条理分明，有理有据，很受皇帝肯定。年富力强的梁里许，在北京为官，秉公执政，励精图治，颇有建树。

梁里许任祭酒监丞期间，发现各地学府教材不一，造成思想文化混乱。原来，明朝初期，社会逐渐安定，百废俱兴，各种思想学说也如雨后春笋般冒出来。特别是印刷业的发展，全国各地学府、书院都各自刊印教材。由于各地水平不一，错误百出，造成学术和思想混乱，他奏请皇帝，引起皇帝重视，要求国子监收集、整理，统一权威版本。这个任务交由到任不久的新官梁里许肩上。

梁里许与司业（正六品）、监丞（正八品）、典簿（从八品）四人，夜以继日，废寝忘食地核对、审核全国各地的出版物，从四书五经到其他杂书，都要审阅。校官旦暮出所蕴，诸生讲说暇即自学不懈。由于劳累过度，英年早逝。六月一日卒，时年45岁。

死后被乡人将其灵柩奉回钦州，葬于城郊，并逐级上报，被国家认定为乡贤。葬时时任宰相梁士奇撰写了墓志铭。

【参考文献】

[1]《钦州志》，天一阁藏明代方志选刊，2009年6月钦州市地方志办公室映印。

[2]《中国梁氏通书》，广西人民出版社2009年出版。

积德胜遗金　惟善以为宝

◇黄立新

黄氏认宗诗

“骏马登程往异方，各寻胜地立纲常。年深外境犹吾境，日久他乡即故乡。朝夕莫忘亲命语，晨昏须荐祖宗香。根深叶茂同庥庆，三七男儿总炽昌。”这首黄氏认宗诗，出自中国黄族历史上的著名人物黄峭。

黄峭字峭山，又名岳，字仁静，号青岗，生于唐懿宗咸通十三年（872）四月十五日戌时，卒于后周太祖广顺三年（953）癸丑十一月初十日巳时，享寿八十有二。黄峭是进士出身，官至工部侍郎，晚年在家乡建“和平书院”造福桑梓。

黄峭先后娶上官氏、吴氏、郑氏三位夫人，共生育二十一个儿子。

公元951年正月初二，年味正浓，鞭炮声起起落落，贺岁声还不绝于耳中，耄耋之年的黄峭置备酒席，将亲友族人召集到一起。酒过三巡，他当众宣布了一项重大安排：将家族几百年间积攒下来的财产，平分成二十一份，二十一个儿子各领一份家产，除上官、吴、郑三位夫人各留长子一房赡养母亲以尽天年之外，余下的十八房子孙自此后要各自闯天下，另外择地而栖，重造家业。黄峭卜占择定儿孙离家的黄道吉日，将新修订的二十一套《黄氏家谱》，分别授予二十一个儿子，叮嘱他们收藏好，不忘自己生命的根。儿子们要启程上路了，黄峭口吟一首七言诗赠给他们，黄家认宗诗由此得来。

黄峭夫妇要求儿子们务必将黄氏认宗诗铭刻在心，作为日后子孙认祖相亲的凭证。

男儿当自强，挥手从兹去，路在前方，恩亲在后方，纵有千般不舍万般牵挂，也得到异域创业打拼，只有在明月升起时，诵念这首黄氏认宗诗，以慰思乡之情。

日久他乡即故乡

黄土飞扬，车轮辘辘马嘶鸣，各奔东西的儿孙们在黄峭夫妇的目送中，背影渐行渐远。

雄鹰就要展翅高飞，好汉就要志在四方，英雄就要拓土开疆，小小的蒲公英都有飞翔的梦，何况黄家好儿郎。带着父辈的叮咛，循着远方的呼唤，黄峭子孙中的一支，黄峭长子黄和的后裔黄西乔一脉，于 630 年前，迁徙到了天涯海角，一个如今叫钦州的地方。

自黄西乔入钦定居，630 多年间，黄家生生不息，薪火相传，至今繁衍到了 23 代，共有裔孙 2000 多人，这其中最广为人知和传扬的，当数黄西乔的玄孙黄秋槐。

后人如此赞黄秋槐："雁来池畔雁鸿游，雁息鸿栖惠泽周。方幸归田无一事，更承赐匾足千秋。恩酬世子名偏重，旨祀乡贤典最优。产置胶庠遗荫远，芳留百世胜贻谋。"

黄秋槐祖孙三代皆为钦州贤儒，教育世家，誉满桂黔，深受明清二朝儒生和当地百姓尊崇，后人敬仰。

黄秋槐，生于明嘉靖庚岁（1530）九月初九，拔贡出身，任梧州教谕，后升任教授。在教学过程当中，他很细心地去观察了解分析学生的个性特点，兴趣爱好，天分悟性高低，然后有重点有针对性地因材施教，对症下药，让学生扬长避短，术有专攻，找到学习的切入口、兴奋点和提升处，使学生们对自己充满信心，成绩突飞猛进。他还特别注意选树学习标兵，努力为国家培养英才，发现有哪个学生天资过人又勤奋努力的，就免掉其学费书费，公开褒扬，发挥榜样作用。

家长们看在眼里，记在心上。他要离任返乡时，梧州的官员绅士学生，竭力挽留未果后，纷纷捐款捐资，为他建生祠塑雕像，以谢师恩，大力宣扬他的红烛精神。

“朝闻道，夕死可矣。”黄秋槐的身上，有着孔子的儒家思想的深深烙印。

孔子强调学校教育必须将道德教育放在首要地位，故此提出“弟子入则孝，出则悌，谨而信，泛爱众，而亲仁。行有余力，则以学文”。

君子有三乐，父母俱存，兄弟无故，一乐也；仰不愧于天，俯不怍于人，二乐也；得天下英才而教育之，三乐也。黄秋槐从小不仅饱读古代圣贤之书，更受父辈言传身教，耳濡目染，以教育兴邦为毕生使命。

黄秋槐的父亲黄仪，字象山，生于明正德癸丑岁（1503），嘉靖癸巳岁（1533）举人，曾任贵州儒学训导，他将全身心都投入到教育事业，为了给学生释疑解惑，废寝忘食，以夜继朝。他培育出来的学生德才兼备，知书达礼，成绩斐然，因此深受人们拥戴。他离开贵州时，学生们将经由他指导而完成的诗作汇编《留春》诗集，以及经由他用朱笔圈点过的文章汇编成《折桂》文集，装订成册，恭敬地赠给恩师作为纪念。师生情深意重，由此可见一斑。

十年树木，百年树人，黄峭的后代们，不仅用辛勤汗水和勤劳智慧，在异乡把生命的根深深扎实，也把先人的仁爱之心、强国思想，播撒到四面八方，在中华大地上不断开花，结果。

得天下英才而教育之，不亦乐乎

发愤忘食，乐以忘忧，不知老之将至，是黄秋槐晚年生涯真实写照。黄秋槐告老还乡，回到钦州沙岗杨梅园后，没有安享晚年，而是子承父业，将父亲创办的迴澜义学院继续坚持开办下去。

迴澜义学院是黄仪和儿子琼槐、秋槐共同创办的。当年黄仪致仕归家后，为了挖掘整理本土文化，纪念先贤，不忘历史，勉励后人，再续儒学，就和两个儿子琼槐、秋槐一起着手收集散落在民间的钦州历年来儒学诗文，想编辑修订成册。他们在编纂的过程里，发现除去他们黄家父子兄弟的文章诗作以外，本地别的文人诗文屈指可数，质量水平差强人意。看到这种现状，黄仪如芒刺在背，很是焦虑不安，他仰天长叹，忧心忡忡地对两个

儿子说：“环顾四周，眼下的钦州可谓文风日下，人才短缺。归其原因，都是因为内忧外患导致，连年遭受海盗掳掠，土匪扰乱，乡邻百姓流离失所，富变穷，穷的变一贫如洗，肚子都填不饱，哪有多余钱粮供孩子们进学校读书接受教育。”

父亲的话，黄秋槐深有同感。当年，钦州的学社可谓遍地开花，可眼下学租都让地头蛇和恶霸给掠夺侵占了，百姓的孩子因为没钱供读，不能坚持学业，只能半途而废。这种局面如果持续下去，钦州的教育就会每况愈下。

> “黄家世代书香，承受国恩洪泽，丰衣足食。现在国家有困难，我们要为国家前途命运着想，捐资兴学。不仅要建启蒙小学馆，而且还要资助儒学大学馆，引导学生们研究修身齐家治国平天下之道，掌握富民强国兴邦保社稷之术，为国家培养造就英杰人才。”

琼槐、秋槐非常赞同和支持父亲的提议和想法。怀着对父亲的敬佩之心和对儒学的虔诚之心，兄弟俩按照父亲的要求，马上运作，将祖父黄环所传下来的部分租粮，在钦州城南鳌鱼州建了迴澜义学院，义学院所聘请教师的每月的薪水，学生的学费，义学院所需的油灯、笔墨纸砚费用，全部从祖父黄环所遗租谷中开支。

黄家的义举，受到了乡邻百姓的欢迎支持，纷纷送孩子入学读书，外地的学生也慕名来求学。一时间学生盈门，络绎不绝，黄家父子名声大振，传为美谈佳话，国家也给予了嘉奖鼓励。

这里要说说“义学”。“义学”，俗称义塾，产生于北宋时期，据说始于名相范仲淹，是专为民间贫寒人家子弟所设立的学校，通常免交学费，好的话还提供学习用品。主要是从事小学教育，又称为蒙学教育，这类学校的老师又称蒙师。《三字经》《百家姓》《千字文》《增广贤文》是明清两代最常见的儿童识字用书。而《论语》《孟子》则是经典读物。

义塾属于私塾中一种。私塾产生于春秋时期，延续了2000多年历史，作为人才培养的摇篮，它与官学相辅相成，传递着中华传统文化，生生不息。

在私塾悠久的历史中，最负盛名的，当属孔子在家乡曲阜开办的私塾。

私塾学生大体要经过以下教育程序：一是一至二年启蒙教育；二是三至五年读书教育；三是五至八年的开讲、开笔作文教育；四是八至十年的八股文完篇、练习揣摩、参加科举考试阶段；五是温书、练习做八股文，争取考中秀才、举人、进士，因人而异，期限不同。

识字，由认方块字开始，一般几个月或半年之后，读《名贤集》《神童诗》等。

完成识字教育，开始读书教育。“读”，要读出声音，朗朗上口，读熟背诵。读的范围，首先是四书、五经。四书，包括《大学》《中庸》《论语》《孟子》。五经，包括《诗经》《左传》《书经》《礼记》《易经》等，都要读熟，背诵。

把四书、五经读熟，背诵，是学做八股文的基本功之一。识字辨清四声，能熟练地区分词性，学会对对子，是学做八股文的基本功之二。

毛笔字是必修课。

在此基础上就要开讲，讲四书朱熹的注解，再读八股文选，再开始学写八股文。

学写八股文，先学写“破题”，然后再学写“承题”、“起讲”，直到学会写完整的八股文章，称之“完篇”。

会做整篇八股文，然后再温习读过的经书，读名家的八股范文，经常揣摩练习做各种题目的八股文，准备考试，或考进秀才，考中后继续考举人，继续拜名师学习，这是私塾的高级阶段。

当年创办义学院的父亲、兄弟如今都长眠于地下，秋槐也是古稀的老人，却“老骥伏枥，志在千里；烈士暮年，壮心不已”。他有没完成的夙愿和使命，要继承前辈遗志，将振兴钦州文化教育的接力棒传下去。

倾资助学师恩无量

“桃李不言，下自成蹊。”黄秋槐办义学院的美谈，传到来钦州任学正的许之屏先生那里，学正即州、县学官。许之屏听说了黄秋槐的事迹后，慕名上他家来拜访，探望问候。两人聊得很投缘，感觉彼此志同道合，相见恨晚。于是一有空闲时间，许之屏就邀请这位钦州城内赫赫有名的老学儒一块上城门，登高望远，吟诗作对，把酒言欢，以文会友，以歌助兴，真是：国事家事天下事，事事关心；风声雨声读书声，声声入耳。

一次见面时，许之屏对黄秋槐说：“我的父亲与老年伯您同岁，在家乡的时候，就常听父亲谈及老年伯您的功德，年伯您做的好事实在太多了，当时恨我没有机会来拜访问候您。如今幸好来贵地就职，多得老年伯您的指教，还承蒙您常设宴款待，我常对自己说从老年伯您那里受益匪浅，不知什么时候才可以报答您万分之一的恩情。”

黄秋槐谦让说：“老朽我告老还乡归来，其实也没做出什么惊天动地的好事，却多得本地乡贤和乡亲百姓的厚爱，感到受之不安，年兄您不嫌弃，是我三生有幸啊！”

许之屏很坦率地相告：“老年伯您捐资建义学院，为国家倡导推行文化教育，使钦州的文化人才不断涌现，官民对您都深深敬仰，晚生我也从您身上学到很多东西，受益良多。回想当本地的贤官良吏集资所建社团和义学院，还有拨款补助基础教育的措施，也只是短期行为，后来就陆续被毁坏，学租基本荡然无存，现在学生的学费也告罄，每次碰到要参加科举考试的人，他们的经费都不够开支，也没有办法去筹措，这真是我心头之患啊。”

黄秋槐听了许之屏的话，心情变得格外沉重和忧虑。他回到家，再三思考后，毅然做了一个重大决定，要将祖父黄环留下来的年收入万斗谷租的田产，全部捐给钦州儒学。

众亲人听了他的想法后，平时吃斋念佛的堂弟安槐表态说：“当年钦州地方长官所建立的社团和学府现在基本没有了。叔父（黄仪）还在世时设立的义学院，所有费用开支，全都是在祖上留下的租谷中支付，给我们做出了榜样。如果现在将祖上留下的田产，赠送给钦州儒学，振兴本地教育事业，让钦州人的子孙后代接受教化和培育，成为有用之才，这是钦州人的福气。兄长您做出的决定，我们全力支持。”黄秋槐听堂弟一席话，感激而欣慰。

万历四十二年（1614）农历九月初八，那天虽然黄秋槐身体偶染病疾，可还是吩咐家人到钦州学署去请学正许之屏、潘应关到家里来。

许之屏问来人：“你家老太爷是不是想请我们九月九重阳一块去登高？我们本来就有这个想法，本来已约好潘大人，明天一起到贵府探望问候你家老太爷的。今天既然劳你来传话，我们就马上一起过你们府上去吧。”

两位学正坐轿到了黄府，在厅堂上喝了主人敬上的香茶后，许之屏有点内疚地对黄秋槐说：“好些日子没见到老年伯您了，因为公务繁忙，无法上门拜会探望您，真是感到很抱歉。刚才听您管家讲，才知道老年伯您贵体欠佳，我们没有及时问候，请您原谅。”

黄秋槐摆摆手说：“我只是受了风寒，现在基本好了。今天请两位学正到我家里来，是有重要事情要托付给你们。我决定将祖父年收一万二千斗谷租的田产，全部无偿捐赠给钦州儒学，作为钦州的教育基金，以培养更多更好的本乡本土人才，振兴钦州文化事业，为国家富强尽力。”

两位学正听罢，连忙起身跪谢说：“这是老年伯您和家中亲人为了培育钦州人才而做的大功德，这份恩情、这份功德不仅本地的学子们会感恩戴德，我们也跟着沾上荣光厚泽。从今往后老年伯您的子孙后代在书院读书，每年所需添置的衣食文具费用，全在老年伯您所捐赠的学租中开支；您先祖的祖坟，每年清明、重阳一定祭祀。一来感谢老年伯您为国家培育人才的大恩大德，二则鼓励后人慕善与励文之心。这一切州府都会存档在案，为后人继续奉行。”

黄秋槐说：“我与许兄是忘年之交，情同手足，您能信守今天的诺言的话，就是我的莫大荣幸。今天就不留客了，明天重阳，请二位再过我家来，一起吃个便饭，共同商量和正式办理捐赠租田事宜。”

两位学正谢拜告辞后，黄秋槐就吩咐家人四处去通知家里的佃户。佃户们接到通知后，第二天扶老携幼，提着鸡担着家酿的米酒，纷纷到黄府厅堂集合。

其中一位老者“扑通”一声在黄秋槐面前跪下说：“拜见老爷，斗胆问一声，今天老爷将祖上的田产全都送给儒学，不知道是何用意。我们受老爷一家三代恩惠，待我们这些佃户如同自己的亲生孩子那么仁慈。每年租谷多交点少交点，您从无异议。此恩此德就是粉身碎骨也难以报答。现在老爷虽然年事已高，可是还有子孙可以打理家业田产，为什么突然舍得交给他人呢？真的如此，我们内心感到放不下心，还万分恳请老爷您为我们做主啊。”

黄秋槐听了老佃农这番话，语气温和又坚定地说：“各位乡亲们，我们黄家办义学院已四十余年了，我今天已八十五岁，办学心有余而力不足；我的弟弟安槐夫妻好善乐施，食斋敬道，在家里的时日不多；我的儿子廷相在外做官，也不知道什么时候告老归田；我的孙子瑞明、瑞腾还年幼，正是最需要专心致志读书的时候。我担心迴澜义学院管理后继无人，办学中断，无法实现前辈遗愿，才决定把祖父留下的万斗租田，全部赠送给钦

州学署，好让州里有志读书者都能就读，完成学业，为国家培育人才。今后你们子孙后代凡能读书者，也均可享受同等待遇。我今天和两位学正商量议定好了，不会为难你们大家，保证不会升租不迁耕，让你们能安居乐业，好报答大家当初开耕劳苦；不过你们以后也要像往年一样按时交租，保证学馆的费用开支最重要，别的就不多说了。”

佃农们听了老爷这么讲，就齐声请求说：“老太爷，恳求您和两位学正大人在租簿上写上相关条款和保证作为凭据，以防以后有什么变化。”

许之屏见状，就对大家郑重地声明：“各位乡亲，承蒙你们家老太爷隆恩，将租田捐给学署，目的是为了让你们的子孙能有机会读书就学，将来有出息做大事。此举全是为了培植本地人才，是全钦州人的大事情，而不是用作我们的俸禄，你们所议论所提的要求也合乎情理，为防以后换了别的学正和我们有不同看法，今天我们带公章来了，会在你们的租簿上盖好印章，作为档案好好保存的。”

听学正如此一说，佃农们脸上的愁云一扫而光。中午，黄秋槐招呼佃农们在家里一块聚餐。酒足饭饱后，黄秋槐将价值一万二千斗谷租的田契、租簿，一一清点后，移交给两位学正，并要两位学正当众在租簿上签约写明：永不升租永不迁耕；同时耕种者要如往年一样按时足量交租，保证办学经费到位。

尘埃落定，黄秋槐一直揪着的心终于放下，他随即让孙子瑞明去取来一副写好的对联，悬挂在厅堂上。上联是：积德胜遗金，处世当遵司马训；下联是：惟善以为宝，治家宜法楚书言。

黄秋槐将这副对联当众读了一遍，接着又讲解对联内容给众人听：“宋朝的司马光辞官返家，好施乐善，体恤民间百姓疾苦，怜孤济贫。他说：积金以遗子孙，子孙未必能守，积书以遗子孙，子孙未必能读，不如积阴德于冥冥之中，以为子孙长久之计。如今我赠租田给儒学，就是为我的子孙后代，你们的子孙后代，钦州百姓的子孙后代长远着想。这下联，是楚王留下的遗训。古时候，有外国使臣来求见楚王。宾主双方会谈中，使臣就问楚王：‘楚国何以为宝？’楚王回答说：‘惟善以为宝。’现在我捐赠租田给儒学，不仅是为了效法楚王的金玉良言，同时也是为了遵从祖父、父亲的遗训，以五伦为宝。你们在座的各位，哪个以后真的思念我，回家后请将我这副对联写下来，挂在家里，见到它就如同见到我了。”黄秋槐的话，听者无不动容。

五伦，中国古代的五种人伦关系和言行准则。即所谓君臣、父子、兄弟、夫妇、朋友五种人伦关系。用忠、孝、悌、忍、善为“五伦”关系准则。孟子认为，君臣之间有礼义之道，故应忠；父子之间有尊卑之序，故应孝；兄弟手足之间乃骨肉至亲，故应悌；夫妻之间挚爱而又内外有别，故应忍；朋友之间有诚信之德，故应善。

黄秋槐所推崇的司马光（1019—1086），字君实，号迂叟，陕州夏县（今山西夏县）涑水乡人，世称涑水先生。北宋政治家、史学家、文学家。司马光生平著作甚多，主要有史学巨著《资治通鉴》《温国文正司马公文集》《稽古录》《涑水记闻》《潜虚》等。他主持编纂了中国历史上第一部编年体通史《资治通鉴》。司马光为人温良谦恭、刚正不阿；做事刻苦勤奋。以“日力不足，继之以夜”自勉，磊落人格堪称儒学教化下的典范，深受世人敬仰。

历代儒学名家的思想精髓和修为行动，深深渗透在黄秋槐的灵肉之中，并散发着巨大的感召力，让他用一生去践行，最后付出生命所有。

积德胜遗金

从明万历元年（1573）开始办迴澜义学院，到1951年（1952年土改），黄秋槐父子所办书院和所捐赠的年收入一万二千斗租田，为钦州一方百姓服务达378年，按书院初期规模每年招收50名学生计算，受教人数达17500人，加上中华人民共和国成立前夕钦州师范学校所培养的人才，更是大大超过这个数字。钦州明清二代的知识分子，基本都是在迴澜义学院接受初级教育，打下坚实基础，又继续求学，然后才考上秀才、举人、进士的。这里培养出来的后来最有成就的优秀学生，当属冯敏昌。

冯敏昌，“诚五岭之鸿儒，非只一乡善士也”，是著述最丰的广西古代壮族大家之一，任过会试同考官，后来曾先后主讲过河南河阳、广东端溪、粤华、粤秀等多家著名书院，是清代杰出的教育家。他“弃官从教”，是和从小在迴澜义学院接受的儒家思想有密切联系的。可以说，他是青出于蓝而胜于蓝，但最后还是与师祖黄秋槐殊途同归，皆因在他们看来，教育乃强国之本，故此方能用生命去践行自己的教育理想，“春蚕到死丝方尽，蜡炬成灰泪始干”。

心里装着黎民百姓的，人民永远不会忘记，百姓将他捧得很高很高。

为了让后人铭记黄秋槐三代的功德，民国初年，钦州县劝学所所长刘树森写下了《明举人黄伯循岁贡生黄秋槐祖孙墓铭》：

黄公伯循，讳环，钦县雁来池乡人也。洪武以贡生于乡，历任临桂教谕，辟韩王府教授，韩王嘉之，赐之辛立乡田米三十石。孙秋槐公，卓有祖风，亦明岁贡，以教授致仕，疏财仗义。晚年尽举王赐祖父田，赠之儒学，惠士林，并广王惠，二公皆入祀乡贤，崇德报功也。有明迄清，都人士，食公德者数百年矣。然莫如改革后，沾溉莘莘，尤为普及，无论国民学校，高等小学校，西学校，劝学所，一切薪修膏伙等费，皆仰给公田，他日龙江棫朴，茅岭菁莪，蔚而深秀者，皆公赐也。晚清宣统间，变法，停科举，劝学所长庞渊鉴，筹款办学，禀请拨儒学租之半，充学堂经费，是年辛立乡田租，尚半归地方，半入官廨。民国元年，儒学废，钦防争款讼兴，树森适奉委办地方自治，又暨团保局绅李联绥、黄昭煊、李家训、陈凤韶，中学校长章正枢等，呈请拨儒学租之全，省道县署，均准有案，自此公所赐辛立乡田租，尽入钦县教育范围，涓涓不漏矣。二公合葬于斯，龙真穴的，善人福地，信不诬也；积善余庆，迄今陟坧垄者，子孙众多，犹跄跄济济焉。先是儒学每岁清明，必一祭，拨充学堂经费后，改由绅学各界经理，巳末清明节，树森暨各绅等赴省公墓，公裔孙载龙、殿宇、殿华、绍祖、观歧、观崇、观桥诸先生，痛牛眠穴吉马鬣封妃，商请拨款修葺，此固孝子仁人用心，亦绅学各界饮水思源，数典所不敢忘也，爰共赞成，鸠工庀材，涓吉修垄，恐年湮代远，盛德不彰，谨撰数言，以志巅末，并勒铭以垂不朽。铭曰：佳哉蓊郁，虎踞龙盘，善人福地，名论不刊，辛立乡田，嘉惠来兹，科举学校，至今赖之，明清大比，宾兴贤能，共和教育，论秀书升，莫为之后，虽盛勿传，勒碑刻铭，亿万斯年。

按此田租后又拨充省师经费，清明日由省师祭祀。

中华民国八年九月

民国钦县劝学所所长刘树森敬撰

明、清两朝及民国的三百多年间，钦州地方官绅、书院师生均在每年清明、重阳两节前往“乡贤墓”前致祭纪念，场面盛大隆重。地方政府为感谢秋槐之恩，每年祭墓时，秋槐后裔中凡六十岁（女六十五岁）以上老人由政府出资坐轿前往，每生一男丁赠送1斤猪肉（均在祭墓时发放）。祭墓用的整猪、整羊及三牲送给秋槐后裔用餐。从明朝末年起，凡秋槐后裔上学读书者享受“三免”：免试入学、免费就读、免交伙食费。

“乡贤墓”从明朝天启年间奉旨派名师点“猫穴”建成后，清乾隆五十九年、道光二年二次重修，案存朝廷工部，民国二年钦州劝学所及同族中父老合作第三次重修，1997年二阳（农历九月十九日）第四次重修。

黄秋槐将“迴澜义学院”交给政府管理后，就改为官办“迴澜义学院”。清嘉庆年间遭洪灾，书院倒塌，重建后改为“鳌鱼书院”。清道光搬到天涯亭址，改名“东坡书院”。清光绪十六年（1890）遭火灾，再搬上“镇龙楼”，改为“绥丰书院”。清光绪三十二年（1906）废科举，书院改为“钦州中学堂”，搬到白虎庙。清宣统二年（1910）改为“钦州中学校”。民国十六年（1927）改为“广东省立第十二中学”。民国二十四年（1935）中学校长章正枢请地方政府批准将这万斗种租田拨给广东省立第十二中学，后中学改为广东省立钦州师范，成为钦师校产。钦师的图书、仪器、台椅、床铺及学生助学金，教职员工福利均由黄秋槐所捐学租中支付。钦师全体师生仍坚持每年清明宰猪羊同秋槐后裔共偕两乡贤墓前致祭。

钦州市政府于1999年4月发文（钦政发〔1999〕16号）批准黄秋槐及其祖黄伯循的“乡贤墓”为钦州市级文物保护单位。

饮水思源，数典不敢忘祖，不仅是受惠的钦州教育界，更有黄秋槐的后人们。他们在祖先所热爱所奉献的这片南疆热土上，续写的奋斗之歌，壮烈精彩，足以告慰祖先在天英灵。

据《黄氏族谱黄西乔宗支世系》记载，黄瑞明，黄秋槐之孙，明朝贡生，擢用儒学教授，负责管理钦州学府财务，明崇祯年间负责会计钦州知府学田租金。当时海寇邓耀作乱，占据龙门岛，将居民财物劫掠一空，并经常骚扰沿海渔民，使得钦州城内人心惶惶，生活不得安宁。黄瑞明奉州长官命令，招募义勇兵，亲自带队出征剿海寇。多年征战，海寇还没剿灭，清兵又大举入钦。黄瑞明在龙门岛得此消息，抚膺长叹说：“上不能为国效力，下未能为民除害，抚躬自思，我家历代受国恩重禄，现国破家亡，外族入侵，当以身殉国。”遂投海尽忠报国。

黄瑞明，当年黄秋槐倾田产捐资助学的见证者、亲历者。儿时的他，

按照祖父黄秋槐的吩咐，当众将对联“积德胜遗金，处世当遵司马训；惟善以为宝，治家宜法楚书言”高挂在厅堂上。成家立业后，他的品格忠勇刚烈至此，九州同悲共撼！壮士一去兮不复返，黄瑞明以身殉国了，如今葬在那蒙镇岳马天堂岭双飞蝴蝶穴的，只是他的衣冠墓；他的肉身，在他奋然一跃后，就永远长眠在钦州人的母亲海；可是他的精神，却永远在这片蓝天碧海回旋激荡，惊涛拍岸，与天地共长存。后人有诗如此赞颂他：

祖代从来受国恩，国亡不忍独生存。
等闲视尔身家计，何处招他节烈魂。
为想荒山封马鬣，可怜江水作鲸吞。
茫茫抱恨成千古，凭吊于今有远孙。

黄瑞明死得瞑目，他将自己的基因密码复制给了亲骨肉。

黄国华，黄秋槐的曾孙，黄瑞明的长子，父亲投海尽忠报国时，他年方十岁。清兵侵入钦州，母亲苏氏担心明朝的亡国臣民后裔会被清兵清算加害，为了保住烈士血脉，忍住内心的悲痛，携带儿子逃至那蒙岳马鹿漏村避难。到了康熙初年，社会安宁下来，母子才返回钦州定居在书史堂(今沙园市场)。劫后余生，家道中落，一贫如洗，孤儿寡母相依为命。穷且益坚，不坠青云之志。国华长大后，发愤图强，励精图治，勤俭创业，持家有方，理财有道。在钦州城南开垦荒地，置下1600大斗租田（每斗谷23市斤)，每年共收租谷36000多斤，周围远近闻名，人称“黄万户”，家道就此中兴。他前后生育了6个儿子一个女儿，子又生孙，孙又生子，人丁兴旺，家族昌盛，人才辈出，他也因振兴先贤祖业遗志有功，备受钦州人称赞，后人纷纷撰诗纪念：

忆祖传宗实险忏，遭逢乱世苦难支。
母携弱息抛家计，屯狮结舍祸忧罹。
难并同胞承菽水，独存一脉衍宗支。
刁梵管影如锥立，此境今犹动怆悽。
幸际升平再见时，归来书史创新基。
髫年陟怙伟史册，壮年成家奉母仪。
三贡联芳传史册，六庠序进子孙辉。

后人赞美翁犹见，三锡华章喜赠池。

积善之家必有馀庆。黄秋槐积的是大善，必有大庆。因果轮回，分毫不差。如此灵验，真是苦心人，天不负。

清正家风万年长

公元1620年，黄秋槐以九十一岁高龄，无疾而终。黄秋槐所处的年代，是明朝暮光沉沉的末代。明朝晚期，朝政混乱，官员贪污昏庸，百姓怨声载道。黄秋槐尽管身处天涯之远，但是以近一个世纪人生，身在民间的他，心境想必正如郑板桥一首诗歌所描述的那样："衙斋卧听萧萧竹，疑是民间疾苦声。些小吾曹州县吏，一枝一叶总关情。"所以他最后尽己所有，散尽祖上留下的田产，一来祭奠他一生热爱和献身的儒学，二来是要为后代"积德"。他做到了，一切如他所愿所料。但想必那时候他还不能料想到，明朝江山，会在他转身远去后不久，轰然倒塌。

1644年，明朝的最后一位万岁爷明思宗朱由检，就这样无颜去见他的列祖列宗了，而黄秋槐的功德却惠泽在他的子孙后代身上。他们感恩，惜福，诚恐诚惶。无论贫富贵贱，顺境逆境，低谷高潮，无论从政从商从文，时时牢记黄家的族规祖训，不仅自己铭记在心，在修订族规时，还结合现代人的思想观念和社会主义核心价值观，补充新的内容，让晚辈能更清晰明了，作为人生警世良言和行动指南。这是2013年黄家新修订的族规：

一要遵纪守法，以树文明之风；不要胡作非为，以免害人害己。
二要尊宗敬祖，以裕后代之福；不要忘记先贤，以免忘恩负义。
三要孝敬父母，以尽天伦之乐；不要虐待老人，以免成为忤逆。
四要友爱兄弟，以表手足之情；不要互相争打，以免手足相残。
五要勤奋学习，以继先贤之德；不要懒惰无为，以免误阻前程。
六要勤俭创业，以建富裕之家；不要好吃懒做，以免坐吃山空。
七要诚恳待人，以结互爱之友；不要虚伪欺诈，以免他人指责。
八要团结待人，以求和睦之邻；不要恃强凌弱，以免引起公愤。
九要遵守家训，以为后人之模；不要行为不端，以免种下祸根。
十要热爱祖国，以做高尚之人；不要损公利私，以免走向犯罪。

以及收集整理后收录在最新的修订族谱中的“警示后裔格言”：

“记住家和万事兴，无须终日口不停。爱惜我们小天地，永远充满着太平。”“谦虚人人都仰慕，礼让个个受欢迎。爱护家庭如爱己，不妨坦白与忠诚。”“做事带点人情味，不可对人冷冰冰。一点笑容最可爱，家里立时见光明。”“生活若然是清苦，各人内心要安静。”“忍耐任由风雨过，守得云开见月明。”

……

家风是家族成员受家训、家规潜移默化而形成的具有鲜明家族特征的家庭文化，是“传家宝”。黄秋槐留给子孙后代的家训，就如同北部湾畔生长的红树林，扎根于岁月的飞石流沙，生长在碧海蓝天中。

【参考文献】

［1］黄定民等所著《黄西乔宗支世系黄氏族谱》。

［2］邓云乡所著《清代八股文》。

［3］王晓阳所著《国学经典赏析》。

［4］吴龙章著《钦州人物春秋》。

壮志未酬惜黄涣

◇洪锐华

元符二年（1099）仲冬，在离京师万里之远的南疆，一个叫作灵山的小县，收到喜报：黄涣中举！黄涣字彦舟，灵山人。

在鹿鸣晏上，举子们唱起了《诗经·小雅·鹿鸣》：

呦呦鹿鸣，食野之苹。我有嘉宾，鼓瑟吹笙。
吹笙鼓簧，承筐是将。人之好我，示我周行。
呦呦鹿鸣，食野之蒿。我有嘉宾，德音孔昭。
视民不恌，君子是则是效。
我有旨酒，嘉宾式燕以敖。
呦呦鹿鸣，食野之芩。我有嘉宾，鼓瑟鼓琴。
鼓瑟鼓琴，和乐且湛。
我有旨酒，以燕乐嘉宾之心。

虽是仲冬，但冬日暖阳，加上乡试高中，举子们的心情早已入了春，唱着“呦呦鹿鸣”，苹蒿将绿，在重文抑武的宋朝，举子们的美好前景正在展开。

黄涣的心情有些沉重。他是将官之后，先祖随伏波将军马援征交趾而留在灵山，其父黄叔达，字公济，为人耿直，以乡贡的身份摄官。广南西路瘴气恶劣，正式官员都不愿到灵山当个县官，就由摄官来管理地方行政。摄官是指科考两次都不中举的秀才，由地方再组织专门的摄官考试，考过了就有摄官的资格，相当于预备官员的资格，摄官两年考核一次，考核过了，可以进入正式官员的序列。黄叔达正是以武秀才的身份担任了灵山县的摄官，管理灵山县的事务。熙宁战争中，黄叔达随郭逵的大军攻破交趾，直攻至玉山寨，克复了广源等五州，功转承议郎。黄叔达五个儿子：涛、涣、沉、渐、洌，自幼跟随父亲，耳濡目染，修文习武。四子黄渐和五子黄洌都曾考取了武秀才。黄涣不但习得一身好武艺，更是文才出众，自小就通晓经史百家。除了读圣贤书，他还关心窗外事。这几年，西北边境一直不安宁，西夏与宋的战事不断，北面辽国在虎视眈眈，连西南小国交趾也想染指锦绣华夏。熙宁战争结束二十多年，钦州、廉州、邕州仍然没有恢复元气，当年被屠杀的十万军民对于钦、廉、邕三州人民来说，仍是一场噩梦，想起来就毛骨悚然。

坐在一旁的举子问黄涣："彦舟何忧？"

黄涣说："国家多事之秋，涣虽为一介书生，但更愿能决战沙场，报效朝廷。"

元符三年（1100）春，由灵山县和钦州荐举，黄涣参加会试，中了进士。庚辰科一共出了五百六十一位进士，对于官员臃肿的宋朝机构，进士实在不是稀缺货，如果不愿意去边远地方做个小官，就只能守选在家了。崇宁年间，不起眼的黄涣被派到定州出任文学一职。早在唐末及五代时期，定州就成为藩镇节度使之间、藩镇节度使与辽之间争夺的战略要地。

地处北方边陲的定州，为八方通衢，天下要冲。定州又是名臣辈出的所在，韩琦、狄青、苏轼……都曾在定州留下了美名。黄涣到了定州，担任最末级的职官——从九品的文学，但黄涣没有半点气馁。

定州民风好学，尊师重儒，黄涣有更多的时间去钻研学问。从南方边陲到北方边陲，黄涣仔细研究了大宋周围的强敌，认为大宋要提高武备，以防战事。宋承唐制，尤其是唐朝以来奉行的占星术更是推崇备至，李淳风的《乙巳占》被尊为经典。黄涣却不这样认为，若是仅观天象就可知一个国家的兴衰，那岂非视社稷为儿戏？王安石早就明白了这一点，才指出了历史事实与占星相矛盾，说明了天道无关人事。崇宁二年（1103）童贯调集十万兵马开赴西北，恰逢汴京太乙宫失火，徽宗下诏认为不宜出兵，童贯还是把羌人打得大败，与天道何关？在这一点上，黄涣与王安石隔着二十年的时空，却达到了认识上的一致。黄涣摊开纸笔，洋洋洒洒写了一份万言的奏疏，论及天文及天道。黄涣深知，这份万言书只会石沉大海，但胸有丘壑，不写不快。

徽宗时代，大宋在西北对夏作战取得了前所未有的胜利，迫使西夏求和。炙手可热的童贯为了巩固地位，只能不断地挑起战争，在西北战场上的胜利引发了童贯的膨胀心，他决定对辽国动手。当宋准备攻辽之时，南方的方腊起义了！童贯刚镇压了方腊，正踌躇满志，以为宋军只要出动，辽将耶律淳就会望风而降，燕幽旧地即可尽入王土。没曾想，螳螂捕蝉，黄雀在后，金人已在暗处观察了良久，辽国固然不堪一击，北宋军事上的弱点更是给了金人可乘之机。辽国灭后，金人开始步步紧逼。

此时，黄涣已调到梧州权知军事，在风雨飘摇的时候应选赴京，任通直郎，成为太子的侍从官。

宣和五年（1123）春，几经交涉，金国最终答应将后晋割给辽国的燕京及其附近六州之地归还宋朝，条件是宋国除每年把给辽国的岁币如数转给金国外，另添每年一百万贯的“代税钱”。然而，收复的燕京六州却只是几座空城，金人将钱财人口牲畜都带走了。收复燕京后，宋徽宗分外得意，自以为建立了不世之功，宣布大赦天下，命王安中作“复燕云碑”竖立在延寿寺，以纪念这一功业，并对参与此次战争的一帮宠臣加官晋爵。朝廷上下都沉浸于喜悦之中。徽宗更是让宠臣到南方搜刮花石以建万岁山。

宣和七年（1125）十月，辽国的势力已被金国扫除，金太宗以宋国收容叛将张珏，破坏协议为借口下令伐宋。

金军分东西两路侵宋，消息传到开封，北宋君臣慌作一团，为了骗取军民信任，宋徽宗假意下诏罪己，承认自己任用非人，轻信妄议等，以此号召各地官兵和百姓起兵勤王，抵抗金兵南侵。宋徽宗表面上装出改过自新、准备抗金的样子，实际上想的是逃跑。为了便于逃跑，他任命皇太子赵桓为开封牧，想让儿子以监国的名义替他抵挡金兵，自己保持皇位向金陵（今江苏南京）逃命。为了能逃命，徽宗于宣和七年（1125）十二月二十三日，假装得病，跌倒地上，昏迷不醒，大臣们急忙灌药后，又装着苏醒过来，伸手索纸，用左手写了“皇太子可即皇帝位”等一行字，正式宣布退位，由皇太子赵桓即皇帝位。

靖康元年（1126）正月初三，金军渡过黄河的消息传到开封。徽宗仅带蔡攸及内侍数人，以“烧香”为名，连夜逃出东京，跑到亳州，又从亳州逃到镇江去避祸。

刚坐上皇位没几天的钦宗满心忧虑。他本不是徽宗最疼爱的儿子，在危难之时，太上皇将皇位传与他也不过是想让他代为守国。钦宗看着几案上堆得如同小山似的奏折，眉头紧锁，新朝廷人心慌乱，主战、主逃议论不一。他何尝不想逃？任命李纲为尚书右丞兼东京留守，就是想让李纲为他守东京。太上皇既然逃往南方，他也可以逃往西北，陕西也行。钦宗心里打定了主意，从南薰门离开东京。

黄涣自宣和五年（1123）入京，就一直陪在太子身边。当年的太子，虽然成了九五之尊，钦宗赵桓的心思，黄涣最为清楚。钦宗命黄涣在南薰门候驾，自然是要逃离京城。

徽宗已去，若钦宗再去，整个大宋的江山就真要拱手让给金人了。金人向来烧杀掳掠，置生灵于水火，怎能让金人践踏这大好江山？为今之计，只有拼死留住圣驾。黄涣一面派心腹卫兵去通知李纲，一面召集部属。

黄涣对着当班的部属说：“皇上要逃离京城，若东京没有皇帝，则大宋危矣。兄弟们，皇上一旦出京，中原就等于白送给金人，大家说，我们应该怎么办？”

部属们一听，热血沸腾：“我们的妻儿老小都在这里，想逃也无处可逃。皇帝在，我们就奋力保他，皇帝不在，汴京就是一盘散沙了。黄大人，您一向刚直不阿，忠心耿耿，您有何指示，我们这些部属唯您马首是瞻。”

黄涣正言道：“李纲大人文韬武略，现在各路义军正往汴京赶来，我大宋军民一心，当能抵御金人。但皇上去京，必将引起军民的恐慌，勤王之师师出无名，将陷李大人于孤立无援之境。你们和我都追随在皇上身边多年，怎能陷皇上于不义？等皇上出来，恳请众部将与我一起乞留圣驾。”

众部属齐声说：“乞留圣驾，保我汴京！”

只带几个内侍的钦宗刚出到南薰门，看到此阵势，吃了一惊。

“大胆，你们要造反吗？”

黄涣上前一步，屈膝在地，大声说：“臣冒死乞求圣驾，留守汴京。”

众部属也跟着跪拜附和。

钦宗气急败坏：“黄涣，你不要仗着跟在朕身边多年，就恃宠而骄！”

黄涣叩首说：“皇上，金人无道，烧我城池，掳我财物，杀我手足，淫我妻女，若圣上弃汴京而去，太祖皇帝留下的百年基业将毁于一旦。微臣人微言轻，犹愿一死以求圣驾留京。”

钦宗拂袖欲去。李纲一路疾奔而来。

李纲见此情景，双膝一跪，泪流满面。黄涣及部属也跟着伏首在地，一再叩拜。

李纲流泪拼死请求，钦宗才答应不去陕西，留在汴京，京城人心逐渐安定下来。李纲临危受命，当即组织军民全力备战。各地勤王援兵逐渐来到京城，兵力总数达到二十多万，宋军在兵力总数和声势上均压倒金军，金军只好北撤，退守牟驼岗。然而，在一片大好形势中，宋钦宗与金国签下了“城下之盟”，贬李纲，割地求和，搜尽汴京内的金银财物、女子以奉金人，民不聊生。

苟安的钦宗继续听信谗言，李纲被贬后，脆弱的北宋王朝如朽木遭遇暴雨，一夜间被摧毁。钦宗派康王赵构赴金营议和，黄涣被派护送康王赴北，黄涣自知南薰门乞留圣驾一事得罪钦宗，金人狡诈，此次北上议和凶多吉少。孰料，半路生变，金人围攻汴京，赵构派副元帅宗泽带少量兵马南下救驾，黄涣追随宗泽，决战沙场。赵构自己则率大队兵马逃至东平。

靖康二年四月，徽、钦二帝及大量皇亲国戚被掳至金朝。金军离开汴京时，还把宋宫中所有的法驾、卤簿等仪仗法物、宫中用品、太清楼、秘阁、三馆所藏图书连同内人、内侍、技艺工匠、倡优、府库蓄积搜刮一空，席卷而去。

五月初一，康王赵构于应天府（今河南商丘）登基，改元建炎，重建了宋王朝。

从东京撤出的黄涣领着仅有的几个部属一身风尘奔往南京（应天府）。朝廷一味讲和，副元帅宗泽无法号令军队，眼睁睁看着东京没了，皇帝和太上皇也没了，整个东京像座地狱，金人烧杀掳掠，但凡能走的都举家南逃了。东京成了死城，宗泽留守开封联络旧部，收拢义军，黄涣南下面圣。黄涣一路南下，路上全是逃难的人们，哀鸿遍野。

黄涣将手里的长刀狠狠地劈在路边的柳树干上，那棵随风摇摆的碗口粗的柳树应声倒地。

黄涣激愤地说：“大丈夫当马革裹尸，怎么能狼狈逃窜？”

侍卫说：“黄大人，东京已成空城，连皇帝都不要他们的赵家江山了，我们想战也没法战啊！”

黄涣收起大刀：“食君之禄，忠君之事。我们加快脚程，我要奉表劝进，驱除鞑虏，恢复中原！”

龙椅还未坐热的赵构高宗并不比他的父兄骨气硬，新朝廷甫立，赵构想的不是战而是和，若能以和换来偏安一隅就满足了。而此刻堆砌在他眼前的奏章让他无法轻松，大部分的奏章都是主战，重新起用李纲的呼声很高。

再打开一封奏折，还是劝他北进的表，落款是黄涣。黄涣跟在赵构身边不过才几个月，但赵构对他颇有好感。这个从南方来的武将是进士出身，文武双全，忠勇可鉴，但就是一根筋，打打打，拿什么跟金人打？当初去东平时赵构有意让黄涣随他逃离，这个黄涣偏要主动请缨随宗泽南下救东京。

“和不可信、守未易图、而战可必胜。”黄涣写得一手好字，不像一般文士的秀气，字里行间透着武将的铿锵之势。黄涣分析得很到位，金军多数是十月左右进犯，次年三四月退兵，目的大多是掠夺，而勤王的义军几乎百万，若圣驾主持兴师北伐，必然能号令义军拥皇，战可必胜，一雪靖康之耻。

黄涣毕竟曾是赵构的侍从官，明白这个怯懦的皇帝虽然没骨气，但若在他摇摆不定时给他多吹吹风，定能让他坚定心志。

五月初五，新皇即位的第五天，宋高宗召李纲任尚书右仆射兼中书侍郎，拜为宰相。黄涣因其勇而壮其志，擢为兵部侍郎。高宗皇帝慷慨陈词，要独留中原，恢复宋室。

朝野上下暂时出现了主战的新气象，李纲一面组织抗金，一面改革内政。然而，皇帝总喜欢偏信小人，汪伯彦、黄潜善为首的投降派，并不想做真正的抵抗，他们只希望通过向女真贵族的降服来换取对东南半壁江山的统治权。八月中，李纲即相位才七十五天，便被罢相。朝政落入小人之手，李纲所规划的所有军民之政、抗金措施“一切废罢”。十一月，金将完颜宗翰破濮州，宋将杜充决黄河以阻金军。十二月，金军得东平、济南。高宗一路南逃。

建炎三年（1129）二月一日，完颜宗翰派兵奔袭扬州，前锋直抵天水军（今安徽天长）。三日，高宗正在扬州的行宫行欢作乐，乍闻战报，慌忙带领少数随从策马出城，仓皇渡江。

二月四日，瓜洲渡口寒风凛冽，寒雨湿衣，江涛拍着巨浪夹杂着水花溅上江岸。往常这种天气，江边人烟稀少。但此时的长江边，你推我搡，叫喊声、哭声，乱作一团。金兵侵入扬州，高宗出逃的消息，给这座江南名城抹上一片乌云。有钱人家已于昨晚连夜渡江，早上得知消息的人们纷纷涌至江边。无奈江水滔滔，渡口无一叶扁舟，唯有哭爹喊娘的声音伴随着江涛声回响。

兵部侍郎黄涣一身铠甲，手持长刀，双目炯炯，美髯飘然。宗泽大人一年内写了二十四篇《乞回銮疏》，高宗视若无睹，宗泽最终忧愤而亡，义军四散。黄涣当初以一腔热血上表劝高宗北伐，将仅存的一线希望寄予高宗身上，无奈，高宗终是贪生怕死之辈。也罢，既然皇帝也无法托付，黄涣愿追随宗泽大人的步伐，血战沙场而死。

“让百姓先撤！”蜂拥而至的军民挤往江边，仅有几只船都是达官贵人的。大家只是往江边挤，像一群待下锅的猪羊。不仅是百姓，还有数以万计的官兵。互不相让的结果，只能是不断有人掉进江里。

这时有士兵来报：“大人，完颜宗翰的骑兵已经冲进城了，大约有五六千骑。”

“卫队长，王都统王渊在哪儿？”

卫队长道：“大人，王都统已经过江了。”

黄涣气得捏紧拳头：“奸人误国。金贼区区六千骑兵，我扬州尚有三万兵马，何不能敌也？”

怪不得士兵们乱成一团了，连主帅都弃城而逃了，士兵也只能自顾自了。

黄涣的兵部侍郎，是个无兵权的虚职。自从主战派李纲被贬，宗泽也死，主战派的黄涣也只是个手里无兵的兵部侍郎。

黄涣站上一块大石处，高声喊：“将士们，人终有一死，与其掉入江中淹死，不如为国尽忠。有血性的男儿，随涣与金贼决一死战！”

黄涣的声音如洪钟般敲入人们的心底。一部分与百姓抢着渡江的士兵停了下来，反身跑到黄涣跟前，齐声说：“愿随大人与金贼决战！”

金人的马蹄纷至沓来，伴随着马嘶声，百姓的惨叫声此起彼伏。

黄涣挥起长刀，身先士卒，长刀所向，斩马杀贼。不多时，黄涣的脸上已经被敌人的鲜血染红。

金人的骑兵越来越多。随黄涣杀敌的士兵一个个倒下了，黄涣被围在骑兵中间。当黄涣举起长刀，奋力向着面前的一个金兵砍去时，完颜宗翰从黄涣背后挥刀，黄涣倒下了。

那个金兵欲再对黄涣补刀，完颜宗翰制止他：“我原以为宋人除了李纲、宗泽再无猛将，没想到扬州还有这般刚烈之人。幸好此人不掌兵权，否则我大金南下未必顺利。虽是敌人，其气节可嘉，留其全尸吧。”

倒在地上的黄涣怒目圆睁。匡复中原，壮志未酬，黄涣的理想如奔流的长江一去不复返。此时的长江仍是怒浪滔天，手无寸铁的扬州军民一片哀号，这些黄涣再也听不见了。

【参考文献】

[1]《嘉靖钦州志》,[明]林希元纂，明嘉靖刻本。

[2]《大明一统志》,[明]李贤等撰，四库全书本。

[3]《广西通志》,[明]林富修撰,[明]黄佐纂，明嘉靖十年刻本。

[4]《灵山县志》，广西人民出版社 2000 年出版，作者：灵山县志编纂委员会。

爱民知县梁梦鼎

◇张廉信

梁梦鼎家境条件一般，父亲梁谏公是嘉靖年间贡生，后任江西高安县主簿，州判明朝隆庆丁卯科中试第一名，与陆氏生梁梦鼎、梁梦日、梁梦雷三个儿子。梁谏公为人低调，俭朴清廉，颇有学者风范，所教三个儿子，资禀颖异，勤奋好学。特别是梦鼎、梦日深得父亲真谛，为进入公门照亮了道路。

时值明朝多事之秋，奸臣当道，明世宗信奉道教，信用方士，在宫中日夜祈祷。朝廷烟雾萦绕，民间自然仿而效之。梁谏公也相信风水之说，认为那是治国安邦之术，今后要光宗耀祖，风水是必修科目。因此，他让自己的几个儿子自小就看风水类的书籍，幻想他们长大后都能成为治国之才。几个儿子确也争气，大儿子梦鼎做了知县，二儿子梦日做了州判，这是后话。

梁梦鼎出生于明朝嘉靖十六年丁酉（1537），是家中老大，年少懂事，知道要照顾和体恤家人。他衣着朴素，吃食简便，从不追求奢侈豪华生活。他特别乐于助人，乡里之间，有什么需要，只要让他知道，他总是主动过去帮忙。他知书达礼、乐于助人深受乡里尊重。年少时他随父学习，天文、地理、命卜、书算、教育等都有涉及，程朱理学研究至深。由于出生在农村，目睹农民的疾苦，又深受书中历代贤明的影响，渐渐养成了清正自律、刚正不阿的品格。当然，最让人钦慕的是梁梦鼎写得一手好字，他的壁经雕刻，字体龙飞凤舞，苍劲有力，备受推崇，不管是在灵山，还是在江西高安，他已是名声在外，文人雅士都喜欢和他交朋友，一是仰慕他的德，二是学习他做文和写字的方法。据传，梁梦鼎做华亭教谕期间，刻了不少壁经，只是年代久远，现已无法考证。

虽然知书达礼，勤奋好学，立志高远，然而梁梦鼎的学业却并非一帆风顺，经过多次考试都没考上。空有一肚子学问，却得不到赏识，让他一度心灰意懒。直到隆庆元年即 1567 年，梁梦鼎 30 岁时，在父母及亲戚朋友的支持和鼓励下，他再次进入考场，终于成为隆庆丁卯科乡试中式第七十二名举人，皇授明乡进士文林郎，出任南京华亭县教谕。

南京华亭就在明朝朝廷心脏的边上，虽然只是一个县，却是达官贵人、王侯将相经常出没之地。当时的内阁首辅徐阶就是松江府华亭县人。出任华亭教谕的梁梦鼎，牢记父亲教他的“淡泊明志，宁静致远”格言，十分珍惜来之不易的荣誉和生活，他衣着朴素，又不失儒雅大方。他不攀附权贵，脚踏实地做事，从到达华亭学宫的那一天开始，他就全身心地投入教育工作。

梁梦鼎初来乍到，觉得树立形象和威信很重要，因此他努力做到表里如一，学行一致，凡事身体力行，以身作则。他为人师表，学识丰富，又平易近人，对学生的问题有问必答，所以很快就获得学宫学生们的尊敬和喜爱。因此，人们经常看见他和学生扎堆在一起，那是他正和学生交流学习心得，分享做人的道理。

“书中自有黄金屋，书中自有颜如玉”的思想影响，让不少学子为功名读书到真正喜欢读书。在教育学生时，梁梦鼎坦率地告诉学生，自己也是这样走过来的。这辈子他觉得自己最喜欢的事情就是读书了，学宫内有不少藏书，满足了他倦倦以求的读书欲望。工作之余，他便是一头扎进书堆里。学习和工作的充实，在带给他愉悦的同时也减轻了他思念家乡、思念妻儿之苦。因此，学生们经常看见他一个人，在自己的单身公寓里秉烛夜读，直到夜深人静。

转眼三年时间，稍有点权势的官员早把自己的家小接到自己身边，手里有几个闲钱就用来买办置业，寻求安逸生活。梁梦鼎腹有诗书身外却是清贫如洗，每次领到的银饷除了寄回家之外，只留一小部分自己使用。他和自己的学生吃住几乎没有两样，他知足常乐，从没有产生过置家立业的念头。当时，朝廷不少官员在华亭拥有大量产业，一些官员甚至贪得无厌，掠财抢地。人们对他甘守清贫的做法很是不解，然而梁梦鼎却对别人说，坐得稳，行得正，心底无私天地宽，廉洁自律心无病啊！他还跟学生们讲起了东汉宰相杨伯起，此人为官忠贞清廉，生活俭朴，为官10余年，没有给自己置办产业，不修豪华别墅，常以蔬菜为食，衣无锦绣，徒步往来不乘坐马车。梁梦鼎说，为官如杨伯起，是百姓之福。学生们说，你就是我们现在的杨伯起啊！

梁梦鼎生活俭朴，洁身自好，讴心教学，淡泊名利的事迹后来被传到时任内阁首辅徐阶的耳朵里。那时徐阶刚铲除严嵩党羽不久，朝廷人才缺乏，正是用人之际，十分需要品学兼优之良才。内阁首辅徐阶有意培养梁梦鼎，于是派人到华亭县进行摸底，被派去的人回来禀报说，梁教谕是江西高安县主簿梁谏公之子，好图书，淡名利，一人在学宫里居住，家中粟米无几颗，像学生们一样地活着，学生们都尊称他是当今的杨伯起。听了禀报，徐阶深为感动，其本人为官清廉，不招权，不纳贿，因此内心里对梁梦鼎早已是暗暗喜欢。后来和太常卿陆平泉谈及此事时，陆平泉也曾听闻此事，只是与梁梦鼎未曾谋面。因此他们决定去认识一下这个当今“杨伯起”。

六月的华亭，风和日丽，杨柳依依，两匹快马刹那间来到了华亭学宫。那是徐阶和陆平泉两公以私人身份暗访梁梦鼎。梁梦鼎知道二公威名却不认识二公真人，但是他还是以礼相待，十分好客，施以茶水，拉起家常。待二公离开，别人才告诉他，二公是当朝内阁首辅徐阶和太常卿陆平泉。梁梦鼎意想不到朝廷当今红人会光临华亭学宫，那是学宫的荣耀。第二天，他备了薄礼，亲自上门拜访二公。在华亭徐府，梁梦鼎尊称徐阶为师，徐阶也不表示拒绝。他们聊得很融洽，他们谈为官之道，谈百姓的沧桑，悲悯之情油然而生。徐阶问梁在华亭有什么难处。梁梦鼎说没有什么难处，学生们都很好，希望早日把他们培养成国家的栋梁，治国的良才。然后梁梦鼎聊到了父亲。梁梦鼎说父亲在江西高安做主簿，年事已高，希望离他近一些，能尽孝之道。

徐阶和陆平泉离开华亭县之后，为了表彰梁梦鼎为人和好德，差人制作了一块牌匾送到学宫赠给梁梦鼎，上面写着：世称杨伯起。

次年，徐阶遭政敌高拱弹劾，被迫正式退休，返家乡华亭县居住。梁梦鼎调回父亲身边的希望也成了渺茫。在华亭，徐府是县里最大的庭院，偶尔梁梦鼎也会去拜访这位权倾一时的朝廷老臣。只是徐阶在位时为官清廉，退后归里却不再正直，他横行无忌，子弟亲属横行乡里，大肆兼并土地，造成民怨沸腾，让人深感不齿。特别是嘉庆四年即 1570 年，应天巡抚海瑞巡视华亭县，抑制豪强，迫使徐阶退出多占田亩。徐阶怀恨在心行贿官员，迫使海瑞罢官调任。性格刚正不阿的梁梦鼎从此停止了和徐阶的联系。这些官场官员端坐豪华厅堂天天勾心斗角，却不去关心民间疾苦，难道国家就是这样治理的吗？梁梦鼎内心痛苦，却又无可奈何，谁叫你只是小小的一个华亭教谕呢？别人一根手指头压下来就能把自己压死。不能左右别人，却可以管好自己。他发誓一旦自己为官，一定要关心民疾，为民做好主。

1572 年，即万历元年，张居正辅政。由于教学政绩突出，支持改革，梁梦鼎升任江西大庚县知县。学生们舍不得老师，舍不得这种融洽的师生情谊，离别后，就在梁梦鼎往日的公寓旁立了一块石头，以示怀念。

迢迢大庾县地处大庾岭北，是中原地区最南的一个县。在中原人们的眼中，翻过大庾岭之巅便是异国他乡了。梁梦鼎一行风尘仆仆进入大庾县境，满眼所见却是乱山落日，百姓生活处境困难。一打听，原来大庾县正闹着水灾，百姓正遭遇着饥饿的压迫呢。

还没有到达县衙，已是百感交集，心乱如麻。记得在履职前就有人告诫他，叫他不要来大庾县，大庾县是个边鄙之地，正遭受着自然灾害，而在华亭学宫条件优越，没有工作上的压力，何苦呢？当时他还批评别人说，这世上为什么要有官呢？那是因为百姓有难，有问题需要解决，所以才有官的。看来，现在是渐行渐远，已是开弓没有回头箭了。

及至县衙，天已昏暗。主簿朱存已在衙内等候多时。长途车马劳顿，简单地吃了便饭，梁梦鼎就吩咐上床作息。

第二天天刚亮，梁梦鼎一个人就带了随从在县城郊外转悠。远远望去，田野青黄相接，空气中传来禾草霉变的气息。在一块水稻田边，他蹲了下去，伸手拉起一棵匍匐的枯得发白的禾草，禾草的根茎已经腐烂了。看来，前些日子大庾遭遇了不小的天灾。他站了起来，看到不远处有一个老婆婆，她手臂弯里挎着一只篮子，正在采摘野菜。他走了过去，和老婆婆打招呼，说，阿婆摘野菜啊？老婆婆回答说，是啊。然后直起腰来，望着梁梦鼎，一时陌生，颇为疑惑地问，你是哪里人，好像没见过你？梁梦鼎的随从介绍说，我们是县衙的人，这是我们新来的知县梁大人。听说是新来的知县，老婆婆马上跪到地上，要给梁梦鼎行礼。梁梦鼎赶紧把她扶起来，亲切地说，婆婆，这要不得，要不得。然后，他问老婆婆，你家现在天天都吃野菜吗？老婆婆说，今年我们这一带遭了灾，家家户户的粮食都不够吃，挖些野菜搭配着吃。说罢，老婆婆叹息道，也不知道天什么时候开眼，这种苦日子什么时候是个头！梁梦鼎望着老婆婆篮子里的野菜，又望望空旷的田野，一时不知说什么好。老婆婆说田里庄稼被水淹了，长不出来，野菜却长得绿油油，鲜嫩鲜嫩的。梁梦鼎说，老婆婆，你放心，你们挨饿了，我们官府一定不会坐视不管的。

返回县衙后，梁梦鼎找来主簿等人盘问近来全县受灾情况，并在受灾严重的村庄做了标记。他明察暗访，全县情况已了然于心。根据全县受灾情况，他积极组织百姓，进行生产自救。他广开水渠，避免下次大暴雨来临前再次受灾。他还组织百姓，把受灾的田地开垦出来，种植时鲜蔬菜。蔬菜可以采摘时，他又走家串户教百姓腌制咸菜保存，以备饥馑之需。

这个时候，他内心里十分感谢母亲，感谢家乡的父老乡亲，是他们让自己在农村时学到了那些蔬菜制作知识，现在被派上用场了。

梁梦鼎带来的蔬菜制作方法，让老百姓安然度过了这一年的饥荒。然而次年，阴雨连绵，春寒料峭，数月不见阳光，还有3月的梅雨时节，撒下的种子大部分都烂在田地里了。不少老百姓跑到县衙里，向梁梦鼎请教。梁梦鼎想起了自己小时候在灵山农村，母亲经常种些红薯、木薯、玉米、粟米以及瓜果类的杂粮，在家里存放着，当家里的粮食不够吃时，她就拿那些杂粮出来补充。于是，人们就经常看见梁知县走家串户，察看民情，或是在田埂边上，山头坡角转悠。梁梦鼎发现，其实大庾岭是一座富含资源的宝藏，野生植物品种众多，不少果蔬如果稍作处理都可用作充饥。因此，他发动百姓上山采集果蔬作物，积极生产，广种杂粮，应对饥荒。他还带领县衙精壮劳动力，搜集和培育农作物，送给老弱病残等困难农户。他甚至拿出自己少量的积蓄，派人到邻县购买种子，分给附近困难的农户栽种。他还带头开垦县衙的空地种植粮食，进行自给自足。在百姓最为困难的时候，他命令开仓放粮，接济家里揭不开锅的农户，同时在集市开设施粥厂，施舍涌进县城的饥民。

梁梦鼎从政的第三年，大庾县的灾情得到遏制，饥情得到极大改善，一些家庭甚至开始有了余粮。梁梦鼎的心情因此开朗了许多。早听大庾岭

威名，来大庾三年却没有一次认真地登上过大庾岭，忽一日他生出了一登大庾岭的欲望。

大庾岭在古人心目中是腹地和南部边陲的分野，是文明和蛮荒的界限。据说梅关附近每逢寒冬腊月，遍地盛开梅花，但由于岭南岭北气候差异显著，故有“梅岭多梅，南枝花落，北枝始花，一样春风，两般景色”的记载。登上大庾岭果然如是。大庾岭为五岭之首，呈东北－西南走向，严格的南北分野，多少的文人骚客宦官游人曾在这里回望、驻留和哀思？又有多少的文人将士从这里走出去，成为国家的栋梁？在大庾岭之巅，他想起了唐朝宋之问的《度大庾岭》：

度岭方辞国，停轺一望家。
魂随南翥鸟，泪尽北枝花。
山雨初含霁，江云欲变霞。
但令归有日，不敢恨长沙。

念罢，竟触动了乡思，梁梦鼎便想家了。

从大庾岭回来，连绵起伏的山峦还在脑海里浮现，悠悠情思在内心里还没有得到平息。翌日下午，锣鼓喧天，热闹非凡，衙门前聚了很多人。原来是为了表达对梁梦鼎关心民疾、爱民亲民县令的爱意，当地庶民给他送来一面“苍生父母”的锦旗。

为首的老者，颤抖着双手递上锦旗，激动地说，梁大人，你对大庾百姓情比海深，我们大庾百姓无以为报，赠上锦旗一面聊表薄意。

梁梦鼎双手接过锦旗，分外激动。关心民疾，让百姓都过上好生活，是他为官的初衷。这面锦旗是百姓的爱戴，是百姓对县衙工作的肯定，是大庾百姓给予的最高荣誉。面对殷切的目光，梁梦鼎大声地说，谢谢大家，谢谢大庾人民，只要我梁梦鼎在大庾一天，就绝不让大家挨饿。他号召大庾全体人民支持一条鞭法，开荒垦地，勤俭节约，广积粮食，只要团结一致，共同努力，敢于与天斗，与地斗，就没有过不去的难关。

三年自然灾害过后，梁梦鼎迅速发动百姓修复水利，恢复农业生产，尔后多年大庾县风调雨顺，人民丰衣足食。这个时候，梁梦鼎终于抽出空来，读自己想读的书，研究他的壁经，恢复他学者的身份和自由。

忽然一日，接到一封远方信函，打开一看原是昔日江西同窗张士纯，欣闻大庾县百姓安度灾年，祝梦鼎兄走出困境，特邀回广西一聚。回想起来，上次一聚，和张士纯阔别也六七年之久了。那年，张士纯隆庆元年进士，任巡海北兵备道金事，而自己则任华亭县教谕。当年血气方刚，意气风发，满怀抱负，要做清官做好官，共同登上六峰山、三海岩等名胜时的浅唱低吟历历在目。那首五言律诗写什么啦？梁梦鼎一拍脑袋，不记得了，整日忙于政事，加上体虚色衰，过去许多东西都快要忘记了。张士纯的来信，让梁梦鼎内心一时悲喜交集，喜的是还有一老同学记挂着自己，悲的是为官一方，静下心来却是孑然一身。怀念家乡，思念亲人之情油然而生。

还没动身，家书一封，却是妻子李氏的急信。父亲染疾家中，想见儿面。预支了两月的俸银，一路心急火燎，也不知道父亲病得是轻是重，还有家中孩子，不知可好？又是稠稠的一丝令人牵肠挂肚的乡愁。

路上马蹄疾驰，群山不断地被甩于身后。经历了数个日夜和坎坷，树木铺天盖地地涌入眼帘，空气里也多了些燥热和亲切，估计离家已是不远了。梁梦鼎的胸腔突然火热起来。故乡啊，故乡，你才是我思念的地方！一时，父亲的和蔼，母亲的慈祥，妻子的勤劳，孩子眼中的陌生，一一展现在自己的眼前。他的心中还闪出如此一个念头：家好，一切也就好了。他不知道自己怎么突然产生出如此情结，并且是在就要到达家门的时候，在自己内心深处不自觉地蹦了出来。

回到家里，并无大事，父亲年老，刚辞职回家。最苦的是妻子，照顾家小，忙里忙外。这次催促返家，原是母亲思儿心切，拿父亲做了挡箭牌，梁梦鼎一颗悬挂起来的心终于放了下来。一家人嘘寒问暖，妻子的客气，儿女的敬畏，才让梁梦鼎想起，匆忙中竟忘记了要给孩子们带回礼物。

妻子李氏似乎看透了他的心事，安慰说，人回来了就好，再迟些回来，孩子们也许连父亲大人都认不得了，大家快叫父亲大人啊！

于是，孩子们都叫“父亲大人”，参差不齐的嗓音有些生硬和无奈。

梁梦鼎环顾一下自己的这个家，和上次离开时并没有多少变化，只是父母明显憔悴了些，孩子们又长个子了，手脚从衣裤里露出了半截，脸形也消瘦不少。

梁梦鼎说，再过些时候回来，你们都变成大人了。

听说梁梦鼎回来了，那些曾经得到他帮助的，以及昔日的一些亲朋好友，都热情登门和他打招呼，或者询问他乡生产生活情况，或者和他一起讨论理学知识，那场景好像村里来了大亲戚一般。梁梦鼎那不甚宽敞的家，

霎时门庭若市，那些仰慕他的人，向他请教的人，来来往往。梁梦鼎也不分大小老幼，来者是客，一概敞开心扉，认真对待，一时忙得不可开交。

正在忙得不亦乐乎的时候，同学张士纯就来了。张士纯原是广东按察司佥事，因振访纲纪、防御寇盗有功，隆庆四年荣升广西布政使司右参议。彼此见面，自然少不了客气一番。梁梦鼎说，你现在是广西的父母官，应该是我先去拜访你的。张士纯说，你是广西的文人才子，贤达人士，来自大庾县的知县，不及时给你接风，已经是有失礼仪了。客气之后，自然是彼此了解近况，交换为官的心得，梁梦鼎说了三年来的大庾县灾害，民情的纯朴，张士纯则说了数年来海寇的猖獗，平寇的危险和艰辛。梁梦鼎叹息道，张大人平寇安民的伟绩早就在朝廷传得沸沸扬扬，大庾县区区灾害实不敢比。张士纯回应梁梦鼎说，梁大人你谦虚了，民生自古乃国之大事，关心民疾也是事关国家安危啊！

同学重逢一时多少话题啊，聊着聊着不觉午饭时间已到，这让梁梦鼎犯了难。因为家里饮食历来清简，张士纯虽然是昔日同窗，却已官至广西参政，乡里的疾苦他还习惯吗？张士纯也看出了梁梦鼎的困惑，正值院内有南瓜一棵，累累果实悬挂在架上，煞是好看。张士纯脱口而出：何物最待客，架上有南瓜。

是啊，南瓜是现在最时鲜的待客之物了。两老同学相视而笑，此事一时被传为佳话。

张士纯走后，梁梦鼎探亲假期将至，安顿好家小，拜访了村里老人，他要动身前往大庾了。

回到大庾县后，梁梦鼎把大庾当成自己的家，全身心投入了生产建设。在他的认真带领和治理下，大庾县有章可循，有法可依，经济发展，社会和谐。梁梦鼎为政清廉，关心民疾，亲民爱民深得大庾百姓的爱戴。大庾县的田陌山川，到处留下了他不倦的足迹。当时，流传一首七律诗可见他的政绩：

大庾知县举人身，德政讴歌四野闻。
济困开仓粮万斛，访贫问苦爱黎民。

不久，父亲梁谏公去世，由于家庭子女众多，梁梦鼎家里的生活进入了困境。不堪生活重负的妻子李氏多次来信催促，埋怨做官清廉为家国，不如家里红薯米一堆。

加上内阁首辅张居正人亡政息，朝廷所施之政，因损害一些官僚、大地主的利益，渐渐恢复以前弊端丛生的旧观。梁梦鼎感受到了从政的压力，为官的艰辛，思乡之念头犹切。因此，他提交了回乡辞呈，获准奏回乡。

都说无官一身轻。纠结的云朵在明朝的天空里飘忽不定，无法释怀。可是，在官屯村的一个小小院落里，经常是谈笑风生，人来人往。志趣相投者，或是慕名而来者，他们说理学，说贤明，轻松而自在。兴之所至，他们还会亲赴现场，遨游灵山山色，吟风咏月，探究地理，抒写情怀。1582 年，梁梦鼎和知县冯盛宗等人游穿镜岩名胜时灵感突来诗意大发，当即作了一首五言律诗，抒发其热爱家乡之情。诗云：

半月岩

我爱月岩胜，月岩胜若何。
半轮通窍久，千里共明多。
影到天南地，光涵海北螺。
骑鲸直上者，更得一枝摩。

1585 年梁梦鼎染疾不幸病逝，享年 48 岁。朝廷为褒扬乡贤激励后人，旌表奏准奉旨“崇祀乡贤”，在官屯村建“嫩祠堂”纪念，在灵山县城建“乡贤祠”纪念。

石维海还乡

◇魁第公

一个寒风刺骨的冬日早晨，天刚麻麻亮，一座方方正正的庭院后门“吱”的一声裂开了一条门缝，一只干枯的脑袋伸出来探了探，确信门外只有一驾马车后，低头拎起一只麻袋子，搭在肩上便轻轻地闪了出去。

这个人看起来有点清瘦，不高的个头略显单薄，从他转身带上门闩的动作上看，他是一个身心极度疲惫的人。

他碎步催前，贴近了赶马车的人，说，老哥，我们可以走了。

赶马车的是一位老汉，眉宇间露出一股和气，问，你怎么从县衙的后门出来，走正门不好吗？

我……正在抬头看着天空的瘦个子一时语塞，竟忘了作答，把肩上的麻袋解下放在马车里，用手平整了一下，抚摩着麻袋子，叹息了一声，然后对老汉说，走吧，要赶很长的路呢！

这架马车是这个瘦个子昨晚连夜订的，订车的时候，老汉不在，是他儿子在，当听说瘦个子是租车去广东灵山的时候，想想那几百里的路，不但给的钱少，山高路远不说，恐怕半路还遇上强盗也不一定，死活也不肯接活，是老汉回来，打量了一番瘦个子，连订金也不收就爽快答应了。

马车不紧不慢地沿着官道走，嘚嘚的马蹄声声声清脆，给渐渐发亮的天空添了些许爽朗的气色，几只早起的鸟儿在周边低飞，像缠绕着马车轻轻地唱着，更像一大早就来陪伴马车远行似的。

多快活的鸟儿！瘦个子突然问，老哥，你想过自己变成一只雀儿的样子吗？

变成雀儿？老汉一愣，说，没想过，不过，好像之前想过，现在不想了。

为什么？瘦个子问，为什么之前想过现在又不想啦？

这两年我们隆安人的生活稳定了，谁还想变成雀儿啊！老汉笑，乐呵呵的，你想啊，前两年我们隆安的土地大多被土司们霸占去了，平民百姓有几个能有活路？要不是石维海石知县智慧过人胆色超群让那群龟蛋软服，把霸占的田地归还众乡亲，哪来今日的安稳？这不，你看，连雀儿都比以前欢乐多了！

是吗？不见得吧！按我说是众乡亲自争取得来的，凭他一个人怎么可以和那些明目张胆的土司们斗！瘦个子小声地答话。

……

瘦个子正是大明朝的隆安知县石维海，昨天，是嘉靖二十二年的冬至日，中午，天气还没骤变的时候，他还在县衙的大堂里穿着官服恭恭敬敬地把印章交付于前来接任的新知县黄濂。在南方，有“冬至大过年”的说法，隆安县境内也不例外，新任知县的家里更是不例外，安顿好大车小车的物件及一大群家眷后，黄濂派手下到离县衙不远的东升酒家安排了几桌酒席。

石老爷，这是新任知县黄濂的帖子，今天是冬至，他知道您的家眷不在，特意请您到东升酒家叙叙家常。说话的人是县衙里的师爷，一个四肢笨拙头脑却异常灵活的人。这是他当石维海的师爷三年以来第一次站在石知县的卧室门口。

我说过多少次了，不能叫我老爷，之前不能，现在我不是知县了更不能。

此刻是傍晚，天空还没有一丝儿风，整个世界没有谁会知道他接过师爷递过来的帖子后会突然刮起狂风，整个小县城飞沙走石，黑天暗地，幸好，没下雨，人们还能割肉打酒拜祭祖宗，这令石维海心里还有一丝安慰。冬至的日头真怪，明明石维海接过帖子的时候还在西厢房侧角的那棵苦楝树上晃，一眨眼就不知道掉进哪个窟窿里去了。这期间我们的石维海石知县只做过一件事，那就是在屋子里唯一的一只木箱里翻来翻去，希望能找

出一套像样的衣服出来，好穿上它赴新知县的家宴。可是，翻遍了箱子，翻乱了床铺，也没能找出一件像样的出来。不是没有，有三套，一套旧得几乎发白了，两只袖口还抽出许多参差不齐的丝线来；一套肩膀上补了一小块，补了一小块不要紧，要紧的是，那一小块补丁的颜色和整套衣服的颜色太不搭配了，衣服是浅蓝，而那块补丁，是猩红，像是一张烂菜叶凭空添上一朵花似的，他记得，那是上个月去那东村了解旱情的时候被一棵勒竹条钩破的，当时天色已暗，是村里的一个老婆婆就着他的肩膀给补上去的，回来后本来想拆下重补，一忙碌，竟也忘了；再一套，那就更不值得一说了，补了好几处。哦！忘了，应该还有一套，半新不旧的，合身，也合体，在哪呢？石维海在屋里转了转，一拍脑袋，今早不是洗了晾在天井的竹竿上了吗？走出门口，踢到一件硬物上，低头一看，一只木桶在走廊上显摆，桶里泡着衣服。

石维海平时极少穿便服的，除了官服还是官服。说实在的，石维海的俸禄不少，别说买一些像样的衣服不在话下，就是将钱拿回家置田置地，恐怕也不见得有什么难处。然而，石维海却是一个心软的人，即便是在他的治下，见谁都如同父子，如同亲友，如同邻居，容不得别人的半点苦难在他面前出现，因而，他的许多俸禄都给了急于需要的穷人了。每每遇到贫苦人，在救济的同时，他心里都自责：何时才能令我的人民安居富足不再要我的施舍啊？

我身体有点不舒服，你替我道个歉！我明天就告老还乡了，还得收拾收拾。石维海尴尬的表情在脸上挂着，返回屋里，掏出几文钱，对师爷说，我现在不是公家人了，今晚还得住一晚公家的房子，你把这钱记在公家的账上。

为人民着想是石维海的为官之道。想当年，匪徒王李国暴乱，灵城破，攻至灵山县城内西门石屋大街，烧杀抢掠，所幸，石维海虽年幼，却机智过人，躲在一条满是血水的暗沟里才得以保命，之后，他发奋读书，终于于嘉靖九年考取了贡生，赴桂林府任知事，再受恩于嘉靖十九年赴任隆安知县。那时候，谁都知道这是一个苦差，因为朝廷于明嘉靖十二年四月才将宣化县思龙乡及武缘县部分属地划出，设置隆安县，不仅人员结构复杂，传统地域界限难分，各种纷争派斗突出，一时间，致使农不能耕牧，商不能开铺，民不聊生怨声载道。其实，应该说，从嘉靖十二年至十九年石维海接任之前的三位知县都很努力了，只是，石维海听说，他们都是以暴政施压的居多，越压越反，越反越压，甚而差一点形成“官逼民反民不得不反”的大规模暴乱。

据于此，石维海上任后，改变了策略，不但组织人力财力对现状排查摸底，逐个击破那些土司，甚而冒着性命之忧孤身前去和凶狠的土司们交涉、谈判，再加上得到了大多数民众的响应，令土司们不得不妥协，最终交出了强行霸占的土地。

肃清了因土司们强霸土地而引发的暴乱之后，石维海又兴商业，整吏治，减赋税，民生渐渐恢复了。

回想已没有落下一件公家事的石维海正想舒一口气的时候，马车突然被“咿”的一声叫停了，正纳闷儿，抬眼一看，赶马人也已跳下了车，正掀开车上的布帘子，轻声说，石知县，快出隆安界了，您要不要下车走走？

你认识我？石维海一脸愕然，回说，我已经不是知县了，现在也和你一样一介布衣，行，走走就走走，恐怕今后是没有时间重返这里感受这里的山山水水了！

在隆安城有谁不认识石知县您？老汉说，就连小孩子都认识您呢！两人边说边走，只是，老汉显得心不在焉的样子，不时地踮脚往前看，还向道路两边东张西望的，原来，老汉虽然是在城里赶马车的人，却常常和农村人往来，在许多次和村里人聊天的时候，许多人都表达了挽留石维海继续留在隆安为官的意思，如果石知县非要离开不可，那众乡亲一定前来送送，以表达敬畏之情。却不想，石知县离任得一声不响，且是如此之快，在石维海到他那里订马车的时候，他不动声色，待石维海离开之后，他连夜快马联络几条村子的人。可是，此时却有一些人并不完全相信石维海是一个清官，即使赶车的老汉将石维海穿一件很陈旧的破衣服跟他订马车的情形描述得很动人，但还是定了规矩，如果石知县离开之时不带一兵一卒，不赶着大车小车，前呼后拥，他们一定在龙虎山下沿路采石搭灶宰猪宰羊欢送，反之，去就去吧。

可是，一路走来，约定好的人在哪呢？眼见就到龙虎山一带了，老汉连一个人影也没看到，心终究是忐忑不安了，有一搭没一搭地和石知县搭话。一路走来，老汉已经明了，他们的石知县果真是一个好官清官啊！

突然，后面传来哒哒哒的马蹄声，马没到，一阵号角声已先传来，随即，道路两旁，山岗上，竹丛间，黑压压的人群纷然而至，都高呼：隆安百姓恭送石知县！欢呼声响彻云霄。

文武双全莫如勤

◇叶丽梅

无忧童年　好动机敏

明朝时期，灵山县隶属广东省，县城的旧址在六峰山东面一带。六峰山位于灵山县西北部，其山纯石，平地耸出六峰，故名曰“六峰山”。六峰山山峰陡峭，悬崖峭壁，如鬼斧神工。其中有一座山峰形状如龟，叫作龟峰，龟，灵物也，“灵山”正因为这个山峰而得名。

鸣珂江潺潺而流，见证了灵山的历史沧桑。

灵山山灵水秀，有山可依靠，有水可饮用洗涤，瓜果飘香，物产丰富，的确是个宜居之地。

大约明朝弘治年间，莫如勤就出生在美丽的六峰山脚，他刚出生，父亲就给他取了个名字：莫如勤，取“救烦无若静，补拙莫如勤”之意。父亲生于成化年间，虽没考取功名，但也算是饱读诗书之人。祖上留下数亩薄田，家境虽不富裕，但尚能勉强维持着一个“小康”之家。莫父对唯一的儿子宠爱有加，亲自教他诵读四书五经，弥补自己没考取功名的遗憾，他把一切希望都寄托在莫如勤身上。

当然，童心未泯的莫如勤有时候也跟着小伙伴们上山掏鸟窝下河摸鱼虾，是灵山的山山水水不经意间磨砺了莫如勤的意志。

有一年深秋旱季，鸣珂江水旱，淤泥便露了出来，深浅莫测。一群小伙伴到河里捞鱼，其中有一个叫莫用的小孩子，不小心误入泥潭，越挣扎身子陷下得越深，吓得哇哇大哭。眼看淤泥就要没过莫用的胸膛，其他小伙伴吓坏了，有的跑去找大人，有的直接步入淤泥中去企图施救。莫如勤闻讯首先大声劝告莫用停止挣扎，并立马制止进去救人的小伙伴。他迅速在岸边找来一条平时划船用的坚固的长竹竿，递给莫用，叫他赶紧抓稳，无论怎样也不松手，最后莫如勤和另外的小伙伴一起，抓住竹竿使劲往岸上拉，大家齐心协力，终于救出了被吓得面如土色的莫用。

父亲知道了这件事，询问他当时的想法，莫如勤回答说："父亲大人给我讲过《司马光砸缸》的故事，你说过，遇到事情不要惊慌，要沉着想办法。当时我想，如果走进淤泥去救人，弄不好自己也一起陷下去，而找得大人来呢，也许莫用已经陷下去了，所以就想到用竹竿递过去救人的办法。"

父亲非常欣慰，并不失时机地教导他，一个人不仅需要勇敢，还必须具备一定的谋略，有勇无谋乃莽夫也。而无论是勇和谋，除了来自生活中的历练，还要多读书。正所谓"业精于勤，荒于嬉；行成于思，毁于随"。

文武兼修　立志报国

莫如勤得到父亲的教诲，深谙读书的重要。于是，他从十多岁开始，就经常独自登上六峰山，到山上人迹罕至的地方，埋头苦读。

六峰山上高大的乔木遮天蔽日，低矮的灌木朝天生长。纵横交错的树根像人体的血脉清晰可见。苍山挺拔，生命蓬勃，绿意不绝，吸引了不少文人墨客前来览胜。山上清静优雅的环境，的确是莘莘学子刻苦攻读的理想场所。

有时读书累了，莫如勤就欣赏古人刻在岩石上的诗句。当他读到"提兵西驻访云岩，淑气浮光香霭间。石乳滴泉和雾紫，山花飘锦裹苔斑，昔时提壁人何在？此日诗成客醉还。惟有赤忠思报国，喜将英气写灵山"情不自禁地被这首诗的作者欧信"报国"情怀所感染，暗暗树立精忠报国的理想。

有一次，在三海岩（六峰山脚西南面的一个天然大石洞）前面的空地

上，莫如勤被眼前一幕吸引住了：

一群威武的士兵分组操练武艺，一个个声如洪钟，精神抖擞，信心十足。有的士兵练习双人对战，你来我挡，你攻我守。有的操刀，有的舞棍，刀光剑影，棍棒飞舞。

原来他们正是“海北道”的士兵。由于明代强盗经常来犯灵山，百姓无法安心生产，广东（当时灵山隶属广东省）当局于正德二年（1507）请准朝廷同意后，将防线推进灵山，广东按察使司分巡海北兵备道署也从廉州府移镇灵山县城，简称分巡海北道或海北道。

传说海北道士兵英勇善战，为了保卫灵山，多次出兵与侵犯灵山的敌人战斗。此时，他们刻苦操练的情景感动了莫如勤，他心里暗暗萌生了练武的冲动。为了避免打扰他们，他就默默地站在旁边专心地观看他们操练，并悄悄记住了一些招式。

但真正让莫如勤在武艺上有所建树的，还要提起一个人。

正德五年（1510），灵城绅士陈柏山独资修建六峰山北帝庙。有庙必然会有修行之人前来发扬光大，他就是后来与莫如勤有缘结交的远山大师。

一日，莫如勤面对书本，凝神苦读已大半天，他感觉到头昏沉沉的，浑身无力、酸软。他便折下一根树枝，时打时划，时跃时蹲。

他刻苦投入的样子被上山砍柴的远山大师看到了，他慈祥地颔首赞许，惊叹一声“好样的！”

莫如勤受了惊扰停下了练“刀”，对着远山大师一抱拳：“大师见笑了。”

远山大师招手让莫如勤站在自己身边，和颜悦色地问他：“后生哥，我看你来六峰山是读书的，因何习起武来啦？”

莫如勤把看到海北道士兵练习武艺的事情讲了一遍，仰慕之情溢于言表。

那时远山大师年过六旬，在武艺方面有一定的造诣，尤其精通刀法。他双手举起砍柴刀，虎虎生风地舞动起来，但见人刀转动，似在空中腾飞。

莫如勤情不自禁地高呼：“好刀法！”真是踏破铁鞋无觅处。

待远山大师舞动完毕，莫如勤跪地便拜：“师父在上，请收我为徒。”

远山大师说：“我已多年不收徒弟。但你既然有诚意，我就教你几招吧。”

远山师父于是把自己掌握的刀法要领一一点拨给他。自此，他既习文又练武，一面强身健体，一面学习本事。

他冬练三九，夏练三伏，习文习武两不误。

岁月的车轮不停碾过。

他和别人一样，成亲，生儿育女，刻苦攻读，终于功夫不负有心人，他先是考取了秀才，从秀才到贡生，最后成为一名监生。

监生就是在读学生，相当于现今国家最高档次的大学学生。

因为莫如勤文武兼修，在灵山小有名气，树立了一定的威信，奠定了他为灵山立功，报效祖国的基础。

贼常来犯　社会动荡

明朝正德年间，皇室、宦官和勋戚凭借特权大肆掠夺农民的土地，建立庄田，农民失去赖以生存的资本，沦为佃农，也有的农民因天灾人祸无米下锅，而官府不但没有体恤赈灾，反而趁火打劫，照旧苛政虐民，几乎断绝百姓生路。农民由于连年饥馑，生活陷入绝境，于是背井离乡，流离失所，到处乞讨，沦为流民。流民队伍日益扩大，最后走上反抗之路，那时候，农民起义此起彼伏，起义军的主力就是这些贫困交加的流民。

起义的队伍声势浩大，遍及全国多个地区。不幸的是，虽然起义军的初衷是改变受压迫的命运，救老百姓于水深火热之中，但由于缺少了正义的指挥，多数起义军最终沦为强盗，他们并没有放过和他们一样生活在社会底层的老百姓，所到之处，杀人放火，邀路劫财，打家劫舍，残害百姓，掠污妇女，除去官府，百姓又添了一重压迫，怨声载道，民不聊生。这些行为，与盗贼有什么两样呢！

那时，广东省的毗邻广西省农民武装起义此起彼伏，势如洪水，无孔不入，多次来犯广东的钦州灵山等地。

话说海北道官兵于1507年进驻灵山以后，灵山曾有数年风调雨顺、国泰民安的日子。广西省农民武装起义自那时开始，出击粤西只得避实就虚绕道而行，灵山县呈现别处难得的烽烟息、民乐业的景象。

然而，留守在灵山的海北道士兵逐年老去，慢慢只剩下一些老弱残兵，并且渐渐有了居安不思危的思想。

另外，强盗之所以如此骄横跋扈，目中无人，还与当时的国内形势有关。明朝正德、嘉靖年间，国家内忧外患，南面时常被日本倭寇劫掠侵扰，北面长期与鞑靼对抗，内部农民起义此起彼伏，军费负担沉重，军事完全陷入被动的不能自拔的狼狈境地。

就这样，战事频繁，以及拖欠军饷等原因，战斗减员和非战斗减员严重，还要分兵接管各处营堡的防务，战斗力大为削弱，地方一旦有事，大家自顾不暇，甚至有临阵不前的现象。

可想而知，小小的灵山县城，怎么会有兵来将挡，水来土掩，用兵自如的能力呢。

嘉靖年间，灵山县隶属钦州州府。钦州州府和灵山县城，都没有逃过起义军的掠夺。起义军攻打灵山县城，抢劫灵山人民的事件，就发生了多起。

当时侵犯灵山的起义军主要有广西八寨农民起义军以及广西桂南农民起义军等。

莫如勤对盗贼来犯之事耳闻目睹，深深体会到强盗的凶残给百姓所带来的苦难。

先是嘉靖五年（1526）钦州知府库房被劫的事件，据说广西桂南农民起义军人多势众，来势凶猛，出手残忍，所以，很多人谈“盗”色变，畏敌心理是当时抗盗的最大障碍。

接着是嘉靖七年（1528）十月二十三日，广西八寨农民起义军轻而易举就攻破年久失修的灵山城墙，进得城来，强入民宅，抢财掳物，杀戮手无寸铁的平民百姓，哭喊声，脚步声，打砸声，一片混乱，尸横遍地，血流成河，场景惨不忍睹。

当时，莫如勤奋起反抗杀敌数人，但强盗群起而攻之，终因寡不敌众，带伤逃出重围得以保存性命。他的老父亲因为阻止强盗强抢自家的粮食而被推翻摔倒在地，受伤严重，一命呜呼。莫如勤悲痛欲绝。

最终强盗抬着抢来的粮食，赶着抢来的牲畜，押着毫无反抗能力的民众，浩浩荡荡地离开了灵山，扬长而去，无法拦阻。这就是《钦州志》记载“竟不得贼”之很不光彩的经过。

诸如此类强盗来犯的事情，或大或小时有发生，造成社会动荡不安，百姓无法安心生产，生活在水深火热之中，许多人痛心疾首。

莫如勤更是捶胸顿足，责备自己无能为力，他义愤填膺，咬牙切齿：灵山是我们的家园，岂容强盗如此践踏！同时他又感到孤单无助，自己最信赖的师父远山早已云游四海，杳无音信。

于是，他发动乡邻，组织“民快”，扩大力量，以便共同抵御敌人的侵犯。

“民快”在灵山具有一定的历史渊源。天顺五年（1461），灵山的知县林锦，组织城乡壮丁，抵御越省界进入灵山活动的广西农民起义武装，以及镇压县内农民暴动，创建民众武装“民快”。有事召集为兵，无事解散为民，故称“民快”（又称民壮、壮士）。这个制度一直沿用下来。

英勇追贼　力挽狂澜

继灵山县库被劫仅五年，灵山再次遭遇劫难。

嘉靖十二年（1533）除夕之夜，天空给大地撒下了漆黑的帷幕。风冷如割，夜深人静，万籁俱寂，守岁的人累得早已睡去，整座县城已经进入沉沉的梦乡之中，偶尔有几声梦呓或婴儿的啼哭，几声断断续续的狗吠声在漆黑的夜色中回响。

当天晚上，第六百户所百户邵经正领着民快组成的巡逻队在城内巡逻，突然发现一伙人由城门口猛冲进来。原来，早已有少数人悄悄翻墙而入，打昏守门士兵，打开城门，迎接同伙。贼人突袭，大家深感意外，但邵经马上意识到发生了什么，他赶紧带领十多个巡夜的民快上前迎敌。他提刀朝贼人冲过去，举刀便砍。一时间喊杀声震天，打破了原有的宁静。贼人哪肯吃亏，看到同伙被袭，其他人便一窝蜂朝邵经围攻过来，邵经寡不敌众，力战而死。

其他民快也奋不顾身地与敌人展开搏斗，他们一边打斗一边喊叫：“贼来了，贼杀人了，捉贼啊！”

由于盗贼是有备而来，又是一些亡命之徒，来势凶猛，况且事发深夜，是一个人最没有警惕性和抵抗能力之时，民快只有招架之功而无还手之力。加上怯战心理，强盗很快占了上风，手起刀落，又有几个民快不幸殉职，伤者亦有数人。

强盗举着照明火把，直往县衙冲去，一些官兵刚刚举起武器去阻拦，就被强盗三两个回合打败。其余官兵早被吓瘫，完全失去了抵抗能力。

盗贼持刀举棍，势如破竹，攻入县衙，直奔库房，撬开门锁。事实上，县衙重地，物重人贵，肯定是有重兵把守的，但由于官兵疏于防范，畏敌心理严重，见势不妙，还没抵抗就弃库逃跑，无一人敢靠近。

这样一来，强盗更如入无人之境，席卷金银财宝、搬运粮食，洗劫一空，一路冲杀，由长春门出城，往西北方向逃遁。

强盗为何屡屡对县衙库房下手呢？

原因很明显，县衙库房乃是一个县的命脉，是囤积本县金银财宝的地方，相当于现代银行的金库。

且说莫如勤那几天风寒感冒，这天晚上，喝了一服中药汤就昏昏沉沉地睡下了。睡梦中，一群人把他团团围住，自己举刀拼命抵抗，身负重伤，紧接着，老父亲被人推倒在地惨叫而死……

莫如勤在梦中惊醒过来，出了一身汗。屋外喊叫声、打斗声一阵紧似一阵，他挣扎着爬起来，立马趔趔趄趄前去拿刀，准备冲出门去。

夫人黄氏连忙把他扶住："相公莫急，你病体尚未痊愈，力气不比平时，还是让他们出去打探一下情况再说。"

此时莫如勤感到头重脚轻，举步维艰。

接着，出去打探的人莫三回来禀报说，刚才来了一帮强盗，现在正往长春门外逃。

莫如勤再度提刀欲追。

莫三连忙劝道："老爷，使不得啊，强盗已经杀了好几个人了，你身体虚弱，自己一人前去只有送死。"

夫人黄氏也赶紧拉住他说："老爷，还是先到县衙去看看情况再说吧。"

莫如勤急中生智，他命莫三爬上房顶高处略略掌握了强盗的人数，便派儿子莫汝贤悄无声息地跟在强盗的背后，沿途留下记号。

紧接着，莫如勤顾不上身子虚弱，由莫三搀扶着动身前往县衙，只见强盗抢掠过的地方一片狼藉，他悲愤填膺，完全忘记了生病的昏沉和疲惫，加上刚才梦醒惊出一声冷汗，寒风阵阵吹过，头脑完全清醒了，平日里全身积攒的力量倏忽间又回来了。

事发之后，知县彭铺在睡梦中惊醒，他接到禀报，震惊万分，所幸强盗目的只是财物而非政权。他面对横躺竖卧的死伤民快与被洗劫一空的县库，手足无措，不知如何收拾残局，头脑中闪出县库被洗劫带来的恶果：官降三级或者流放他处！

当时有关百户、民快、佥事等要员正在县衙向彭铺汇报事情经过，商量接下来怎么办。

有人建议派大部队去追，有人猜测强盗大约有一百多人，有人说听口音怀疑强盗是广西省永淳县一带人氏……

但事实上大家什么结论也没得出来，更无一人敢带兵前去追赶。

大家恨不得有个敢作敢当的人追上贼人夺回被抢财物，弥补自己的罪过，减轻朝廷的惩罚。

正当大家面对满地狼藉，一筹莫展，面面相觑的时候，看到莫如勤来了，就像抓到了一根救命稻草。

于是知县彭铺急切地说："素闻莫监生能文能武，不知道你有何高见？"

莫如勤说："时不我待，长话短说，现在，我已命犬子汝贤前去跟踪贼人，沿途标有记号，我们大部队只要追上贼人，趁其得胜放松警惕，打他个措手不及，才能夺回所失财物，为死伤的兄弟报仇。"

知县彭铺见莫如勤自告奋勇，真是"千军易得，一将难求"，便命莫如勤带上民快三四十人、加上旗兵数十人前去追赶贼人。

"旗兵"是以千户所建制的基础单位为小旗、总旗而得名，由灵山守御千户所统领，相当于国家驻扎在灵山的正规军。而灵山守御千户所则是直属都司的军事地理单位。

莫如勤集合旗军与民快（包括平时与自己舞刀弄棍的民快），义正词严，话语简短："兵贵勇，不贵多，你们是灵山的精兵强将，彭大人既然把你等交于我统领，我在此立下军规，与强盗交战，临阵逃跑者，斩首！捕贼有功者，奖赏！能不能夺回库中之物，保护我们灵山，全看大家了！出发！"

旋即以雷霆万钧之势火速前进。

话说那伙强盗抢得财物，正踏着山路一路狂奔，路窄人多，贼群如一条长龙，翻山越岭。约逃出三四十里左右，强盗只道进入安全地带，个个乐得哈哈狂笑。

当中有人说："灵山人真是胆小如鼠，我们百来个人，就把他们吓得尿都撒了。"有的说："几刻钟便得到如此多的财物，我要回去置田买地娶妻纳妾，过神仙一样的日子。"还有的说："高兴归高兴，别走漏了风声。"中间有个人高声喝道："你几只杂种，这样大声议论，不怕别人听到吗？"……

俗话讲："虎父无犬子！"莫汝贤时年二十五六岁，他长得虽不如父亲那样高大健壮，但倒也足智多谋。在得父亲之命后，他便紧随火龙，远远跟着那帮狂徒一路跌跌撞撞地奔跑，呼呼的寒风割着双耳，但汝贤忘记了寒冷，置生死于度外。

他谨记父亲的叮嘱，一边紧追，一边没有忘记在分岔路口处留下与父亲约定的暗号。

也不知道奔跑了多久，天色微明，贼群的脚步已慢了下来，高谈阔论的声音也低了不少。莫汝贤也力气耗尽，脚步沉重，两腿像灌了铅似的不听使唤，已落下三四百米远，眼看敌人就要从他的视线里消失。

“兵贵神速”，在这千钧一发的时刻，父亲莫如勤带着军队，寒冷中循着汝贤留下的标记，马不停蹄地追上了疲惫不堪、筋疲力尽的莫汝贤，他喘息着往前一指：“前方便是贼群。”说毕，累得一头栽倒在地上。

借着微明的火光，只见贼人有的扛枪，有的提刀，有的拿棍，还有的挑着粮食，好像抢来的东西就是从他们家里拿出来的一样，大摇大摆，旁若无人，一路向西前行。

莫如勤不由怒火中烧，但他强压心头怒火，示意队伍停下。他先站在高处，借着微明的晨光观察地形，发现前面有一个山坳适宜包抄，便指挥军队兵分两路，由两旁秘密摸到敌人的前方埋伏下来。

等敌群靠近，莫如勤手持大刀，从隐蔽处一跃而出，大喝一声：“贼佬哪里跑？”边说边一马当先，向敌群冲杀过去，强盗拿着抢来的东西，正美滋滋地盘算着如何分赃，不曾料到追兵从天而降，眼看到口的肥肉就要失去，他们穷凶极恶举刀持棍，向官兵杀来。

莫如勤冲锋在前，机警地躲开敌人的武器，继而举起长刀，斩倒一人，一下子士气大振，彻底克服了士兵的畏敌心理，大家也纷纷冲出来，奋勇杀敌。

顿时喊杀声，兵器交碰声，如天降暴雨，势不可当。由于出发前定下了规矩，“重赏之下必有勇夫”，于是士兵越战越勇，以一当十，力气比平时多出了几倍。

强盗呢，已奔波了一天一夜，不到一刻钟，便力气不支，见势不妙，趁天色未明，识时务的马上把金钱财宝往地上扔，弃财保命，趁官兵低头捡拾东西的机会落荒而逃。

“穷寇勿追”。灵山军队对此地一带较为陌生，不敢贸然追赶，又见不少财物得以追回，就把五个来不及逃跑的贼人押解回海北道。这点，在明代《钦州志》里有简单记载“获贼杜得胜五人，送海北道”。

巧扮“货郎” 智捣贼窝

经审讯，杜得胜等“鞫出贼首严景朝等十余人”。这伙强盗原本只是一帮市井流民，乌合之众。到底何方神圣有着如此强硬的拉帮结伙的号召力？

原来贼头严景朝是广西八寨农民起义军中的一个小头目，嘉靖七年曾参与抢劫灵山县库。此人有一个特点——嗜酒如命，并且生性执拗，不服管制，因此与起义军首领不和，嘉靖七年抢县库得手之后没有跟着八寨起义军离开，而是拉了一帮人，在广西永淳县另立山头，安家落户，构筑山寨，拦路抢劫，为非作歹，民愤极大。

由于对灵山县城的抢劫轻车熟路，趁除夕夜大家疏于防范之机，对县库进行抢劫。

县衙立即建议派兵前去攻打严景朝的山寨。所谓山寨，肯定非一般平民居所。据杜得胜等描述，山寨位于永淳县下南乡某处，环境险恶，三面环水，路设关卡，山筑土墙，易守难攻。就连永淳县县衙也拿他们没有办法。

于是县衙里有的人提议“拿铜碗口铳去打”，有的说“拿弓箭去射”，还有的说“在山寨的下方点火熏”，更有的说“放火烧山，斩尽杀绝”。总的来说，所有的意见均是硬打硬冲。

说归说，最后大家还是把目光投向了莫如勤。

莫如勤沉思良久，若如上述方法，果真带兵前去攻打，也许能灭掉贼群，但是结果肯定两败俱伤。再说，不管是正规军还是民快，当时都非常缺少，以后用得着的地方还很多，怎么能为了一帮贼人而兴师动众，孤注一掷呢？赶尽杀绝更不可取，贼群里面，肯定也有一些随亲而居住在山寨的童叟，伤害无辜万万不可。

最后他说：“我倒是有个办法，不损一兵一卒，就可以捉住严景朝等。他抢我家园，我捣他贼窝！我们‘以其人之道还治其人之身’！”

次日早上，县衙派人在灵山街上敲锣打鼓，对外宣称，被劫之物已经基本追回，强盗已经全部归案。并在军门当众斩杀了五名强盗。一时间，灵山人民欢欣鼓舞，百姓无不拍手称快。

消息一传十，十传百。广东灵山县到广西永淳县一带，传遍了莫如勤带兵追赶匪帮的英雄故事。

自然，逃回深山老林的严景朝他们，很长时间不敢贸然下山抢劫。

且说严景朝的团伙隐进深山老巢已有数天，粮食的储量暂时不成问题，但是酒坛呢，却一天天地干涸了。对于一个一日三餐都把酒当饭吃，没有酒喝就浑身无力的酒徒来说，没有什么比得上断其酒更能要其命的了。

一天，严景朝酒瘾难耐，便命手下一个外号叫作“苦李子”的人到山下去寻酒喝。苦李子生得贼眉鼠眼，身材魁梧，亦是个酒徒，一日三餐，无酒不欢。他得到命令之后便速速下山，寻思着到哪一户倒霉的人家里去抢酒给头儿喝，自己也能饱喝一顿。但是他又担心被人发现小命难保，只好在山寨一带方圆二十里转悠，踌躇半天，竟一无所获。

正十分沮丧，突然一个货郎正挑着两箩筐货物从一个村庄里走出，一边摇着拨浪鼓，一边扯开喉咙喊着：“卖盐油酱醋茶叶喔……”一阵又一阵，响彻村头巷尾。

“货郎”大约四五十岁，头戴布帽，身穿灰衫，生得高大敏捷，脚步矫健。他挑着担子晃晃悠悠地走到山脚拐弯行人稀少处，看到路旁密林深深，野草丛生，一阵风吹过，树木发出沙沙的声音，几声怪怪的鸟啼声增加了几分恐怖，他不由得紧走几步，估计是打算走到离这儿不远处的别村去，多卖一点货物。

潜藏在林子里的苦李子瞅准时机，快步蹿出来，大喝一声：“货郎，留下担子。”货郎吓得一阵哆嗦，意识到遭遇了强盗，挑起担子飞脚奔逃，无奈担子太重，哪逃得过苦李子？苦李子追上去伸脚一绊，货郎便扑倒在地，一担货物从筐里面掉出来，一个小小的酒坛从筐子里滚了出来，盖子因颠簸被打开了，眼看酒就要全部溢出来了。苦李子连忙扑过去搂住酒坛，大喜过望，真是“踏破铁鞋无觅处，得来全不费功夫”。

他抱住坛子狠狠地喝了几口。货郎趁苦李子喝酒之机，爬起来没命地逃跑，苦李子哪肯放过他，大喝一声：“不准走！”随即放下酒坛，举刀便斩。货郎慌忙一闪，躲到路边一棵大树后面，苦李子一刀斩在了树干上，由于用力过猛，刀子陷进了树干里，一下间无法拔出来。苦李子弃刀挥拳直打，货郎连忙跪地求饶：“好汉饶命。”

苦李子突然停下了手，或许是由于他动了恻隐之心，或许他感到逮住了一个可以向老大邀功请赏的机会。

他阴阳怪气地说：“嘿嘿，除非你答应明天给老子送酒来，不然老子杀了你！”

货郎吓得体如筛糠，“饶命啊，我哪来的那么多的酒？”

“你不送酒，就把命留下。”说罢挥拳再打。

货郎连忙改口：“别打别打，我送，我送。”

苦李子大声喝道：“你家在哪里？”

“在黄屋村。”货郎声音颤抖地回答。

“敢骗我，我就血洗黄屋村！让你知道我苦李子的厉害！”苦李子恶狠狠地威胁道。

“不敢，不敢。”货郎好汉不吃眼前亏。

“那你明天拿一坛酒来这里给我。”

“得得得。”货郎没有选择的余地。

“先放了你，滚！”

“谢好汉不杀之恩！”

货郎还想去捡拾担子，苦李子抢过担子，狠狠地踢了货郎一脚。

货郎战战兢兢地跑着离开了。

当晚，苦李子拿着酒到严景朝面前邀功，果然得到了贼头的赏赐。

原本，苦李子在强盗头领面前邀功心切，才把货郎放了回去。

意外的是，第二天苦李子再次游荡到此的时候，货郎如约在此等候，还真带来了一坛酒！

“人要是交好运的时候，天上也会掉下黄金给他！”苦李子美滋滋地想。狡猾的苦李子担心酒里有毒，逼着货郎喝了几口。看他没有任何异样，便欢天喜地抱着酒坛，兴高采烈地回山寨请功去了。

“血洗黄屋村”真是一句魔咒，镇住了货郎，每隔几天，苦李子都能得到货郎送来的酒。苦李子由于献酒有功，得到贼首的不少赏金，把他乐坏了。

正月二十的前两天，苦李子恶狠狠地命令货郎：“本月二十早上多挑几坛酒来！”话语间似乎别人欠他的酒一样。

正月二十那天早上，货郎如约献酒。

农历正月二十那天，山寨里突然喜气洋洋，上上下下一片忙碌，但见杀猪斩肉，炒菜炖汤，山上香味飘飘。掌灯时分，大家开怀畅饮，把几坛酒喝得精光，众人大醉。

为什么开酒荤呢？原来正月二十，是严景朝五十岁的生日，每年这天，他都聚众畅饮。这次在灵山官兵的追赶下死里逃生，让他觉得更应该开怀畅饮一番，顺便为山上的弟兄压压惊。

当天晚上，趁山寨里的贼人烂醉如泥、鼾声如雷之际，一帮人冲上了山寨，一路过关斩将，所向无敌，以迅雷不及掩耳之势，如天降神兵，活捉了严景朝以及其他头目，别的虾兵蟹将也束手就擒。

那么，带兵冲上山寨的人是谁呢？正是莫如勤，他为何如此轻而易举就擒获贼人呢？

原来，莫如勤为侦察地形而化装成软弱可欺的货郎，没想到“无巧不成书”，与下山寻酒的苦李子不期而遇，于是将计就计，巧妙设计将贼人一网打尽。

而为他们冲上山寨指路的正是被别的死刑犯替下来的杜得胜，他没有死，而是戴罪立功，把灵山和广西永淳县的联营军队带进山寨，活捉了强盗头目严景朝，捣毁了贼窝。

当然，那天晚上贼人喝的酒，里面放了慢性蒙汗药，喝了当时不会发作，但发作之后则烂醉如泥。

不得不提起的“黄屋村”，确有其村，而且莫如勤与这条村沾亲带故，才学会了一口南乡话，得以扮成“货郎”，熟练地挑着担子走村过巷，在此不详。

莫如勤实现了“不损一兵一卒，就把贼人一网打尽”的目标。

严景朝等贼，在梦乡中上了官府的囚车，押回灵山，其中十多名贼首被斩于海北道。其他罪不至死，态度较好的喽啰，由官府教育遣返。

任职平和　卓有政声

莫如勤英勇捉贼，追回被抢财物，交还县库，挽回了国家损失，最后不伤一兵一卒就捣毁贼窝的事迹，传遍了广东灵山和广西永淳县一带，其他地方的强盗闻风丧胆，很久不敢来侵犯灵山。

莫如勤因此得到了朝廷的嘉奖，因为本来已考取了监生，嘉靖十七年，他被朝廷任命为福建省平和县知县。

嘉靖十七年至嘉靖十九年，莫如勤在福建平和县任职三年，为民办了许多实事，政绩显赫。

明代，福建平和县也是常遭日本倭寇侵犯的地方，莫如勤在任年间就常有小股来犯，他带领官兵百姓等给敌人有力的打击，为抗倭立下过不少功劳；另外莫如勤还特别关心百姓生产，每逢“立春”日，就到农坛亲自犁田一趟，表示春耕开始，还为劝勉农民搞好生产而给予奖励；他还组织百姓筑坝防洪，兴建水利，修桥铺路，开辟村道，以利交通……总之，莫如勤勤政爱民，卓有政声。在平和县任知县三年，两袖清风，廉洁自律，勤俭节约，深得百姓敬慕。

无嗣无资　晚景凄凉

传说古代知县、知府任职三年后升不上去的都只能回乡，最终莫如勤解甲回灵山，因为为官清廉，什么钱财也没有。由于儿子莫汝贤从小身体不是十分强壮，自从那次跟踪强盗之后落下了病根，虽然变卖田地为其医治，最终还是不幸病死了，莫如勤没有留下任何后人，大家都为他感到可惜。

莫如勤足智多谋，忧国忧民，不顾个人安危，敢于与不正义的行为作斗争，积极捍卫国家和人民利益的行为，受到朝廷的褒奖，他被定为“乡贤”，为后人景仰。

【参考文献】

[1]《钦州志》嘉靖版（1990年重新编写）。

[2]《灵山文史15》。

[3]《灵山县大事记》。

[4]《明武宗朱厚照·正德》（中国皇帝大传）。

[5]《明世宗朱厚熜·嘉靖》（中国皇帝大传）。

[6]《明朝灵山军事武装组织简况》（陈秀南据史料整理）。

冯敏昌——丰碑大树驰千夫

◇谢凤芹

“丹陛辞归万里行，竟来沧海哭先生。只云蓬岛三山近，谁信天南一柱倾。十载瓣香余涕泪，九州推毂枉声名。那堪元伯弥留顷，犹自吟吟待巨卿。”

“儒林文苑孰争先，间世应论五百年。真性弥漫忠与孝，奇怀穷阔海兼天。诗名李杜韩苏后，题笔嵩衡泰华巅。一字竟成千古恨，岭南职志未成篇。”

这是时任清朝御史郑士超痛失良友后，在悲痛中一气呵成的诗篇，诗题叫“挽冯鱼山太史”。

这个冯鱼山太史，就是从东汉建立乡贤制度后，钦州最后一位被皇帝钦批的乡贤。

他的大名叫冯敏昌，字伯求，号鱼山。

乾隆十二年（1747）八月十一日出生于广东省廉州府钦州长墩司南雅乡（今广西壮族自治区钦州市钦北区大寺镇马岗村），乾隆进士，曾任翰林院编修、户部浙江司主事、刑部河南司主事。先后在河阳书院、端溪书院、粤秀书院和粤华书院任教。他被时任鸿胪寺卿加三品衔的大学问家翁方纲誉为“南海明珠”，被陆耳山称为“天下异才”。留下道光年间刻本《小罗浮草堂诗集》四十卷共1983首，现收藏在国家图书馆善本古籍部，著有《小罗浮草堂文集》，分为《经论》《序记》《碑铭》《传状》《祭文》《题跋》《书启》《杂著》（分上下两集）九卷。

他师从终生恩师翁方纲学诗、文、字、金石，但其诗文的水平又超越了自己的恩师，成为清朝中叶首屈一指的大家。他一生勤政爱民，教书育人，诗书画志自成一家，艺术价值达到了极高的水平。

嘉庆十一年二月十一日卒于广州粤秀书院，终年60岁。生三子一女，三子分别为冯士载、冯士履、冯士镳，有一孙，名冯绍宗。

他死后第二年，也就是嘉庆十二年四月十三日，钦州贡生方肇瑞、何博文及一批监生、生员联名以《合州呈入乡贤公祠申文》，请求认定冯敏昌为乡贤。

嘉庆十二年九月三十日，钦州、灵山、合浦三地乡绅、学人、训导共27人更以《合郡呈入乡贤公祠申文》上报，在这份申文中，高度概括冯敏昌一生的主要事迹：“德行纯粹，气象中和”、“笃学嗜古，诣极精纯，故能贯穿经史，旁涉百家”、“历主各大书院教育生童”、“立朝清慎，自励廉隅”、“天性笃挚，孝友性成”、“奉祀祖先，追远诚敬尤至，春秋有事，必极其度”、“修得宗祠，以联亲族”、“尊师重友，历久不渝”、“乐善好施，义声远播”、“崇正黜邪”、“设立乡约，以弭盗贼”、“倡建义举，废坠兴修”、“不谄鬼神，又能诚敬将事”、“实行昭彰，当道敬礼”等。

经过钦州知州刘光辉签附意见，逐级上报，两广总督兼署广东巡抚吴熊光上报，嘉庆十三年十二月十三日经礼部提请，十五日嘉庆皇帝签批，礼部：“奉旨依议，钦此。”

朝廷正式认定冯敏昌为乡贤，建专门的乡贤祭祀祠，成为钦州道德楷模和从唐朝到清朝的十七位乡贤之一，也是古代乡贤制度建立后钦州最后一名乡贤。

农家小子蟾宫折桂写传奇

古代中国人，十分注重治家，认为大富大贵之家，延泽不过一二世，经商之家，延泽三四世，耕读之家，以耕读为本，半耕半读，加上修德行，入以孝悌，出以忠信，则延泽可达八至十世。中国古代千千万万的有识之士，主动选择乡间居住，通过半耕半读形式教化后人。

这样培养出来的人才，了解中国社会最低层的生活，对劳动大众怀有与生俱来的恻隐之心，达则可以兼济天下，穷则独善其身。

冯敏昌正是出生在这样的耕读世家。

他家祖祖辈辈居住在大寺镇马岗村，属于当地较富裕的自耕农。在劳动之余，冯家子弟都受到很好的教育，文人辈出。

冯敏昌的曾祖父冯应祥，字徵麟，太学生、增广生（又称增生），曾任翰林院编修；祖父冯经邦，字宪万，增广生、太学生，曾任翰林院编修；父亲冯达文，字天岩，岁贡生，候补训导，历任开建、临高、花县教谕，初封编修，晋封奉政大夫。

冯家三代都是大寺镇有名的知识分子。

诗书传家的优良传统，对冯敏昌的成长产生了积极的影响。

冯敏昌长到四岁，父亲就开始教他认字；七岁，曾祖父冯应祥亲自为冯敏昌授课，口授毛诗并详解毛诗的大义；冯敏昌八岁毛诗和四书已经熟读并能了解大致内容；九岁熟读四书五经并且非常喜爱唐诗；十岁开始阅读秦汉唐宋诸古文，十一岁在家塾中遍习五经、《左传》《国策》，并开始练习作文，下笔成章，让冯家长辈欣喜万分。

冯敏昌精力过人，据他自述，年轻的时候，可以坚持七天七夜连着读书，到了老年，还可以连续坚持三个昼夜：“余少时七书夜不寐，精神如常，今但能三两夜尔。”

正是这样的教育和历练，加上勤奋好学，使冯敏昌根基扎实，经风雨，见世面。

十二岁这一年，他的父亲冯达文到廉州应试，征求冯敏昌的意见：“我准备到廉州参加今年的乡试，你要不要去考童生试？”

冯敏昌初生牛犊不怕虎，欣然地回答父亲：“好，我跟父亲去参加考试。”

冯达文心里想：让他去见识见识考场，练练胆也好。

于是，便带了他一起到廉州。

当时由于他个子较矮小，连坐上考试的凳子还要旁人帮助才够得上。

第一次参加考试，主考官从《孟子》中选了一句话“夫幼而学之”作题目，要求考生写一篇策论。

冯敏昌对《孟子》全书早已烂熟于胸，加上自己从四岁开始接受教育，对“夫幼而学之”有更多的体会。

于是，经过片刻酝酿，一挥而就，写出了让主考官惊喜的文章，他当时答出的策论如下：

幼而能学，夫人未可量矣。夫幼而不学，则用世之具先失矣。幼而学之，夫人其可轻量哉？今夫事不储于早，与不求其裕，固未尝得之不甚艰难也。若乃始基克充其蓄积，则其于众人之中，不已见其有异乎？如王之任木，欲其大而不欲其小，独如何？夫人而不图其大哉。人亦固是人也，而夫人则不等于怠惰之流；幼亦固是幼也。而夫人则不同于屯蒙之辈，夫人则何如哉，夫人固幼而学之也。其所学者，居仁由义，而权谋功利之私，在所必绝；讲道论德，而富国强兵之术，在所必严。殚其用观摩，夫人皇皇已。其所学者，从事修途，竭力于致知格物之功；离经辨志，用功于正心诚意之道。奉一道为模范，夫人且般般已。世人自甘怠弃而不学者有矣，而夫人则不等夫怠弃而不学也。抑人有谓其幼稚而不学者亦矣，而夫人则不谓其幼稚而不学也。若是，则所学既裕，而经纶参赞，皆所敷施于一时；所学既优，而位育中和，皆可见于一日。而夫人不终于幼也，学优则仕，夫人不得不皇然致其思矣。

这篇短文只有398字，但论证充分，次递深化，实为一篇不可多得的好文。

考试结果公榜，冯敏昌以第一名折桂获得了童生资格。

学子们都来祝贺他。

冯敏昌谦虚地说：“我在父亲和祖父的严格教导下，碰巧学过这篇文章，只是机遇好而已。”

过后老师表扬说：“冯敏昌以后肯定会大有作为，小小年纪，取得好的成绩也不得意忘形，是块可雕琢的美玉。”

初次考试获得好成绩，给了冯敏昌巨大的学习动力。到了夏天，廉州府举办岁试，冯敏昌又积极报名参加考试。

考试结束后，学使吴云岩到廉州府阅卷，看到冯敏昌在试卷中写有“贪官污吏，剥削民之脂膏”的话，在试卷上写上“触目”两字。

由于在试卷中批评时政，太敏感，吴云岩怕累及自己，不敢录取。

回到大寺家中，父亲有些失望，对他说："教了你这么多的知识，你为什么偏偏要写触及时政的内容。考得最好，老师也不敢录用。秦朝有过焚书坑儒，一大批文人因为评论时政被杀，贪官污吏也不是你这小小年纪可以改变的，反而影响了自己的前途。"

冯敏昌是个极为孝顺之人，父亲责备自己，本来不应分辩，但他还是小声解释说："现在乡村就是有人盘剥百姓，父亲一直教育我要体恤下层百姓，现在我看见的事，还装着没看见，不敢写出来，不是有违孔孟之道吗，考不上，还有下次。"

父亲也没有过多责备他，只说："吸取教训，认真学习，争取下次考好。"

这次的挫折，并没有影响冯敏昌。

七月份，他又参加乡试。

这次的考试题目以"兴与诗"及"赐也闻一以知二"为考试题，他以"知不及大贤，对大贤于滋愧矣"一句破题，接着以子贡与颜回的学识作为例子，同一件事，颜回听到，可以发挥出十个道理来，而子贡最多只能联想到两个。通过这个例子，层层递进，论述了"凡质必取乎分以相同，而后胜负相角"的道理。

这次考试，他的文章得到主考官的高度评价，被主考官举荐为秀才。

第二年，十三岁的冯敏昌离开大寺镇，到钦州城跟随对经书造诣深厚的谢涵川学习，除了学经书，兼学诗词、制艺（古代科举考试的八股文章）。这期间，写出了"梅花诗"四首，留传下来。

十四岁，他到钦州城郊由方梅轩主办的私塾就读，老师是合浦大儒谭崧堂。除了上课，一有空闲，谭崧堂便出题给冯敏昌作答，锻炼他作诗作词的能力。他在谭崧堂的严格教导下，进步很快。

十五岁时父亲冯达文又到廉州府参加例考，冯敏昌随父同往考试，学使郑诚斋出《月中桂树赋》。冯敏昌文思敏捷，在答题中写下了传诵至今的"宇宙唯此一株，古今曾无两月"的佳句。

这次考试，冯敏昌又得第一名，成为庠生，享受国家俸禄。

郑诚斋非常欣赏冯敏昌的诗才，专门找到他，对他说："你要有远大的目标，不要在钦州这么小的地方做学问，必须到外面游学，找到真正的大家接受系统的教育。我有个好友陆大田是个大学问家，现在在肇庆端溪书院任教，他一般不肯收学生，我给你写封推荐信，你去找他吧。”

冯敏昌听了，触动很大，对父亲说：“先生的话很对，如果我要取得大的进步，一定要到外面遍访名师，在名师的门下钻研学问。这个陆先生我听说过，是真正的大家，我想去投奔他。”

冯达文答应了冯敏昌的请求，专程带他到广东肇庆端溪书院拜访陆大田。

陆大田读了郑诚斋的推荐信，推辞说：“我学识有限，跟我学习会误了你的前程，你还是到别处找更好的先生吧。”

冯敏昌听了，也不气馁，而是诚恳地递上自己带来的诗文，谦虚地说：“既然先生不肯收我为徒，烦请先生对拙作多多指教。”

陆大田接过冯敏昌手中的诗稿，随意翻看，突然眼睛大亮，欣喜地说：“我已经很久没有发现如此才思上乘的学子了，你这个水平，不用我教你，只要你继续努力，不出几年，肯定名声大振。”

最终，陆大田收下了冯敏昌为徒。

冯敏昌在陆大田门下如鱼得水，诗赋突飞猛进。

后来，他又到粤秀书院拜柴屿青为师，把诸大家的学问融会贯通。

19 岁这一年正月，他回到廉州参加乡试。

这次的主考官是翁方纲。

翁方纲乾隆十七年（1752）进士，散馆授编修，官至内阁学士。历官内阁学士、左鸿胪寺卿加三品衔。曾主持江西、湖北、江南、顺天乡试，又曾督广东、江西、山东学政。

翁方纲精于考据、金石、书法之学，又是清代“肌理说”诗论的倡始人。书法初学颜真卿，后专学虞世南和欧阳询，尤其用功于欧阳询的《化度寺碑》，他的行书主要学习米芾、董其昌及颜真卿。翁方纲学书法强调笔笔有来历，尤善隶书。

相传翁方纲能在瓜子仁上书写小楷字，功力精熟可见一斑。《清朝书画录》把他和刘墉、梁同书、王文治齐名，并称“翁、刘、梁、王”。亦与刘墉、成亲王永瑆、铁保齐名，称“翁刘成铁”。是清朝名重天地的大家。

冯敏昌以一篇《金马式赋》应试，翁方纲阅卷时惊叹：“此南海明珠也。”

五月冯敏昌到广州参加拔贡试，以第一名获得拔贡。

回家后，他更加奋发图强，率几个弟弟到深竹读书堂读书。

深竹读书堂，对冯敏昌的成长有着深远的影响，冯敏昌四岁跟随父亲冯达文认字，七岁曾祖父冯应祥亲自为冯敏昌授课，口授予毛诗及讲解毛诗大义，少年的冯敏昌很多光阴都是在深竹读书堂度过，他 12 岁时曾以深竹读书堂为题作诗：

幽情渺难断，幽情发夜钟。
不道深树鸟，惊鸣云中峰。

冯敏昌在考中进士前，在这里学习的时间超过 12 年，因而可以说，深竹读书堂是他成长的摇篮，是他梦想开始的地方，他从这里获得知识，疲惫时也在这里得到休养。他早期的很多诗歌也在深竹读书堂完成。

这年三月，冯敏昌 24 岁，翁方纲又到廉州府巡考，冯敏昌得知消息，内心十分高兴，从家里赶到廉州见翁方纲，专门拿出自己近期的诗作给翁方纲点评。

他开心地说："老师，这些年，我一直在努力做学问，但成果如何，自己心中没底，这是我的近作，请老师多多指教。"

翁方纲也不客气，接过他的诗作一目十行看完，拍着他的肩膀一连三次说："好诗，好诗，好诗。"

说完，还意犹未尽，干脆在诗文上写下了："有此才气，则五岭十州十三郡竟无其对，风骨一年胜于一年。"

冯敏昌听了，深受鼓舞，向翁方纲表态说："这次考试，我会尽最大努力考好，不负老师厚望。"

接着，冯敏昌在合浦随棚读书，为参加会试做考前准备。

五月初，冯敏昌动身到广州参加举人考试，五月二十八日到达端州，在路上，一直担心弟弟敏晟的病情，只好作诗寄托自己的思念之情："萧萧风雨，喔喔鸡鸣，相思者谁？梦寐见之。"

一路上历尽艰苦，直到秋天才到达广州。

冯敏昌一到广州，就立马找到钦州同乡了解敏晟的病情，老乡告诉他，病情很重。

去年冬天，冯敏昌和弟弟冯敏晟、冯敏曙在合浦随棚读书，由于缺吃少穿，天气寒冷，冯敏晟病倒了，经过求医问药，病情时好时坏，一直在家静养。

冯敏昌由于前段时间进入大强度的考前准备，家里人为了不打扰他，弟弟病重也不告诉他。现在向同乡打听，才知道冯敏晟病重。一时惊慌失措，决定放弃考试回家探视照料弟弟。

在他动身前，父亲冯达文刚好从家里赶来参加考试。

冯达文年年参加举人考试，屡试屡败，在儿子病重时曾动过放弃考试的念头，在临考前三天，还是赶到了广州。

得知冯敏昌要回家，制止他说："苦读了十几年的书，现在马上就要考试了，无论如何一定要参加考试。敏晟家里有人照顾，你又不是郎中，回去也不起多大作用。"

老师和同门也跟着劝说，冯敏昌只好勉强进了考场。

考试结果放榜，冯敏昌以第三名中举。

这一年，翁方纲在广东督学的工作已经完成，就要回北京了。考虑到冯敏昌要参加进士考试，他对冯敏昌说："如要考上进士，一定要进京和诸多大家一起学习，相互讨论研习，你和我一起上京吧，路上也好有个照应。"

要是平时，这是冯敏昌求之不得的大喜事，像翁方纲这样的大家能主动邀请自己进京，是多大的荣幸。

而此时，冯敏昌的弟弟冯敏晟由于医治无效刚刚过世。

冯敏昌的心全在自己过世的弟弟身上，他一直自责自己，没有好好照顾弟弟，患病时由于要考取功名，也没能在身边探望和帮助寻医问药。

因此委婉地说："老师，我现在心情坏透了，一下子元气难恢复，进京也无心学习，我就不随老师进京了。"

翁方纲一听，非常生气，教训冯敏昌说："人死不能复生，你现在为了弟弟病逝放弃学习，对老师是不敬，对父母是不孝，你给我振作起来，收拾行李过两天进京。"

同门也劝他节哀顺变。

他这才勉强打起精神，开始收拾行李进京。

可能是弟弟早逝伤心过度，冯敏昌连续三次参加会试都名落孙山。

由于有翁方纲的提携，虽然没考上进士，但冯敏昌的真才实学得到北京诸多大家的认可，一时声名大振，俨然成了文学新秀。

乾隆四十三年再次参加恩科会试，以殿试二甲被钦点为翰林院庶吉士（任翰林院编修前的试用期名称）。

翰林院庶吉士，属于明清时期翰林院官员，为皇帝近臣，负责起草诏书，有为皇帝讲解经籍等责，是内阁辅臣的重要来源之一。

冯敏昌从四岁开始读书，经过28年的不懈努力，终于在32岁登上了学而优则仕的峰顶，从农家小子成为皇帝近臣，成就了异才之说。

三年后，他加入到《四库全书》的编写序列。

《四库全书》是乾隆皇帝亲自抓的政绩工程，从全国精选各路英才360人编撰，3800人抄写，费时十三年编成，全书约8亿字，囊括了中国古代所有图书，故称“全书”。

冯敏昌进入朝廷后，由于才识超人，中途被皇帝钦点参加《四库全书》武英殿做校书官，跻身进入编修序列，名列全国顶尖人才360人之一，冯敏昌能够进入这个学术圈子，他的分量我们怎么掂量都是沉甸甸的。

文弱书生勇登五岳遂夙愿

冯敏昌的根生长在农村，从小就在农村生活读书，虽然通过自己的不懈努力进入朝廷核心为官，但心和农民阶层是贴近的。

而清朝在乾隆年间，在表面的盛世下，阶级矛盾已经表面化。政治腐败，社会黑暗。

为了巩固统治地位，清朝统治者采取大棒加胡萝卜的办法对付知识分子，大肆摧残汉族优秀传统文化，迫害不同政见者，年年实行文字狱。

乾隆当政年间，有据可查的文字狱就达63起，焚书坑儒，司空见惯。胡萝卜就是大力提倡朱程理学，通过科举，优待唯命是从的文人，以此来收买大批文人。以和珅为首的贪官把持朝政，指鹿为马，胡作非为。

冯敏昌从小就对贪官污吏极之厌恶，进入朝廷后，在各种利益的诱惑下，洁身自好，绝不同流合污，于是，便成为贪官污吏的眼中钉，肉中刺，必欲置之死地而后快。

为了把冯敏昌从皇帝身边赶跑，和珅接连出手。一是借口令妃送玉饰给冯敏昌之事向乾隆皇帝告黑状，想把冯敏昌整跨。

令妃为什么要送玉饰给冯敏昌？

这得说说令妃此人，令妃本姓魏，汉族，生于雍正五年九月九日，乾隆皇帝即位时入宫为贵人。乾隆十年封令嫔，令妃时年19岁，是深宫中比较年轻的一位。

这令妃善于谋事，深得乾隆皇帝宠爱，乾隆皇帝经常临幸她，这从她在短短的十年就接连为皇帝生了皇十四子永璐、皇十五子永琰（即后来的嘉庆皇帝）、皇十六子（未命名）、皇十七子永璘，以及皇七女和皇九女就充分说明了可谓万千宠爱集一身。

从皇后那拉氏担着被打入冷宫的风险在杭州断发抗议乾隆皇帝立令妃为皇贵妃的历史事件中，就可以证明乾隆皇帝宠爱令妃到何种地步。

后来，那拉氏被打入了冷宫，令妃地位得到了最大的稳固。

令妃眼看形势对自己大利，便想重点培养永琰作为储君争大位。

由于冯敏昌才识过人，知识全面，民间传说冯敏昌曾经担任众皇子老师。

宫中明争暗斗让令妃明白一个道理：做皇帝必须有雄才大略，有过人的智慧和纯正品格，而冯敏昌的正直，让她非常放心。

想到冯敏昌整天辛苦上课，于是便吩咐丫鬟专门送了一个精致的玉饰品给冯敏昌以示奖励。

令妃这样做，既是尊敬冯敏昌，也有巴结冯敏昌的意思。

封建社会，皇子的老师有着极高的地位，当朝皇帝考核那个皇子可以继位时，皇子老师的意见往往有一定的参考作用。

和珅虽然是个大贪官，但对皇帝忠心耿耿，加上密探众多，令妃的小动作自然被他一眼看穿，于是便向皇帝告密。

平时多疑的乾隆皇帝对这事却一笑了之。和珅一计不成，又生一计，陷害冯敏昌攻击朝廷和受贿。

冯敏昌在乾隆四十九年（1784）担任会试同考官，主考进士。

刚好那一年会试的其他考官中有人收受贿赂和抨击朝政。和珅利用乾隆皇帝的弱点，兴风作浪，还把冯敏昌年轻时考试抨击贪官污吏的旧事也翻了出来。

乾隆皇帝真以为冯敏昌有动摇朝廷的野心，立即下诏彻查严办。和珅利用手中权力搜罗证据，结果一无所获，调查显示，冯敏昌自任会试同考官后，谢绝任何私事探访，而且经他手录取的都是有真才实学之人，参加殿试大都被录为进士。和珅阴谋再次破产。

但经历了这两件事，多疑的乾隆皇帝还是对冯敏昌起了疑心，加上他十分信赖和珅，最后在圆明园接见了冯敏昌，把冯敏昌从皇帝近臣改到户部浙江司任职，冯敏昌大事年谱记载此事一笔带过：“改任浙江司行走。”

行走，在清朝是没有实权的一个空职，用现在的话来说，就是跑腿，供别人差使的杂役。

和珅本来想借这两件事打击冯敏昌，却实实在在地得罪了一个人，这人就是后来的嘉庆皇帝。

嘉庆皇帝即位后的第一件事，就是下了圣旨，列举了和珅的二十大罪状，赐白绫让和珅自尽。

当然，这与和珅罪大恶极有关，但谁又敢担保嘉庆皇帝不是为了报母亲被污蔑之仇？

一个重要官员变成了打杂的差使，冯敏昌心中自然不快，但他没有表现出来，而是提出了一个要求："臣请先游历五岳再上任，望我皇恩准。"

乾隆皇帝想着既是闲职，就由他去吧，因此做了个顺水人情，大方地恩准了冯敏昌的请求。

冯敏昌跪谢了皇恩，高呼着"我皇万岁万岁万万岁"离开了圆明园。

冯敏昌因祸得福，从此，中国多了一个诗书画志集一身的教育家，少了一个弯腰驼背的官僚。

冯敏昌像放飞的笼中鸟，自由地飞翔于天地间。

这一年，冯敏昌 39 岁，正是人生的黄金时段，他在北京处理了一些有关的工作，于乾隆五十年（1785）十一月初三日，离开北京，在自己人生的履历中，有了真正意义的游历。

刚离开北京不久，乾隆皇帝又后悔了，下旨改任他为户部主事。冯敏昌想着既已经批假，身在外，君命有所不从。

于是没有回京。

直赴通州，抵胡关。十一日出正定府丹陉，到了山西绛州稷山署，经平陆，到达三门峡，一路走过黄河，第二年六月二十五日，由西安往华阴，七月初三日立秋，登上了西岳华山绝顶落雁峰仰天池。

时序虽已经进入秋天，但在华山绝顶莲花峰上，却是烈日炎炎，太阳曝晒在众人身上，瞬间就出现了一层红斑。

陪同登顶的几个和尚都劝冯敏昌说："我们下山吧，先去找点水解渴。"

听了和尚的话，陪同出游的弟弟冯敏晖开玩笑说："如果这个时候有只大西瓜从天而降砸在我身上就好了。"

他的玩笑竟成真，西瓜果然从天而降。

原来在这里为官的华州牧张映青非常欣赏冯敏昌的诗才，得知冯敏昌登上了峰顶，由于自己公务缠身一时走不开，便派人给冯敏昌送来了十几个大梁出产的大西瓜，同时还有米、肉、油、盐等，大家自然高兴。

冯敏昌亲手切开西瓜，招呼随行人员和和尚分享，大家吃了，都大呼好吃。

冯敏昌一时诗兴大发，吩咐冯敏晖备好笔墨，在众人的围观下，一挥而就作了此行的两首七律《立秋日华顶作》：

层霄谁共跨茅龙，绝顶遐观荡芥胸。
白帝西来行万里，黄河东去避三峰。
晴云肤寸收莲萼，楼阙千寻建鼓钟。
莫问惊秋还有客，从来登华正难逢。

不辞旬日住峰头，好胜他山作漫游。
高掌试看初上日，芙蓉新倚半天秋。
云冈独立应千仞，烟点遥分是九州。
岩壁一时聊为勒，鸿踪此后冀长留。

作完诗，意犹未尽，又在金天宫题联：“万古真源高北帝，三峰元气压黄河”，并刻于石上，每个字足足两尺多大。大家都赞不绝口，冯敏昌开心地说：“诗是有灵气的，厚积薄发，多读多琢磨，灵感来了，一首诗就作成了。”

由于有了补给，冯敏昌索性在华山顶安营扎寨下来，一连在峰顶住了40多天，除了观赏风光，吟诗作画，就是深入民间了解民情。

这段时间，他共创作了《泰华小志》六卷，交给当时的道人收藏。

游完华山，第二年二月，又在弟弟冯敏晖陪同下游中岳嵩山，遍游太子祠、少林寺、少室山、中岳庙并谒中岳祠，创作了诗歌两首。

其中一首是：

巍然巨镇屹天中，列路遥宗势最雄。
秩祀汉仪昭盛典，降神周雅诵丰功。
灵坛肃穆风云护，圣主精禋礼数崇。
万岁声中还有庆，好将符瑞赞元穹。

冯敏晖看着墨汁未干的诗，请教说："哥，这首诗有两处我不太理解，'秩祀汉仪昭盛典'和'万岁声中还有庆'，请你指点一下。"

冯敏昌侃侃而谈："这两处我用了典故，一个是'嵩呼万岁'，这个典故出自《史记》《汉书·武帝纪》，汉武帝登嵩山时，听到有呼喊万岁的声音三次，问周围的文武都说没有喊，原来是嵩山喊的。后人就把这个典故引申出'嵩呼万岁'，从此'万岁'便成为皇帝的专用称呼。嵩岳降神，是指乾隆庚午年间，乾隆皇帝驾临嵩山祭岳庙之事。这个你应该记得的。"

冯敏晖听了，恍然大悟，连忙说："你一提，两个典故我都知道了，也是读过的，但一时想不起了。"

冯敏昌除了作诗，还写了"玉女峰"三个大字，并把三个大字刻在了峰顶最高峰的石壁上。

五月二十八日，冯敏昌进入山东界，过泰安，由壶天阁上南天门，登泰山绝顶日观峰，当晚在峰顶上过夜，第二天在峰顶上观日出，作了《日观峰顶观日出作》：

天鸡一唱海潮翻，绝顶惊看晓日暾。
紫气掣时辉乍激，火轮飞出势难吞。
千寻绛阙应鳌忭，九点齐州尚雾昏。
我自希阳餐沆瀣，谁与高眺览乾坤。

山上所有名胜古迹如东岳庙、玉皇祠、唐明皇分书东封颂、秦皇无字碑等，都作诗抒怀。接着经过泰山，转河南，在河阳暂时居住在朋友家。

六月二十四日，他再次出发，带着家仆张钧，骑马游北岳恒山，留下《中秋北岳顶琴棋台对月》等多首诗。于是回孟县，接受后来成为亲家的孟县知县仇序东邀请，主讲河阳书院，并受中丞毕秋帆委托，编修《孟县志》。

冯敏昌在教学和编志的过程中，还时时不忘要游完五岳的心愿，《孟县志》编成，他便决定上路。

于是，他对仇序东说："请你找学养深厚的先生来主持河阳书院，我不日要退馆，完成游历五岳的心愿。"

仇序东是个明事理的人，知道冯敏昌去意已决，只好说："我这地方水浅，很难藏住蛟龙，你放心走吧。"

冯敏昌谢了仇序东，简单收拾了行李，办好交接手续，回到津门过完年，便着手做登南岳衡山的准备。

乾隆五十一年刚过完春节，冯敏昌就迫不及待地带着随从上路。

沿途经南阳卧龙冈、谒诸葛公祠，上大别山，登黄鹤楼，游赤壁，登岳阳楼，到长沙游岳麓山，经过衡阳县乘船游湘江，接着登南岳的极顶，遍登三十多峰，游了衡山七十二峰的一半，所过之处，凡是有古迹古字都拓片带下山。

历经整整六年，冯敏昌终于以坚强的意志实现了登临五岳的愿望，创造了自己人生的又一奇迹。

游历完五岳后他作了一首诗表达自己的心情：

岳游符夙志，禹迹溯前经。
峰色余浓黛，崖碑闭古青。
湘流环曲曲，暮雨远冥冥。
独抱昌黎意，留诗寄翠屏。

诗书画志样样精通成大家

由于家学熏陶，冯敏昌九岁开始涉猎唐诗宋词，正是那一年，父亲带他陪文人骚客登钦州名胜景点尖山文笔峰，在众人纷纷吟诗作对之时，父亲十分开心，看着跟在身后的冯敏昌，想考考他学习的成果，便对他说："鱼山，你也作一首诗向诸位前辈好好请教。"

有位诗人说："不要难为小孩子，来日方长吧。"

冯敏昌听了，对着众人深深一躬，说道："不为难，学生不才，请前辈多多指教。"

说完，退后两步，酝酿片刻，以《登文笔峰》作题，吟出如今留存下来的第一首诗：

长江泻万里，砥柱挽文峰。
上眺三台近，遥观百雉空。
凭虚发长啸，临远豁孤衷。
极海扬眉处，云帆波浪中。

这首诗表达了冯敏昌对故乡山水的深深眷恋，并抒发了自己对人生难以言状的孤独和无奈。小小年纪，下笔如此浑然天成，其天赋不同寻常。

冯敏昌的这首诗自然博得了文人骚客的一致称赞，被誉为“神童”。

由此，他一路走来，虽然不断参加各种折磨人的科举考试，但他一直不间歇地创作诗歌。三十九岁前，创作的诗歌 1037 首。从九岁到三十九岁的三十年间，除了十一岁没有留下诗作，其余年年有新作，其中创作最多的是二十岁，达 274 首。

目前已经确认的冯敏昌诗歌共 2200 首，三十九岁前创作 1037 首，余下的 1163 首则为三十九岁到六十岁二十一年间所作，收录在《小罗浮草堂诗集》的共 1983 首，也就是说，还有近 40 首没有收录进诗集。

冯敏昌的诗集，也不是他生前所选，而是他去世后第二年，由他两个儿子整理后再由冯敏昌的门人校检，并由他的诗友宋湘再次校检、勘误后，最后交由他终生恩师翁方纲定稿付印。

冯敏昌的诗歌大致分为三大类。

第一类以讴歌祖国大好山河为基调。

冯敏昌一生喜欢游历祖国山山水水，尤其是登临五岳后，写出了很多非常有厚度的山水诗篇，用词精准，读后让人有身临其境之感。

如《重登岳阳楼》：

楼瞻三楚阔，
人感十年忙。
雪浪群山涌，
云帆众叶狂。

诗歌从范围、波浪、船只等多个方面，表现了洞庭湖的气势磅礴。

在《日观峰顶观日作》中：“紫电掣时辉乍激，火轮飞出势难吞。千寻绛阙应鳌忭，几点齐州尚雾昏。”诗人化用宋诗人圣俞和乾隆皇帝的诗句，表现了泰山观日出的壮丽景色。

诗人对其他名山大川，如五岳、太行山、长江、黄河及有关名湖、峡谷，以至钦州故里的那雾岭、铜鱼山、海螺峰、文笔峰、天涯亭、平艮渡等，都有诗歌游记，纵情描绘其形状、景色、气象，同时抒发自己的赞美、感慨之情。

第二类是对亲情、友情、师生情的深情吟唱。

冯敏昌作为一个耕读出身的进士，农村中淳厚的亲情、友情在他的身上有着深入骨髓的印记，在他的成长过程中，得到很多老师的提携和教导，他铭记于心。

于是，在他的诗中，歌咏亲情、友情、师生情就占了很大的篇幅，如怀念恩师陆耳山的诗《武夷览胜图》之二："京师重见雪纷纷，梁木歌声不忍闻。羽化竟同辽海鹤，神游应作武夷君。魂招宋玉愁难口，书写长康妙出众。三十六峰最高顶，姓名终古共氤氲。"

第三类则以忠孝为主题。

冯敏昌作为封建时代的知识分子，忠君爱国思想是其做人做事的行为准则，虽然他不被朝廷重用，但他却念念不忘皇恩。

据记载，每逢重大节日，他总是十分虔诚地向着北京方向跪拜，一直保持到生命结束。

乾隆皇帝七十寿辰时，冯敏昌写了《恭庆皇上七十旬万寿五言律诗六首》。类似"人生富贵本浮云，只要丹诚不负君"等忠君诗句，在很多诗中常可见到。

在《归途敬作》中他如是写：

不力文章报至尊，放归田里亦深恩。
何期宽政收陈列，尚令从公入省门。
贯雪柏松宁易叶，向阳葵藿莫伤根。

可见冯敏昌的忠君是发自内心。

冯敏昌对父母非常孝敬，在《入夜又作》中写道：

独夜恋慈母，儿时此际饥。
天寒谁久侍，有梦不如归。

此诗表现了诗人常因思母入梦的景况和深情，恋母之情表现得特别情真意切。

收录在《冯敏昌集》58页的《严君诞日遥祝》写道：

草堂佳气若为临，遥识堂中桂醑斟。
龙鹤尚期身共健，山林应念岁初深。
十年偕隐兹闱志，七岁承怀仲氏心。
惟有西风晨起处，依依南望岭云沉。

感情真挚，让人动容。

后人综合评价冯敏昌及其诗歌有特别突出的几个特点：其诗涵盖内容非常广泛，所谓“包罗万象”，有阔大之气；其诗诸体擅熟，而以七言古诗为尤；其诗歌有“正以大”、“苍以劲”的特点，这种特色也是继承岭南诗歌特有的“雄深雅健”传统；诗歌以人品为先导，人品决定诗品；因为冯敏昌人格纯洁，所以才有“正以大”、“苍以劲”的诗品。他的诗歌被后人称为“宗宋派”，也就是说他的诗歌主要是传承宋朝诸大家的诗风。

他与同时代的张锦芳、胡亦常并称岭南三子，又与张锦芳、吕坚、黄丹书合称“岭南四家”足见他诗歌在举国上下的分量。

冯敏昌精力过人，勤奋好学，一生除了留下 2200 多首诗，九卷文，书画更自成一家，成为和当时名重天下的大家翁方纲等人比肩的一代书法家，翁方纲甚至说冯敏昌书法“仙风道骨我不如”，他的书法效法东晋王羲之、王献之父子和初唐的褚遂良。平生喜欢收集历代名家的书法，潜心临摹研究，最后将自己所收藏的历代名家书法临摹刻成《寿石轩帖》一部，供后人学习效法。

经过多年的潜心学习，他甚至独创了一种新的执笔法，被时人命为“鱼生执笔法”，这个执笔法，冯敏昌在给自己的弟弟信中有比较详细的记述：“千百年来，书家林立，而直追晋魏书法竟难其人者。以笔作书，第一执法，此不得，终身皆无入处，吾力追古人，以求古人牖我以笔力之灵，不知竭力冥心，探索几许时日，始幸遇古人不传之妙，今传以吾弟。颜鲁公求笔法，张长史先使颜北面敬立，而后授之。敬慎如此而后能成就家法。吾为弟言，他时亦不知有成否，而今固不得已也。其法用大拇指右边紧靠着笔管，以食指、中指头肉正面抱之，第四指及小指则略而反，不使其着管。所谓大指甲在右边者，必记明指甲在上、指肉在下，以右一面甲肉相兼之处靠笔，则至紧之中，皆有凭虚架构之意，而全与世之所谓执笔者不同矣。”后面还有一大段详尽的解释。

也就是说，冯敏昌经过长年摸索，刻苦练习，不但把历代诸大家的书法精髓学到手，而且在前人的基础上，他独辟蹊径，创立了一种新的执笔法。他在当时众多名家中独树一帜，成为令后人敬仰的书法大家实属名副其实。他的学生谢兰生在《鱼山先生传》中这样记载冯敏昌教育后学之人如何执笔：“手腕须和，笔头须重，字宁拙毋巧，宁苍毋秀，宁朴毋华，宁用秃笔，不用尖笔，若徒事师心，则为野战；专工摹古，则为家奴。”

由于他既学前人，又善于创新，因此，他的书法，“恂恂有儒者之风。盖得法于兰亭，而参与山谷，多用方折之笔，而敛其锋芒，便处处皆有含蓄之意，其字势似奇反正，故能温文尔雅，有书卷气”（摘自《广东文物》中册第123页）。

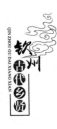

他的字，在游五岳的六年中，所过之处，凡是奇峰险石，都留下真迹，他的恩师翁方纲在为他写的墓志铭中写道：“君生平，遍游五岳，皆造巅，题崖壁。”如华山苍龙岭高五百丈，隆脊径滑，窄不容足，行者都要靠铁索才能攀上，他居然站在这么险峻的山峰上大书“苍龙岭”三字，每个字竟有三尺多。他留下的字，成为后人临摹学习的教材。

如今他的后人中还珍藏着他留下来的四个书法大字：福、寿、魁、鹅模型，四个书法字已经成为冯敏昌500多名后代的传家宝，每年春节、婚嫁喜庆，冯敏昌后人必将这四个字临摹制出，张贴一新，为增加喜庆场面增光添彩。

他的画在当时名重天下，据史料记载，当时的富贵人家以收藏冯敏昌的画为时尚，凡是有点钱的，都千方百计收藏他的书画。据说，有他提字的纸扇一把竟卖到40两白银。

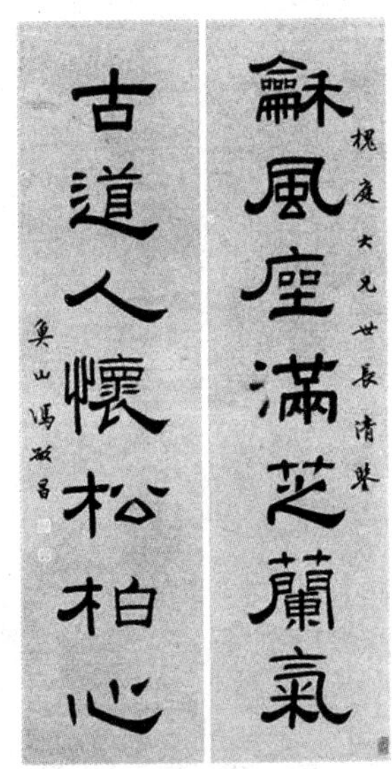

志书的作用，无论是封建社会还是当代社会，它的最大功能就是“资治、教化、存史”。

古代各级官员十分注重编写志书。

封建时代的官员，一般任期三年，在三年中，民生大事十分繁重，工作千头万绪，在这么繁忙的情况下，各级官员都把编修志书作为一项重大工程，如林希元嘉靖十五年七月谪知钦州到任，嘉靖十八年十月离任，在钦州任知州刚好三年，他在任钦州知州期间，“兴利除弊，约身裕用，严正不挠，豪猾屏迹。”同时编纂《钦州志》，是研究明朝南方的政治、经济、军事、农业、社会生活等的珍贵资料，也是钦州现存全面反映钦州经济社会人文的一本志书，是一份不可多得的历史文化遗产。

《孟县志》是冯敏昌给河南人民留下的一份厚礼，一份没法称量的文化瑰宝。

《孟县志》乾隆五十三年（1788）开始编修，花了三年时间才编成。三年里，冯敏昌带着助手，分成若干个小组，分头到各地搜集材料，深入村户调查研究，借阅了五车书查找核实证据。正是由于他过细的工作，在这次调查中，冯敏昌有了一个震惊当下的发现：找到了证据证明韩愈的墓就在孟县西郊 40 里。他还亲手写了韩愈飨堂牌、墓考牌、谕祭牌并全部立了起来。他还考证了杜工部墓，重修了杜工部墓，种上青松翠柏。

冯敏昌修好的《孟县志》，按照他在自序中所说，分圣制、地理、建置、田赋、职官、人物、艺文、金石、史事、杂记等。整本县志非常完备和分明，查找起来方便，开创了志书编写的体例。当时社会上评价非常高，清人文集《地理志类汇编》第三册“跋冯敏昌《孟县志》”载：“其修辑之富，考订之勤，可谓竭情尽致矣。”清方志学家蒋藩认为冯敏昌所编《孟县志》可与洪吉亮、洪符孙等名家齐名：“冯鱼山敏昌之孟县志，莫非一代之宏载，千秋之杰作。”

除了孟县志，冯敏昌还编过《华山小志》《广东通志》，并且都已经付梓问世。直到当下，很多志书的编写，还参考冯敏昌编写的体例。

为官清廉宅心仁厚留美誉

冯敏昌做官时间不算长，前后经历也就是 10 年，1778 年考上进士后，冯敏昌被钦点为翰林院庶吉士。

按清朝管理官员体制，考中进士后，如果有潜质，有培养前途，则选入翰林院任庶吉士，目的是让这些庶吉士可以先在翰林院内学习，之后再授各种官职。和现在的跟班学习大同小异。

冯敏昌在翰林院学习了两年，乾隆四十五年（1780）以二等奉旨授职参加《四库全书》编修工作，任校书官，兼任三分全书馆分校长官，他勤勉工作，成绩突出，乾隆四十八年（1783）十月二十八日、十一月十四日两次得到乾隆皇帝奖赏，计有香袋一只，大红宫缎两匹。

作为皇帝近臣，乾隆皇帝非常赏识冯敏昌，乾隆四十九年（1784）二月被钦点担任礼部会试同考官。清朝会试，设主考官4人称总裁，18人称同考官，冯敏昌资历尚浅，能跻身18名同考官之列，其学养和威望可想而之。

清朝规定，每逢辰、戌、丑、未年，即乡试的次年举行，若乡试有恩科，则次年亦举行会试，称会试恩科。每次会试都分三场举行，三日一场，第一场在初九日，第二场在十二日，第三场在十五日，亦先一日入场，后一日出场。三场所试项目，四书文、五言八韵诗、五经文以及策问，与乡试同。考中者称贡士，经殿试合格后称进士。

冯敏昌自从被任命为同考官之日起，就杜绝私事访客，严守考试规则，不吃请，不受礼，天天坚守在北京内城东南方的贡院。三月十二日考完试，北京大雪纷飞，寒风刺骨，为了确保试卷安全，他彻夜守在贡院，协助主考官吏部尚书吴印溪工作。两人冷得直发抖，为了抵御寒冷，吴尚书拿出橘酒和冯敏昌共饮，冯敏昌有感而发，即兴作诗一首赠予吴尚书：

橘酒何从得，驱寒此更佳。
味还同著蜜，质本未逾淮。
公事慎物旷，故乡良可怀。
与君非二叟，兹乐亦堪偕。

由于圆满完成考试任务，主考官和同考官都得到乾隆皇帝奖赏，乾隆皇帝还特别嘉奖了冯敏昌，又奖绸缎一匹。拿现今的话来说，就是冯敏昌一夜之间红了。

冯敏昌的走红，有人看在眼里就不舒服了，这人就是他的顶头上司和珅。和珅这个阶段成了乾隆皇帝的大红人，任户部尚书、兵部尚书、议政大臣、国史馆总裁、吏部尚书等二十多个职务，朝中全部实权都独揽，红得发紫。

冯敏昌走红后因为不想沾染官场恶习，没有去巴结和珅找靠山，和珅火冒三丈，多次挑唆乾隆皇帝要整垮冯敏昌，乾隆皇帝最终听信了和珅的谗言，改任冯敏昌到户部浙江司任闲职。

冯敏昌不想在打杂中度过自己美好的光阴，争取到游五岳的机会，从乾隆五十年（1785）十一月离京，游完五岳回到北京，已经是七年后的乾隆五十七年（1792）。

这次回京，冯敏昌担任了户部浙江司主事。清朝的户部，包括了当代财政部加公安户籍管理两个部门的职能，既管户籍又管经济。按清朝例，各部院主事是正六品衔。

而且这个主事叫着名称好听，其实就是个闲职，和当今的非领导职务有些相似，没有什么权力，只有在部里或司里有什么项目性的事（如出差或京畿巡查、库房清点等）才会让主事领衔办理或协助办理。

有人为冯敏昌鸣不平，冯敏昌不以为然，信心满满地说："不论官大官小，能为百姓办好事就是好官。"

他在这个岗位上勤勉办事，为国理财。

有感于当时和珅的横行霸道，大搞文字狱，他写了一副对联送给弟弟冯敏晖："三缄其口，再思而行。"

我们后人没法想象他当时写这副对联的心境，但从文字推敲，他内心应该非常无助，深感官场险恶，人人自危，怕弟弟言多必失，故有此联。

乾隆五十九年（1794）五月二十四日，冯敏昌从户部调到吏部，任刑部河南司主事。

吏部是专门管犯人的机构，犯罪人员为了减轻罪责，尤其是死刑犯，为了活命，很多人会不择手段请客送礼，在贪官眼里，是个肥缺，来钱快。

冯敏昌却不喜欢这个岗位，对户部依依不舍，不想到任。在上头的多次催促下才勉强上任。

他在这个岗位上工作了十八个月，冯敏昌常常对同事说："这吏部责任重大，处处关系着民命，我们如果工作不慎之又慎，一条无辜的生命可能就葬送在我们的手里。我们一定要仰体皇上好生之德，俯思朝臣折狱惟良。"

他是这样说的，也是这样实践的，经他手的每一个案件，他一定再三审核，有错必纠，能平反的给予平反，能减刑的给予减刑，只要罪不至死，他一定会给犯人新生的机会。

那些十恶不赦要判死刑的，他总是心怀怜悯，签了状，到秋后大决时，往往心神不宁，坐卧不安。回到家还唉声叹气，闷闷不乐，可见他是个仁慈的好官。

乾隆六十年（1795）儿子、父亲先后过世，次年他回大寺为父亲守制，从此便没有再踏进官场。

极尽孝道济弱扶贫种善果

冯敏昌的父亲冯达文一生不得志，连续十次考举人都名落孙山。一生精力都花在考试上。从九岁开始，冯敏昌就跟随父亲四出考试，在共同的奋斗中结下了深厚感情，这种感情超越了一般的父子情。

因此，在乾隆五十五年（1790），冯敏昌供职的孟县河阳书院散馆，冯敏昌准备回北京定居前，即刻写信给父亲，请他无论如何要来北京和自己同住。

父亲便遂了冯敏昌的心愿，带着四弟冯敏曙和冯敏昌的儿子、侄子一起动身。

冯敏昌的父亲冯达文利用这个机会，先到北京为乾隆皇帝祝寿，事情办好后又到津门去拜访自己的同乡李载园。

冯敏昌一听父亲已经到达津门，便立马辞去孟县的教师工作，于十一月初九日从孟县北上，五更过怀庆府，转卫辉府到新乡县，十二月二十日抵达津门，一家人终于团聚。

他带着父亲、弟弟和儿子、侄子在津门观山看海，让父亲一行阅尽了津门风光。

为了照顾年迈的父亲，冯敏昌把父亲妥善地安排在老乡李载园处居住，派专人日夜细心照顾。自己则带着弟弟他们游湖南、湖北，既让年轻的饱览了祖国大好山河，又让父亲得到细心的照顾和休息，安排得十分的周到细心，直到乾隆五十六年（1791）十一月才回到津门和父亲会合，带着父亲一行进京。

在北京时，按照他的职级，完全可以在户部安排自己的亲人住下，但冯敏昌为了避嫌，主动将父亲一行安排到廉州会馆居住。

每天除了上班时间，他都待在廉州会馆，教弟弟和儿子、侄子学习，和父亲交流写诗作文的心得，恭顺地照顾父亲起居饮食，让父亲快乐地度过了一段非常美好的时光。

这次父亲到北京，成了冯敏昌和父亲生前的最后一次见面。

乾隆六十年（1795）对冯敏昌来说真是个衰运连连的年份，二月，他的大儿子冯士载在河南郑州官府内突然染病不幸身亡。冯士载遵照父母之命、媒妁之言与时任孟县知县仇序东的女儿成婚，并遵父亲冯敏昌的安排在孟县定居，不幸染病英年早逝。这是冯敏昌的大儿子，这儿子深得冯敏昌真传，才品兼备，正在孟县知县仇序东门下认真做学问，争取功名。谁知一病，竟先于冯敏昌而去，真正成了白发人送黑发人。

冯敏昌的悲痛可想而知。

由于他当时在京任官，不好请假，只好强忍悲痛对五弟冯敏晖说："你到孟县帮我处理好士载的后事，回来时带仇氏回京，让她离开伤心地，在北京守制。"

冯敏晖深知哥哥内心的痛苦，安慰他说："哥，你放心，我会尽最大努力处理好士载的后事，你也注意保重身体。"

冯敏晖离开北京直奔孟县。在京的冯敏昌回忆儿子士载从小到大的点点滴滴，伤心欲绝，这么优秀的一个儿子，说没就没了，他十分责备自己没有尽到父亲的责任。

他拼命工作，想用工作的满负荷来冲淡悲伤。

可是悲伤的眼泪还没有擦干，十二月二十八日，突然接到噩耗，他敬重敬爱的父亲冯达文已经在十月初十日辞世，由于北京离钦州路途遥远，这消息到北京时已经是两个多月。

冯敏昌的天都塌下来了，冯敏昌按照习俗把袜子脱了，寒冬腊月赤脚踩在地上，生满了冻疮。

由于茶饭不思，伤心过度，每天咯血，差点命都没了。很多朝中的老乡、同事到他家去探望，看到他已经奄奄一息，任谁劝说都不肯进食。大家都说，冯敏昌看来是挨不过年了。

恩师翁方纲获悉噩耗，到府上来探望，看见他这个样子，训了一顿："你这个样子，你父亲的后事谁来办？身体发肤，受之父母，你糟蹋自己的身体就是大不孝。你要尽快恢复健康，回家办理父亲的后事。"

经过翁方纲这一骂，冯敏昌才穿上袜，并开始进食米汤，身体也慢慢恢复元气，总算捡回了一条命。

在他的心目中，父亲比天还大，他当即向皇帝告假回家丁忧，想到这次回家，不知什么时候才能回京，又想到儿子冯士载棺材还在河南孟县寄存，内心充满了忧虑，又由于经济拮据，简直是一筹莫展。

在他最困难的时候，同乡林梅堂先生伸出援手，他对冯敏昌说："我帮你到河南运贤侄的灵柩回乡，你安心回家吧。"

冯敏昌感激得泪水都流了出来，紧紧抓着林梅堂的双手说："亲不亲故乡人，你这个情，我记住了，那我们分头行动，到维扬会合后一起回家。"

林梅堂到河南后，冯敏昌才携家人上路，两路人马直到第二年九月二十四日才在维扬会合，同回钦州。

由于沿途艰辛，无钱雇请帮工，林梅堂和另一仆人劳累过度，双双死在路上。冯敏昌只好分拆棺椁，将两人装棺带回钦州。

冯敏昌缺人手，缺钱，历尽了千般苦，尝尽万般难，一行人回到大寺，已经是父亲死后第二年的五月初五。

冯敏昌一行灰头土脸回到家，老母亲看到孙子的灵柩已经哭成了泪人。

冯敏昌看见母亲，立即跪在地上请罪："不孝儿在外漂泊，不能在父亲面前尽孝，走前又不能见最后一面，是最大的不孝。"

母亲扶起他，劝他说："你父亲走得很安详，他叫我转告你，世道复杂，如果做官太难，以后就教书立言立德。"

冯敏昌哭着说："孩儿谨记父亲教诲。"

回家不久，他的四弟冯敏曙因四处登山物色风水下葬父亲，过于劳累，加上中暑，六月初六突然病逝，前后两年，一家走了三个亲人，这些亲人都是冯敏昌的至爱。

冯敏曙自从随冯敏昌进京，一直跟随冯敏昌身边，冯敏昌游五岳，都是他鞍前马后效劳，在冯敏昌言行影响下，冯敏曙品行文章都为时人推崇，得到翁方纲赏识，已经收在门下，折桂只是时间问题，想不到英年早逝，让冯敏昌悲伤过度又开始呕血。

好在有母亲和诸后辈日夜照顾，冯敏昌又死里逃生了一次。

嘉庆皇帝此时已经登基。

嘉庆皇帝感念冯敏昌曾经给自己上过课，又想到父亲受和珅谗言的影响对冯敏昌的不公平待遇，因此上位做皇帝后，给予冯敏昌一家极大的荣誉，恩赐冯敏昌父亲冯达文为奉政大夫，晋封母亲为太宜人，并赐赠祖父祖母。

冯敏昌和母亲率全家到大寺镇的官道上接受诰命，听着官员宣读诰命，冯敏昌悲喜交集，心里想：一生不得志的父亲，要是能看到自己被诰封为奉政大夫，那应该有多高兴啊。

但父亲已经不能再生，又想到两个最亲近的亲人儿子冯士载和弟弟冯敏曙都离开了自己，更让他悲从中来。

择吉日先后埋葬了自己的儿子冯士载和四弟冯敏曙，第二年正月，在离家六里的丽城山找了一块风水宝地埋葬了父亲，冯敏昌开始守制。守制期间，他不吃肉腥只吃素菜，不近女色，不入街市。三年下来，由于营养严重不足，整个人脱了相，很多人都认不出他。

三年守制满后，按照清朝的规定，他可以回京任职，但他记住父亲的教诲，选择教书育人。

这期间，他接受了广东省的邀请，入主端溪书院任教，安定下来后，专门请母亲到自己工作的书院长住，一有时间，就带母亲出游，让母亲过得非常开心。

在他55岁这一年，母亲过世。他辞了工作，回家守制，在母亲墓旁搭了一间小茅棚，吃、住、睡都在母亲坟前，喝稀粥100天，不喝酒、不洗澡、留胡须不剃头、不更衣，并停止一切娱乐活动。有次山洪爆发，水淹上山，差点被淹死。

山上原有的食物被冲走，家里人没法送上山，他在山上一连饿了多天，待水退后，家人找到他，已经气若游丝，再迟一点发现，就一命归西了。

他生前挚友伊秉绶在冯敏昌墓志铭中对这段经历有较翔实的记载："及丁母忧，素食庐墓三年。虎啸猿啼，悲惨欲绝，庐前沟水，为众流所汇。阴雨连旬，山水暴涨，径路已断，水势齐腰。遽避露处，回顾庐沉，断炊数日，反存皮骨，以此早衰。"

他的孝道感动周围的所有人。

当时的钦州知州刘光辉非常仰慕冯敏昌的品行，留下了一段真实的文字记载："茹荼三载，先后同揆。庐墓三年，初终一辙。又能抑情就理，无灭性之畸形；同气推恩，笃友于之深爱。"

冯敏昌一生不论身在何处，都念念不忘桑梓，早在1782年他36岁在京任官时，看到家乡很多来京求官求学和做生意的钦廉人氏无处落脚，便萌生了建个会馆让乡亲们上京有地方安身的想法，在同乡李载园的鼎力支持下，他不但自己拿出了第一笔经费，还四处发动同乡同事捐款，于乾隆四十七年四月初七日在粉坊琉璃街买下了一块地皮开始动工建廉州会馆，八月建成后座，十一月建成中座，十二月建成头座。从此钦廉乡亲上京终于有了落脚点。冯敏昌在京期间，凡有钦廉老乡在京过世，他都会排除一切困难，帮助把死者运回家乡下葬，据史料记载，共有十七许之多。

在乡居钦州期间，凡乡人有亲人过世，没钱买棺材和办理下葬之事，他都会出钱出力帮忙，甚至亲自为丧家寻访吉地。他的贴身书童黄中和早年家庭十分贫穷，根本没法维持生计，他同情黄中和的遭遇，为了解决他的生活，收他做书童，并成为终生挚友。

后来，黄中和在孟县病逝，冯敏昌辗转2000多里将他运回大寺安葬，并写了情真意切的悼念文章记述黄中和的一生。

大寺离城镇较远，当时属于边远山区，土匪横行，经常进村偷抢，杀人越货，乡亲们谈匪色变。

他挺身而出，出钱出力组建民团，捐资修建瞭望台，组建护村队，制定联保细则，并主持制定了《马岗乡约规条》十六条。其中有务本业，兴礼让，杜奸慝；守望相助，灾患相恤，禁止邪巫，规诫过恶，奖劝善行等条款，全村人共同遵守。

有了这些规条，村民有了主心骨，本来人心惶惶的村民立马安定下来，形成了全村共同对付土匪的局面。

土匪看到马岗村不好对付，从此不敢在冯敏昌老家出现。

他在北京任职期间，看到钦州迴澜书院破败，学子们无书可读，亲自找到钦州州官和有威望的人商量重建，还第一个捐钱。在他的努力下，迴澜书院顺利修复，失散的学子又都回到书院读书。他一个人的俸禄要养一个大家族，他又不贪不拿，这点俸禄往往入不敷出，但就是在这样困难的情况下，他也克服困难，捐钱在家乡办义学，捐谷建义仓，救济贫无所依的村民。

由于他一生乐善好施，孝德齐备，学识全面，成为封建时代士大夫的楷模。

醉心办学河汾礼乐育桃李

冯敏昌当官不顺，四十二岁开始在河南河阳书院任教，以后虽然又做了一段时间的官，但由于在户部和吏部担任的都是小官，很难有大的作为，他从乾隆六十年（1795）回家为父亲守制后，就再也没有回到官场。

五十三岁入主广东端溪书院，接着又主持粤秀书院、越华书院，一直在教书育人的岗位上持续工作到过世。

冯敏昌所处的时代，正是清朝实行书院教学的兴盛时期，当时的书院教育，虽然由讲席自己决定教学内容，但万变不离其宗，书院的办学宗旨，基本以传播儒学为主，通过传授经史考据、古文诗赋、时文制艺，间接传授儒学思想。

清代书院面向地方社会的儒学传播，几乎辐射到当时整个社会，影响了各个阶层的人员。清代书院儒学传播对当时社会产生了广泛而深远的影响。冯敏昌早年曾就读于书院，得益于书院的教育和自己的努力考中了进士。

冯敏昌作为中国传统文化培养出来的优秀知识分子，对教书育人的道理有着深切的体会，因此，他重视教育，从硬件和软件两方面下功夫。

在家乡钦州，在他的倡导和奔走下，除了重修了迴澜书院，还修建了凌云书院。在北京倡建了钦廉会馆，在孟县倡议创建花封书院。而在软件建设上，他从端正学风入手，他在端溪书院执教期间，亲自制定学规，共十六条：正学宜先讲，志向宜先立，品行宜先敦，义利宜先辨，礼仪宜先习，五经宜背诵，书理宜疏通，课程宜各立，应课宜自勉，出入宜节少，事非宜力戒。

十六条学规中，其中前五条都是讲品行，可见冯敏昌教书育人，把品行德才放在首位。

当时端溪书院有学生 100 多人，冯敏昌采取大班统一上课和分小班上课两种方式，因人施教，因材施教，注意激发学生的主观能动性和学习积极性，德育为先、日记教学、教研结合、寓教于乐、关注实学并重办学。

他在课堂上课时是个威严的老师，课堂下又是平易近人的师长，为了帮助学子领会教材内容，他自己作《七经解说》《四书讲义》刻在《端溪课艺》上供学子学习时思考，同时选编了中国古代优秀诗文赏析十余种，让学子在学习时少走弯路。他和学子一起讨论诗文，高兴起来手舞足蹈，全没了教师的威严。学子们都非常敬重他，散馆后很多学子都不愿离去。

第一年下来，他教授的学子中，在岁试和科试两种考试中，共有 36 人考上，恩科考试中有 6 人考上。广东当局写来贺信，称“有河汾礼乐之盛”。

“河汾礼乐”出自隋朝王通在河汾设馆开办学校培养人才的典故。王通一生的事业，是面对人文传统失落已久，隋朝政治腐败暴虐的现实，毅然奋起，承当起为千载以上往圣继绝学，以道德文化扭转现实政治，为千载以下生民开太平的历史文化使命。王通的教育思想是面对现实以明王道，培养王佐人才，旨在研讨兴国富民，以著书立说来开启一代风气，天下太平之大道，不以老师的身份招党聚众。

因而名声日隆，有志报国的四方学子前来投师求学者越来越多，由数十人而数百人，最多时达千人。投到王通名下的学子中，最著名的有魏徵、薛收、陈叔达、杜淹、房玄龄、李靖等。据《文中子世家》记载："河南董恒、太山姚义、京兆杜淹、赵郡李靖、钜鹿魏徵、太原温大雅、颍川陈叔达等，咸称师，受王佐之道焉。"这些人中，不少后来成为唐初的开国重臣，其中魏徵等人就直接参与了名传千古的"贞观之治"，使王通的"河汾之学"得以传播和延续，使王通的治国理念和方略得以发挥。从此，"河汾礼乐"成为培育杰出人才的代名词。

有感于冯敏昌办学的成功经验及其取得的突出成绩，嘉庆六年（1801），广东当局把他调到学子多、学校管理混乱的粤秀书院。

临行时，端溪书院学子及当地乡绅摆酒吟诗相送，连接起来有十里长，观看的百姓人头攒动，全市罢市，赠诗相送有200多首，冯敏昌一一读完，过后将这些赠诗编辑结集。

他上任后，对粤秀书院的现状进行了大量深入的调查，写了题目叫做《粤秀书院事宜管见陈答》14000多字的建议书给广东当局，历陈粤秀书院的弊端，其中认为当局实行一年一次甄别学员的做法是最大的弊端："夫二月甄别，三月出榜，去者已定。新者四月然后搬入；而留馆者亦必四月以后，然后说用功。则一年之内，已去其四个月矣，至于十二月初又散馆，则十月以后亦已强弩之末，是每年稍稍读书者，只有五六个月而已。"

同时对粤秀书院的积弊进行了大刀阔斧的改革，除了公布学规十六条要求学子们遵守，他还采取每个学子发一本读书登记簿，每日读的书要登记在簿上，五天一查，凡是遵守学规好，又按时读书登记的学子选为斋长，做得不好的，用现时的话来说就是诫勉谈话。摘录一段他到任时训诫学子的告示，标题叫"示粤秀书院生童文"，"今方启馆之始，谨与诸生约：凡入院读书者，务须实力用功，不可舍业以嬉，纵情自逸。大抵先须遵照宪定馆规，每日将院门封闭，以时启放水菜，每日辰刻、未刻。此外诸生有事出入，必须报明，然后酌启，毋许非时混行出入，俾其稍收放心，至于日逐课程，掌教当酌示程式，遵照用功。偿其仍前怠纵，必当启宪量示惩警。若其别有非为，查知，必当移启逐出，毋许溷乱院规。即使有失士心，亦所不恤。盖亦正非得已也。"

各种弊端找出来了，制度有了，诫示也公布了。

得找个切入点改变学校面貌。

冯敏昌从自身做起，用事实感动学子。

粤秀书院原来缺桌缺椅，700多学生经常有一半的人站着上课，他从自己的俸禄中拿出钱，添加了100多张桌椅，让学子们读书有凳可坐。他每天五时就起床，自己做早课，完后巡查学子早读，遇到学子有疑难问题，他深入浅出教导，让学子们很快抓住问题的实质。有的学子缺衣少穿，他从自己的口粮中挤出一部分，帮助穷困的学子度过难关。按照以往规定，凡上大课，学子们有“饭食银”八分津贴，当时广东当局以财政困难为理由，停发了“饭食银”，冯敏昌上任后，奔走呼吁，不断找广东教育机构反映情况，在他的奔走下，广东管教育的官员采用了灵活办法，批准将书院余额4000余两钱作为“饭食银”发放，并答应次年恢复正常供给渠道。

冯敏昌的行动，让学子们感激在心，有了学习的动力，这年考试，考上的学子比头年多了一倍。

由于他的教学成绩太突出，这年散馆后，广东当局想尽了办法挽留他继续留在粤秀书院任讲席。

但此时家中母亲患病，冯敏昌想着父亲过世时自己不能在身旁尽孝的往事，为了不留下遗憾，他决定回家侍奉母亲。

广东当局一直诚恳挽留，冯敏昌只好勉强留了下来，到了十一月，眼看母亲病情加重，只好辞馆。

十一月中旬带着妻儿不停赶路，到十二月十九日早上四更天才赶到家。回到家，母亲已经卧床不起，他尽心服侍，日晚守着母亲。

十二月二十二日是母亲生日，为了让母亲开心，冯敏昌决定给母亲祝寿。

这一天，冯家张灯结彩，母亲被冯敏昌搀扶着进了大厅，坐在一把太师椅上接受众后辈的祝福。

老母亲非常开心，对冯敏昌说：“生出你这么优秀的儿子，我一生满足了，你年纪也大了，要保重身体。”

冯敏昌含泪说：“不孝子一直在外面奔波，没能好好尽孝，这次回来，我决定一直陪在您身边，什么地方也不去了。”

母亲说：“自古以来，忠孝就不能两全，不能为了我影响你的正事。”

全家人看到老人家心情好，病情有了好转，都很开心，冯士镳甚至弹琴庆祝祖母生日。

谁知到了二十九日，老人家竟过世了。

冯敏昌一直自责自己不早点回来服侍母亲，下葬了母亲后，他又开始

守孝三年，买了两顷田为墓地，在山上搭建了一个草棚，带着两个儿子上山守制。父子三人粗菜淡饭三年，不吃荤腥，坐卧不居高位，足迹不到城市，不骑马不坐轿。每日早晚各到墓前上香一次，从不间断，一直守满三年。

而广东当局一直虚位以待，他守孝满后，广东一批又一批的人来大寺请他就任越华书院讲席并兼修《广东通志》。

冯敏昌在这之前，已经被诰封为奉政大夫，想到皇帝深恩未报，动了继续到朝廷任职的念头。

但看到广东方面态度如此诚恳，又高兴地接受了到越华书院任职的聘请。

他在越华书院任教一年，兼做编修《广东通志》的前期工作，他想抓紧时间修好《广东通志》，对有恩于他的桑梓有个交代，自己便可以放心进京了。

他夜以继日地工作，十分的疲劳，两个儿子看见他累成这样，都劝他说："父亲，你守制时身体亏欠太大，现在还处于恢复阶段，这样拼命，身体会吃不消的。"

他回答说："答应别人做的事，就一定要做好，我要赶在明年年底修好志书，不努力不行。"

两个儿子听了，也不好反驳，只好帮他整理资料，分担他的部分工作。

嘉庆十年（1805），他再次受聘担任粤秀书院讲席。

为了庆祝冯敏昌重回粤秀书院，广东教育主管部门搞了个非常隆重的欢迎仪式，开学当天，省上来的官员，当地乡绅、学子、家长全部站在粤秀书院的院子里，中间设了座席，冯敏昌在官员的陪同下，居于正中座位，锣鼓喧天，礼炮鸣响，先是宾主四拜，接着是司道四拜，府县四拜，接下来，是众学子四拜，尊师重教成为流传至今的佳话。

冯敏昌受此礼遇，决心以加倍的努力来回报桑梓，全身心投入到教学工作中，每天早上五鼓就起床，先是自己学习，接着就去巡视学子们的早读。晚上忙于收集编通志的材料，每天睡觉很少。

这年散馆，他本想辞职，正在这时，广东省的巡抚将自己两个儿子送到书院来就读，拜自己为师，他碍于情面，不好意思辞职。加上上年的上课费还没有发下来，就是想走，也没有盘缠，只好继续留在粤秀书院任教。

嘉庆十一年二月（1806）初六日，冯敏昌偶感风寒，感觉身体有些不适，请了郎中来视病，他写了八个大字：“病可愈否，求赐良方。”

郎中开了发寒中药，吃了不见好转，到了二月十一日，病情加重，冯敏昌想着已经没有回天之力，趁着精神还能支撑，把两个儿子叫进房间，对他们说：“我一生没有给你们留下什么金银细软，现在还有 30 多张欠债单据和典当衣物的收据，我走后，希望你们父债子还，替我还完所有的欠债。”

两兄弟连连说：“你放心吧，一年还不完，我们还两年、三年，我们还不完，还有你的孙子。”

冯敏昌听了，叫两人把欠账单据贴在墙上。叫儿子读了一次单据，他核对无误后，这才放心。戌时，在两个儿子的陪伴下，冯敏昌安心地合上了眼。

一颗高贵的心脏停止了跳动。

冯敏昌的一生，饱读经史百家，学术成就车载斗量，教书育人有口皆碑，他教出的学子中有一大批属于当时的佼佼者，如罗桂芳、谢兰生、焦琴斋、邵咏、要正纲、刘广礼、黎观光、郭壮圻等都是国家之栋梁。

他的一生，正如他的好友伊秉绶的墓志铭所写：“海涛震荡天南隅，风回珠浦澥铜鱼。笃生奇才横鹜驱，包罗众有涵清虚。思追骚雅郁以纡，平揖独漉欧黎区。平生质行姜宁杅，循墙而走径间趍。麟一角戒禅野狐，阳开阴阖大笔濡。春温秋肃德充符，既登廊庙勤苏湖。龙蛇遽厄年命徂，天马山崩海水枯。崔巍石兽荒榛芜，丰碑大树驰千夫。”

冯敏昌过世后于嘉庆十二年（1807）安葬在钦州长墩司大寺圩望海岭，从全国各地赶来参加冯敏昌葬礼的有 6000 多人，可谓盛况空前。

冯敏昌没有留下钱财给后人，他留下来的是沉甸甸的文化瑰宝，更留下我们用所有金钱、权力都没法交换的高贵品质。

嘉庆十四年（1809）仲秋，州侯田文喜率钦州各乡士绅 300 多人，在仪仗队的开路下，他们恭恭敬敬地将冯敏昌的灵牌送入乡贤祠内供奉。

200 多年过去，冯敏昌的道德文章和高尚人格一直恩泽着钦州这方水土，他留下的文脉像钦江之水，一路奔腾向前。

附：冯敏昌年谱

1岁　乾隆十二年丁卯（1747年）

八月十一日（农历，下同）子时生于广东省钦廉道钦州长敦司南雅乡马岗村（今广西壮族自治区钦州市钦北区大寺镇屯强村）冯家，取名敏昌，字伯求、伯子，号鱼山。曾祖父应祥，字征麟，太学生、增广生、翰林院编修。祖父经邦，字宪万，增广生，始迁马岗村。父亲达文，字天岩，岁贡生，任训导。冯达文有八个儿子：敏昌、敏昭、敏晟、敏曙、敏晖、敏升、敏暹、敏晤。

2岁　乾隆十三年戊辰（1748年）

3岁　乾隆十四年己巳（1749年）

4岁　乾隆十五年庚午（1750年）

冯敏昌开始认字、写字和问字。他曾问父亲："虎字这么写，什么意思?"冯达文答："抬头拖尾，为民除害。"这一年，和珅出生。后来和珅位居"一人之下万人之上"，权倾朝野，排挤冯敏昌。

5岁　乾隆十六年辛未（1751年）

6岁　乾隆十七年壬申（1752年）

7岁　乾隆十八年癸酉（1753年）

祖父冯经邦向孙子冯敏昌口授毛诗，讲解大意。冯敏昌开始读四书五经。

8岁　乾隆十九年甲戌（1754年）

冯敏昌勤诵毛诗四书。

9岁　乾隆二十年乙亥（1755年）

冯达文带儿子冯敏昌出钦州会文友，游山玩水吟诗作对，登上尖山文笔峰。冯敏昌作《登文笔峰》五律诗："长江泻万里，砥柱挽文峰。上眺三台近，遥观百雉空。凭虑发长啸，临远豁孤衷。极海扬眉处，云帆波浪中。"这是如今能找到的冯敏昌留下的第一首诗。这年夏天，冯敏昌祖母去世。

10岁　乾隆二十一年丙子（1756年）

冯敏昌在家读书，接受祖父冯经邦讲解秦汉唐宋古文，并继续疏通四书五经大义，还作破承试诗。

11岁　乾隆二十三年丁丑（1757年）

冯敏昌继续在家读书，读遍见到的五经、《左传》《国策》，也学习制艺，到了授笔能作文的地步. 同学当中即使已成年的人对他也敬佩得很，不敢同他比试，自愧不如。

12 岁　乾隆二十三年戊寅（1758 年）

冯敏昌这一年考取秀才，成为州学的生员。

八月初二，冯经邦无疾而终。冯达文、冯敏昌悲痛不已。

13 岁　乾隆二十四年己卯（1759 年）

冯敏昌从家乡出到钦州城，拜本州对经书有研究的谢涵川为老师，也读制艺，诗律大有进步，写出“梅花诗”四首，老一辈的诗歌爱好者吟后无不说好。这一年，冯达文困守父丧没有去应乡试。

14 岁　乾隆二十五年庚辰（1760 年）

冯敏昌出州城郊区方家村方梅轩家私塾读书，先生是廉州府合浦县名宿谭崧堂，闲时游览作对，诗歌词赋愈加精通。

15 岁　乾隆二十六年辛巳（1761 年）

冯敏昌继续在方梅轩家私塾读书，老师仍是谭崧堂。夏天，冯达文又去廉州应例考，冯敏昌随父同去。科试得第一名。成为廪生，享受国家俸禄。

16 岁　乾隆二十七年壬午（1762 年）

二月，冯敏昌跟父亲冯达文去肇庆，拜陆大田为师，就读于端溪书院。

17 岁　乾隆二十八年癸来（1763 年）

春，到广州，进粤秀书院，投在柴屿青门下，住在书院的西斋竹园，与姓李，姓林，姓黄，姓唐的名士们同门砥砺，皆以千古为期，文法既精，诗篇愈瞻。

18 岁　乾隆二十九年甲申（1764 年）

二月，冯敏昌由广州粤秀书院返乡。夏天又到廉州应例考。冯敏昌写《合浦还珠赋》和几首各种体裁的诗，又得第一名。

19 岁　乾隆三十年乙酉（1765 年）

正月，冯敏昌又赶去廉州应科试。主考官是翁方纲。按临试古学，翁方纲读了冯敏昌写的《金马式赋》和几篇拟古文章，惊赞道：“此南海明珠也。”即擢拔。五月，冯敏昌又赶到省城广州应试，得拔贡第一。随即又应乡试，可惜名落孙山，只好归乡。十月与潘氏完婚。

20 岁　乾隆三十一年丙戌（1766 年）

春初，冯敏昌出发赴京应廷试。无果。十月初，回到广东省，直接还家。写有记行诸诗。

21岁　乾隆三十二年丁亥（1767年）

是年家居。冯敏昌与弟弟们继续在深竹堂读书。九月长女生。

22岁　乾隆三十三年戊子（1768年）

仲春，冯敏昌到省城广州，请业于翁方纲。再一次参加八月乡试，等秋榜出，又落第。

23岁　乾隆三十四年己丑（1769年）

这年春，冯敏昌从电白返廉州还家，又同弟弟们下深竹堂读书。夏夜作诗多首。

24岁　乾隆三十五年庚寅（1770年）

正月，冯敏昌同两个弟弟从廉州还家。闻说翁方纲三任学使已来到廉州，冯敏昌三月再到廉州，随棚读书，接受翁方纲教导。

25岁　乾隆三十六年辛卯（1771年）

春至京城，参加会试。不第。因为不久前三弟敏晟在家乡病逝，不得归视，心情忧郁。从此，他决意将四弟敏曙带在身边，培养成人。他安心住京，自立课程，用心苦读：鸡鸣读《易》，晨曦读经，上午读史，下午读诗，晚上习文，长期遵循。不久，翁方纲在广东公务完成，及时回京。冯敏昌又有恩师教诲了。

26岁　乾隆三十七年壬辰（1772年）

春天，冯敏昌跟随翁方纲游览北京名胜古迹，观花赋诗，另有一番情趣，等到再次参加会试，仍然未中。夏天，南还。中秋后抵达广东省城广州，回乡，在家过年。

27岁　乾隆三十八年癸巳（1773年）

这年秋，冯敏昌长男冯士载出生。冯达文催冯敏昌尽快上北京，去拜翁方纲为师，勤学苦读，争取前途。九月，冯敏昌带了四弟冯敏曙先去省城广州，不料冯敏曙生了病，只好侨寓桑园调养，经年始愈。在广州过年。

28岁　乾隆三十九年甲午（1774年）

冯敏昌第三次入京。十一月三十日进京后住入虎坊桥聚魁店。十二月初八移居城南法源寺。

29岁　乾隆四十年乙未（1775年）

冯敏昌、冯敏晖兄弟在法源寺过了年，就到翁方纲家中拜访问学，并陪恩师游览各处名胜。回到法源寺，兄弟俩相对读书。

30 岁　乾隆四十一年丙申（1776 年）

这年冯敏昌、冯敏晖仍住在法源寺读书。五月十二日，冯敏昌以考取国子监学正引见候用。

31 岁　乾隆四十二年丁酉（1777 年）

冯敏昌与五弟冯敏晖继续在法源寺苦读。

32 岁　乾隆四十三年戊戌（1778 年）

冯敏昌兄弟仍住法源寺朱华书屋。正月初八，兄弟俩到前门查看公榜结果，看到会试中式的二十五个进士名榜中，冯敏昌得殿试二甲、廷试入选，钦点翰林院庶吉士。

33 岁　乾隆四十四年己亥（1779 年）

五月初到家，得知喜讯，合家高兴。秋天，廉州东坡亭落成，冯敏昌应邀前往，与廉州学子记诗共庆。然后回乡，在家过年。

34 岁　乾隆四十五年庚子（1780 年）

二月，冯敏昌带了五弟冯敏晖，经桂林、湖南、洞庭、淇县北上回北京。九月初九重阳节，冯敏昌同廉州老乡李载园叔侄、五弟冯敏晖去游崇效寺尝菊。这年夏天，冯敏昌二子冯士履出生。

35 岁　乾隆四十六年辛丑（1781 年）

冯敏昌在翰林院供职。四库全书馆开，朱派武英殿分校官，得尽览天禄石渠之富。

36 岁　乾隆四十七年壬寅（1782 年）

冯敏昌在京供职校书。见钦廉人士来京会试或者经商办事诸多不便，与李载园出头筹划捐资，四月初七日在粉坊琉璃街买到廉州会馆地皮，八月始建会馆后座，十一月建中座，十二月建头座。这一年，在乡弟弟被学使史卓峰录入州学。

37 岁　乾隆四十八年癸卯（1783 年）

冯敏昌仍在京供职，兼办三分全书馆分校长官。二月，廉州会馆落成。从此钦廉人留在京城求官下州县者接踵而来。十月二十八日、十一月十四日，冯敏昌两次到乾清门领取乾隆皇帝的奖赏，是专奖多年来勤奋从事修书四库的儒臣的。

38 岁　乾隆四十九年甲辰（1784 年）

冯敏昌继续在京供职。潜心经学。

39 岁　乾隆五十年乙巳（1785 年）

和珅安排乾隆皇帝二月初九日在圆明园引见冯敏昌，奉旨以部属用，遂改授主事。冯敏昌心中不快乐，乘机请准出游五岳，乾隆允准。十一月初三离京。冯敏昌在途中得知到户部任主事，也不回去，竟赴通州，抵胡关。时值岁末天寒，便在同乡徐仰之府中过年。从京都到太平，历时十六天。

40 岁　乾隆五十一年丙午（1786 年）

立春，冯敏昌从徐府出游郊外，写诗。游西岳华山。

41 岁　乾隆五十二年丁未（1787 年）

二月初八日，开始游中岳嵩山，五月二十八日，开始东岳泰山之游，六月二十四日，开始北岳恒山之游，五岳中已经游了四岳。孟县县令仇序东邀请冯敏昌明年主讲河阳书院。冯敏昌推辞说："出京时间太久，想回京供职了。"而毕秋帆中丞又以修《孟县县志》嘱托。冯敏昌无法推辞，同意留下，在孟县过年。仇序东是灵山县人，与冯敏昌是同乡好友。后仇女嫁冯士载，结为亲姻。

42 岁　乾隆五十三年戊申（1788 年）

这年冬，在孟县，全城官吏士绅数百人制锦同祝冯敏昌父母长寿。

43 岁　乾隆五十四年己酉（1789 年）

冯敏昌仍留在孟县主讲河阳书院兼修孟县县志，亲自到全县山川远近如芒水、砀水、洛水各形势险要地方考察、绘图，对韩愈故里及其祠堂墓地更是尽心尽意征集意见，考确证据，还从泥土中求得韩文公墓碑和太香炉，都确证为韩墓，于十一月初八日（庚寅）重书公门人新安皇甫湜所撰"神道碑"，立之。冯敏昌又自撰、书写"韩公飨堂碑"、"韩公墓考碑"、"韩公谕祭碑"。

44 岁　乾隆五十五年庚戌（1790 年）

冯敏昌继续在河南孟县主讲河阳书院。正月二十六日，同仇序东和文友们到韩愈墓度建飨堂地。归至金山寺，共饮至暮去；时河阳书院课艺成，修刻《孟县县志》成，驰缴两湖总制毕秋帆中丞。当初，孟县更建花封书院，三月望日（十五醒）落成，故而书泐诗碑序文及官合虚舟亭诗，又撰书跋语于唐独孤府君碑阴立之。此前七月，冯达文到都祝乾隆皇帝万寿，带身边家人先到天津，拜访同乡李载园并留寓署中，随之由天津去北京。后仍返天津寓所。冯敏昌闻信，辞馆，于十一月初九日从孟县北上，十二月二十日抵达津门，父子、祖孙、兄弟、叔侄都聚寓中，一慰十年之别，就在这里过年。

45 岁　乾隆五十六年辛亥（1791 年）

正月，冯敏昌与家人登天津望海楼。二月过南阳，准备游南岳，四月二十五日，正式登上南岳顶峰，在峰顶上住了十天。南岳七十二峰，冯敏昌共登上三十多峰，至此，冯敏昌用前后六个年头的时间实现了游五岳的计划。十一月，冯敏昌把父亲接到北京，入住廉州会馆，冯敏昌到户部报到上班，特授浙江司行走。在北京过年。

46 岁　乾隆五十七年壬子（1792 年）

这一年冯敏昌在京供职。十一月，冯达文趁伴南还，冯敏昌兄弟叩送于长新店，心绪惆怅，为之废食好长一段时间。同时，仆人方德才又在寓所去世，冯敏昌无比哀痛，因铭其殉研，说："方德才曾经跟随游遍五岳，现在他去世了，特以此殉研和两个佩环作为悼念。"

47 岁　乾隆五十八年癸丑（1793 年）

冯敏昌仍在京供职。三月禊日（一般是初三），冯敏昌带弟敏晖及子侄到黑龙潭去作除恶沐浴。临王右军（羲之）禊序一册，并跋，说幸逢癸丑，人生难得。

48 岁　乾隆五十九年甲寅（1794 年）

这一年冯敏昌仍在京供职。二月，冯敏昌叫冯敏晖率大儿子冯士载就婚于河南郑署，一切按照古礼冠婚仪式。冯士载留下，冯敏晖先返回北京。六月，乾隆皇帝驻跸热河。冯敏昌因职事被特召引见，旋奉简选，实授刑部河南司主事，事毕，扈驾回京。

冯敏昌对任刑部河南司主事这个职务并不乐意。他认为，刑部之职，民命所关，司守重大，每逢疑难之案，终怕错断，心难踏实。凡是夹有私意的承诺，一概拒绝。每逢秋审后大决狱囚，总是感叹终日。

49 岁　乾隆六十年乙卯（1795 年）

这一年冯敏昌仍继续在京供职。二月，冯敏昌大儿子冯士载不幸在郑署病故。冯敏昌急令冯敏晖驰往安顿，把儿媳仇氏接回北京守节。十二月二十八日，忽然得知父亲冯达文已于十月初十日辞世凶讯，虽是穷腊岁寒，冯敏昌仍徒跣长日，日咯血数升，几至灭性。朝中旧友无不心动生悲，有的人临门不忍入席而返。春明之后，翁方纲以恩师身份去看冯敏昌，大声责怪冯敏昌不必太过悲伤，冯敏昌才肯穿回袜子。旁人都说，若非翁方纲，谁也不可能叫冯敏昌穿回鞋袜。翁方纲再次来看望冯敏昌，叫他进食水浆。至此时冯敏昌不吃东西已有六日了。食回水浆才稍能起立。

50 岁　嘉庆元年丙辰（1796 年）

是年春，冯敏昌尚滞留京城。冯敏昌才开始食粥水，至于百天，并矢志素食三年守孝。六月，才能同冯敏晖等家属离开北京，由潞河附粮船南奔，并请同郡林梅堂由河南护送冯士载灵柩，九月二十四日到维扬合路一起南归。到得江西，林梅堂卒于船上。冯敏昌拆装为之殡殓，附舟同还。未有多久，有一仆人又去世，更为殡厝。时因黄河决口，漫溢微山湖、昭阳湖，泛滥千里，俱无肄道，沿途阻滞，值抵南昌，在南昌过年。

51 岁　嘉庆二年丁巳（1797 年）

五月初五，始抵家门，如初丧时，随以择地图葬为急。想不到冯敏晖又因为登山触暑，竟于闰六月初六病故。这段时日，冯敏昌除服侍好母亲之外，自己素食哀毁，仅存皮骨，但是措置不致紊乱。是时，冯敏昌才接知嘉庆元年皇恩晋赠父亲冯达文为奉政大夫、晋封母亲为太宜人并赐赠祖父、祖母。冯敏昌扎墨条跟母亲率领全家人出到郊外迎诰命受封，跪拜北天谢恩，转告祖宗结束。接着安葬冯士载、冯敏晖。

52 岁　嘉庆三年戊午（1798 年）

正月，冯敏昌自择北域，在离家六里的丽城山找到一块好地，在月内安葬祖坟。附棺材者诚信谨慎，一切葬仪丰杀都适中，会葬观礼者千里内外驰至约二千人。冯敏昌接待部署有方，人们都慰叹而去。三月服阕具仪，冯敏昌奉祖父木主灵牌入宗祠，亲戚朋友都互相劝勉，进酒茹荤。冯敏昌又因冯敏晖万里同归，归家仅三旬便殉父而去，哀情莫致，又加素食。三月，远近亲友无论贵贱贫富，以礼来吊者，素服，一一亲踵其门，叩拜即行。四月，从乡里到州城谢客，遂至龙门，有任器堂、黄荫亭两位用海船送回，冯敏昌因此写有诗记：“蹇马将程百里劳，愿因间道一翔翱。路从碧海盘千折，人向青天坐一艘。康乐百人通峤道，苏公二客从临皋。何如金断平生友，借我帆风蹑巨鳌。”五月，再自州城回里，因劳累过度，背疽发作，几虑戕生，许久才得渐渐复愈。

53 岁　嘉庆四年己未（1799 年）

二月入肇庆端溪书院，诸生数百人朝夕砥砺无虚日，立学规十六条，宽严并用，学者乐而遵守。七月，冯敏昌让母亲到端溪书院来就养，嘱咐妻子潘宜人及儿媳暨各位弟弟随身侍候。八月十四日到达肇庆，冯敏昌具仪从导舆而行，人们见如此孝顺都叹羡不已。

54岁　嘉庆五年庚申（1800年）

这一年，广东省各级官员仍然挽留冯敏昌主讲肇庆端溪书院。长媳仇氏随侍来院，九月，病故院内。冯敏昌更加悲怆，为她泐志，将她灵柩归送回乡。十一月，冯敏昌上省辞馆，打算明年春天入京供职。但中丞瑚景南抚军力聘，移讲省垣粤秀书院。再次推辞。有人以亲老不宜出万里外为由挽留。冯敏昌矍然，即勉受聘，待到散馆后，开局于爱莲亭中，终羁立书，四五天内肇庆郡城为之纸贵。仍在端溪书院过年。

55岁　嘉庆六年辛酉（1801年）

春正月，冯敏昌从肇庆端溪书院去广州主讲粤秀书院，肇庆府官绅人士及商贾上下广陈饯觞数十桌，相连十里，竟至罢市。冯敏昌亦徘徊依依不忍离去。席中写离别诗。作离别诗相送者共两百多篇，全部装订成册。冯敏昌一一读毕，长久黯然，送者亦都呜咽哭别。到了粤秀书院后，冯敏昌又因为此地从前曾经是跟父亲冯达文来拜师的地方，倍增怀怅之念。开馆结束，先除积弊，不畏强侮，不虑人言，书院日习改变一新，方以礼乐为教，其揖让进退、言语宾师之际严之以礼，尤以立品为先，品行优者申宪举为斋长，其讲课勤密诵文读书登注课程，每人一簿，五日缴查而劝惩之，诸生六七百人，初集成以为难，及久皆悦服。是科，中式倍于常年。又，旧丑课期都无台凳。冯敏昌乃为捐金作长台长凳各一百张，安置妥固，如入试场了。不得给烛，尝辑选有感旧集《师友渊源集》至诸经义奥问多注说将汇为集。初，己未之岁，冯敏昌得诰授奉政大夫，妻子得诰封宜人，到现在才能颁到。冯敏昌同妻子率领全家人到院外跪接，来者登台宣读毕，全家北望谢恩。冯敏昌更换朝廷命官服饰再次谢恩，各当局长官及省城人士成集慰贺。冯敏昌加倍激励报国之志。每使人归嘱弟弟重迎母亲来就养，未允。馆满后各级官员都以善教有成，欣然仍留粤秀书院明年主讲之席给冯敏昌。冯敏昌志欲辞归侍养，不可。既不获命，乃勉强暂受其聘。但是心动不宁，遂于十一月中旬暂辞归省视。单船就道，冯士履跟从，计划明年春再来开馆。二十二日，是老母寿辰，冯敏昌率全家人扶掖老母出坐，接受众子孙拜祝。冯敏昌又穿起朝服祭告祖先。殊不知二十九日，老母亲竟突然去世。冯敏昌严寒徒跣，水浆不入，痛惜归，家仅得十日之侍，悲痛甚于父亡之时。

56岁　嘉庆七年壬戌（1802年）

正月，冯敏昌使人往辞粤秀书院主讲之席，并向各位官员与相好故友讣告母丧之耗，同时把在广州的家眷、行李、书籍全部接带回乡。时过百日才

稍进粗粝之食，但是仍然恪守素食三年之言。四月，冯敏昌把母亲台葬于父亲墓边。观礼会葬者亦有千余人。所有开支也不是小数目。筑墓高九尺，阔三丈，用垣墙圈围，一砖一石都亲自过目，对孝亲不敢吝俭。还求得惠州守汀州伊墨卿先生为志铭而藏之，又建石坊在墓庐前面。这一工程一年始毕。冯敏昌心力尽瘁，自营葬后即结茅庐于山足，为丙舍，置田两顷为墓田，于是庐墓蔬食又三年，坐黔雨鬻高位，足迹不到城市，来往执杖徒行，不敢骑乘，山深无人则攀松柏，号泣无时，每天早晨傍晚一定亲到墓前拈香插拜，哀叩如定省然。即使大风大雨亦不肯借子侄之手为之。纵时管高，返庐亦必登墓叩告，三年如一日。荒谷人烟罕绝，时或虎啸猿啼，云停水泻，若皆助悲思之况，其凄清孤寂，非亲身经历者难得体会。这年便在山上草庐度岁。

57 岁　嘉庆八年癸亥（1803 年）

这一年冯敏昌守制庐中读礼，而且带上冯士履、冯士链两个儿子和各个侄子，把一切所藏书籍字画都带到草庐里来，因为在家里很少有人打理了。时经大事之后，家计百杖艰难，几乎到了不能自撑的地步。冯敏昌一日只能食到山中药菜、水熬粗食而已，一点味道也没有。然而仍然忧勤怵惕，每夜都按时起身读研经学。此后，当局各位官员又专门写信委托廉州府长官亲自拿了聘书到山中来找冯敏昌，并且同时聘请冯敏昌主修《广东通志》。冯敏昌以“已已不孝，何以教人”为由，要到明年四月服阕才可出山，再次辞复，以免误馆。就在山庐过年。

58 岁　嘉庆九年甲子（1804 年）

五月初到省城人书院，各位当局长官欣敬有加，直至五月十一日才开馆。冯敏昌以礼接见诸生不下二百余人。时因素食日久，忽然荤腥丰厚，拉泻累月，安息调养，才渐复原。时当大比，入试者成集寓内。冯敏昌历来好客，逢五、逢十一定洗净杯盏，约来故旧饮叙，如拔贡、秋试、春试同年及其子侄，以时招集团拜会饮纵解装沽酒心焉，好之至送往迎来，竭力周济，恒典衣以致其情者，略无吝容焉。秋后，大宪扎取全省各属志书皆以齐集，方议开局办修。适海疆多事，当局升迁，日不遑给，志事暂停。十二月，冯士履归迎母氏宜人。馆满，越华书院过年。

59 岁　嘉庆十年乙丑（1805 年）

这一年，冯敏昌满拟人都供职，少报屡受国恩之重。但因行李艰难而且家累负重，重以去冬宫保百菊溪削宪在粤与抚宪、广藩宪、秦小岘臬宪会议决意复聘主讲粤秀书院，并专以修通志为委，冯敏昌因去年修志之约已有成淡，且各长官谆谆诚恳，慈更辞却殊属未合，乃又受聘冀修通志，早完报桑梓，即以报国家，然后入觐皇帝供职。遂于正月重移入粤秀书院掌教。启馆之前一日，确关单位人员到书院敷陈甚备。到点，制抚司道府县黎民均集院中，敦请冯敏昌出座，鼓乐唱赞，宾主四拜，司道四拜，府县四拜，命诸生四拜，极其肃敬，茶话继以蜜饮。五月，母氏宜人来至羊城并子媳等人院谒侍。十二月馆满，正欲出春人都，但应得酬金未付下来，难以成行，不胜感叹。加之这一年广东巡抚孙氏把两个儿子送人粤秀书院拜冯敏昌为师，读书认真，夏初，孙巡抚进京陛见皇帝。回到广州后，仍恳切要求冯敏昌明年继续主讲粤秀书院，同时务集《广东通志》之事。冯敏昌实在不得不再次应聘，计划明年秋后才北上京都。这一年便在粤秀书院过年。

60 岁　嘉庆十一年丙寅（1806 年）

这一年冯敏昌仍然主讲粤秀书院，自觉勤奋与诸生切磋专经致用，以期实学。每天鸡啼起床洗漱，危坐凄书。二月初六偶感风寒，出不得汗. 初七起身视事，初八昼夜不能入睡，服药无效。初九，精神突感疲惫，初十早起坐定还与医师讨论病情商开处方，扫拾书案笔砚，取红帖悬腕疾书“病可愈否，求赐照方”八个字，放台上给医生看。又取出典当衣物各种票据三十多张，叫人粘贴于屋内墙上。入夜，食小米粥两瓯。但神气昏弱了。二月十一日，早上还能起坐，然已衰散。入夜，换席子。残时告终于粤秀书院正寝。讣告公布，制抚震悼，士民悉悲。冯士履、冯士镳奉母亲之命，抚棺还故里，制宪（两广总督）吴熊光，抚宪（广东省长）孙玉庭，海宪（航海大员）阿克当阿，藩宪（省布政司）衡龄，臬宪（臬，法也）吴俊、运宪（交通局长）蔡共武、粮宪（管粮食官员）章铨，南韶道宪（道员）朱栋、惠潮道宪蒋攸铟、高廉道宪马书欣、广州府宪（知府）福明、南海县宪（知县）谢涛、番禺县宪吉安共制素锦黑绒挽帐长二丈，大书“学希陈湛”几个字，另有挽联一副和各种厚仪。抚宪孙玉庭别制白绫长联，亲自写了“频岁赋縶维. 岂意长悬徐稚榻；八春犹晤对，那堪重过子云亭”的挽句。扶棺前一日，当局各宪素服到粤秀书院举行公祭大会，排列整齐，赞唱行三拜礼，嗟叹而去。人们说公祭与开馆时一样严肃。省城广州粤秀、越华两大书院新旧同门诸公，世好显贵，连日临奠哀饯，近乎空城。以诗文哀赠冯敏昌的多达四、五百人。

（摘自《钦州文史》，农志立于 2000 年改编）

【参考文献】

[1]《冯敏昌集》，广西人民出版社，2010年出版，总主编，张声震。

[2]《文笔的光华，思想的火花》，钦州师范高等专科学校学报，2003年9月第18卷第4期，作者：文彩。

[3]《钦州文史7》，钦州市政协文史资料委员会编。

[4]《冯敏昌——清朝中叶的现实主义诗人》。作者：陆善采。

[5] 冯敏昌主修《孟县志》。作者：章慈芳。

[6]《钦县县志》(上下册)(民国版，影印本)。

[7]《清史稿》部分篇目，主编：赵尔巽。

[8] 嘉靖版《钦州志》(明)林希元著。

[9]《广东通志》，清道光阮元监修。

[10] 民国三十六年石印本《钦县志》卷十三《艺文志·艺术》。

后　记

《钦州古代乡贤》终于正式付印。

回顾从起意创作到成书的一年多时间，作家们克服了很多困难，深入进行调查研究，上北京，奔广州，走南宁，发函帮助查找资料，到图书馆、档案馆、博物馆查阅资料，有多个作家查阅的资料超过1000多万字。

有时为了考证一个细节，创作者反复核实、论证。像谢勇云创作的《嶷嶷姜公　嵺嵺东峰》中的姜公辅，仅一个出生地，就反复考证了无数次，深入到灵山县查县志，通过朋友到泉州查找有关证据，通过市博物馆帮助联系研究者核实情况；洪锐华为了考证黄涣其人，多次到广西图书馆查找资料，全部查阅了宋朝的各种正史和野史；林巧云除了委托出差北京的朋友帮忙到国家图书馆、档案馆查找史据之外，还去函山西蒲县方志办帮查阅；叶丽梅去函福建泉州、梧州方志办、档案馆帮查阅；陈莲娟、吕岳、梁沃、黄立新在查找线索的过程中，惊喜地发现他们写的传主后代就生活在钦州，他们通过一次又一次的上门采访，查阅族谱，以严谨的治学态度，完成了所写传主的传记；魁第公为了取得第一手真实资料，不下10次深入传主出生地，通过召开座谈会，自己掏钱请群众喝酒了解情况；陈弢弘骑着一辆破旧的自行车，经常深入传主出生地宁家村进行了解、研究，

圆满地完成了任务；陈旭霞、许兆满在资料短缺、线索中断的情况下，不气馁，经过大浪淘沙的寻找，顺利完成了任务；卢炼通过各种渠道，借阅了平乐县的《平乐府志》，同时通过梧州朋友、桂林朋友帮助，查找到大量的线索，丰富了传主的史料；张廉信对蛛丝马迹绝不放过，一点点核实，一个个找人，完成的文章真实可信，让人有身临其境之感。

17名乡贤中，最后成书只保留15人，其中，柳稠没能找到有价值的线索，为了对历史负责，经研究，决定本次出版暂时放弃柳稠这一人物的传记；檀昭已完成创作，但由于涉及大藤峡农民起义，有些故事没法厘清，经出版社、编者、作者三方协商，一致同意暂时不予登出。为了保持系统性，现将《钦州县志》所记柳稠、檀昭事迹抄录附后：

柳稠（生卒年不详），明朝，号海峰，家贫好学，善事异母之兄，领乡荐任永新县丞，清操可矢天日，直指为之行赏褒嘉。后耽山水，归隐林泉，陶陶然与物无竞。屡饮于乡，为邑人望。

檀昭（生卒年不详），明朝，贡生，有勇略。景泰间，郡，邑盗贼四起，昭编乡人为什伍以相守望，知府饶秉鉴嘉其义，付以民兵。昭率众与贼大小二十余战皆捷，所馘六百有奇。后广西龙山贼攻没城池，众皆去，昭遂力战而死。镇，巡遣官致祭士大夫诗以哀之。

为了完成《钦州古代乡贤》编写，市委宣传部高度重视，市委常委、宣传部部长，副市长韩流三次批示，安排专门经费，担任编委会主任，给予作家们极大的精神鼓励；市第四届人大常务委员会副主任方文在主编《话说老钦州》《图书老钦州》之余，担任编委会主任，不时给予作家们指导和鼓励；市文联黄道鸿主席、谢勇云书记、副主席黄允旗、吴世林，纪检组长邱桂丽、副调研员黄孟林担任编委会成员，各人从不同的方面给予关心、支持。钦州市政协文史委原主任滕广茂高兴地接受邀请，担任编审，文联办公室工作人员黄艳认真校对，把错漏控制在允许范围。

对于所有为本书出版做出贡献的各级领导、全体创作人员、工作人员、提供材料者致以崇高的敬意。

由于编者水平有限，加上传主离当下时代久远，错漏之处实属难免，敬请读者诸君给予指正为盼。

编　者